V&R

W0181711

15.80
2/2405/8

DIETRICH GEYER

Die Russische Revolution

Historische Probleme
und Perspektiven

4. Auflage

VANDENHOECK & RUPRECHT
IN GÖTTINGEN

Dietrich Geyer

geb. 14. 12. 1928, Studium der Slawistik, Osteuropäischen Geschichte und Kunstgeschichte; 1952 Dr. phil. in Göttingen, 1960 Habilitation in Tübingen. 1962 o. Professor für Osteuropäische Geschichte an der Universität Frankfurt am Main, seit 1965 an der Universität Tübingen. Mitglied der Heidelberger Akademie der Wissenschaften.

Veröffentlichungen u. a.: Lenin in der russischen Sozialdemokratie (1962); Der russische Imperialismus. Studien über den Zusammenhang von innerer und auswärtiger Politik 1860–1914 (1977); Kautskys russisches Dossier. Deutsche Sozialdemokraten als Treuhänder des russischen Parteivermögens, 1910–1915 (1981). Herausgeber von: Osteuropa-Handbuch: Sowjetunion. Außenpolitik, Bd. 1–3 (1972–76); Wirtschaft und Gesellschaft im vorrevolutionären Rußland (1975); Mitherausgeber von: Geschichte und Gesellschaft. Zeitschrift für Historische Sozialwissenschaft (1975 ff.); Vierteljahreshefte für Zeitgeschichte (1967 ff.); Jahrbücher für Geschichte Osteuropas (1966 ff.).

CIP-Kurztitelaufnahme der Deutschen Bibliothek

Geyer, Dietrich:
Die Russische Revolution : histor. Probleme u.
Perspektiven / Dietrich Geyer. – 4. Aufl. –
Göttingen : Vandenhoeck und Ruprecht, 1985.
(Kleine Vandenhoeck-Reihe ; 1433)
ISBN 3-525-33414-1

NE: GT

4. Auflage 1985

Kleine Vandenhoeck-Reihe 1433

Umschlag: Hans-Dieter Ullrich. – © Vandenhoeck & Ruprecht, Göttingen 1977. – Alle Rechte vorbehalten. – Ohne ausdrückliche Genehmigung des Verlages ist es nicht gestattet, das Buch oder Teile daraus auf photo- oder akustomechanischem Wege zu vervielfältigen.
Gesamtherstellung: Hubert & Co., Göttingen

Inhalt

Vorwort zur 2. Auflage 7

Vorwort zur 4. Auflage 8

1. Das Alte Regime und die Revolution 9

2. Soziale Voraussetzungen der Revolution 21

3. Politische Voraussetzungen der Revolution 33

4. Krieg und Revolution 44

5. Das Ende des Alten Regimes 55

6. Die Notstandsdemokratie der Revolution 67

7. Erosion der Doppelherrschaft 81

8. Aufstand und Machtergreifung 93

9. Demokratie und Revolution 107

10. Die Anfänge der Sowjetmacht 118

11. Die Russische Revolution als zeitgeschichtliches Problem 130

Anmerkungen 142

Bibliographische Notiz 164

Nachträge 169

Vorwort zur zweiten Auflage

Die historischen Betrachtungen über die Russische Revolution, die dieser Band enthält, wurden erstmals im Sommer 1967 im Rahmen eines Kollegs für Hörer aller Fakultäten an der Universität Tübingen vorgetragen. Seit Erscheinen der Druckfassung ist die Forschung zur russischen Revolutionsgeschichte in und außerhalb der Sowjetunion unvermindert fortgeschritten. Gleichwohl läßt sich sagen, daß das Interesse auch in den zurückliegenden Jahren auf Problembereiche gerichtet blieb, die in den Vorlesungen bereits bezeichnet oder doch angedeutet worden sind. Besonderer Hervorhebung bedarf das Bemühen um die weitergehende Klärung (1) der sozialökonomischen Voraussetzungen langfristiger Strukturkrisen im vorrevolutionären Rußland, (2) der schichtenspezifischen und regionalen Aspekte sozialer Mobilisierung im Revolutionsjahr 1917, (3) der internen und internationalen Rahmenbedingungen der bolschewistischen Staatsbildung bis zum Beginn des Bürgerkrieges. Bei alledem sind die Kontroversen der Forschung nicht geringer geworden. Obschon der unveränderte Nachdruck der Vorlesungen eine Neubearbeitung nicht zuließ, hoffe ich, daß der Band als Einführungs- und Orientierungshilfe noch immer bestehen kann.

In einer Bibliographischen Notiz habe ich die wichtigsten Spezialstudien der letzten Jahre nachgetragen, konzentriert auf neuere Veröffentlichungen in westlichen Sprachen. Für eine ausführliche Information über die Problemlage der sowjetischen Revolutionsgeschichtsschreibung verweise ich auf die kritische Analyse von Bernd Bonwetsch: Oktoberrevolution. Legitimationsprobleme der sowjetischen Geschichtswissenschaft (Politische Vierteljahresschrift 17. 1976, 149—185), sowie auf meinen Forschungsbericht in der vergleichenden Enzyklopädie: Sowjetsystem und demokratische Gesellschaft (Bd. IV, 817—858, auch in: Revolution und Gesellschaft. Hg. v. Th. Schieder. Freiburg 1973, 117—161 = Herderbücherei 462). Aus der Vielzahl polemischer Würdigungen, die das Buch in der UdSSR und der DDR gefunden hat, empfehle ich die Artikel von Wolfgang Küttler (Jahrbuch für Geschichte der sozialistischen Länder Europas 15/1. 1971, 211—218) und Günter Heyden, Vor dem 60. Jahrestag des Großen Oktober (Beiträge zur Geschichte der Arbeiterbewegung 18. 1976, 963—973).

Bei der Anlage der Vorlesungen konnte auf einen fortlaufenden Bericht über die Begebenheiten des Jahres 1917 verzichtet werden.

Wichtiger als die Repetition der Ereignisgeschichte schien mir der Versuch zu sein, durch eine problemgeschichtliche Erörterung dieser gewaltigen Umwälzung zugleich in Fragestellungen und Interpretationsweisen der modernen historischen Forschung einzuführen. Auch kam es darauf an, die zeitgeschichtlichen Bezüge sichtbar zu machen, die der Russischen Revolution noch immer eigen sind. Daß in der Geschichtswissenschaft »Erkenntnis und Interesse« (J. Habermas) dicht zusammengehen, ist eine Erfahrung, die bei der Beschäftigung mit diesem Gegenstand sich leicht gewinnen läßt.

Die überaus weitgespannten und vielschichtigen Themen, die im Rückblick auf 1917 sich auftun, mögen erklären, weshalb für den vorliegenden Anlaß inhaltliche Akzentsetzungen ebenso unvermeidlich waren wie der bewußte Verzicht auf die Behandlung auch bedeutsamer historischer Einzelfragen. Ich gestehe gern, daß ich mich in dieser Hinsicht von persönlichen Forschungsinteressen leiten ließ. Zu den Fragen, deren ich mich besonders angenommen habe, gehören

— die sozialen und politischen Voraussetzungen der Revolution und ihre Verknüpfung mit der Krise des Alten Regimes,
— der Zusammenhang von Krieg und Revolution in seiner Bedeutung für den Horizont der revolutionären Theorie,
— die Grenzen und Möglichkeiten des parlamentarischen Experiments nach dem Sturz des Zaren,
— die Technik der bolschewistischen Revolutionspolitik und die Ursachen des bolschewistischen Sieges in der Oktoberrevolution,
— die politischen Alternativen der Sowjetmacht nach der bolschewistischen Machtergreifung,
— das Problem der Einordnung der russischen Revolution in die Weltgeschichte des gegenwärtigen Zeitalters.

Tübingen, 1. Mai 1977   D. G.

Vorwort zur vierten Auflage

Auch in dieser Auflage ist die ursprüngliche Fassung des Textes unverändert geblieben. Wichtige Neuerscheinungen aus den letzten Jahren sind in den Nachträgen zur Bibliographie verzeichnet worden. Auf die dort genannten Literaturberichte von R. Suny und D. Beyrau sei besonders hingewiesen. Sie vermitteln eine gute Orientierung über die Tendenzen der neuesten Forschung.

Tübingen, im Juli 1985

                                                                 D. G.

1

Das Alte Regime und die Revolution

»Die russische Revolution hat noch nicht ihren Tocqueville gefunden, der die Kontinuität der geschichtlichen Entwicklung Rußlands durch den gewaltsamen Bruch der Revolution hindurch in gültiger Form erfaßt hätte.« [1] Diese Bemerkung, mit der Werner Markert vor Jahren seinen Beitrag zu einer Festschrift für Hans Rothfels eröffnete, gilt heute noch so, wie sie damals galt. Wer den Stand der historischen Forschung und die Lage der Geschichtswissenschaft in der Sowjetunion überblickt, wird das Erscheinen eines russischen Tocqueville in unseren Tagen schwerlich schon erwarten. [2] Das wohl einzige Werk, das wir ›klassisch‹ nennen dürfen, verdanken wir keinem Historiker, keinem Schriftsteller, der die *Geschichte der Russischen Revolution* aus sicherem Abstand hätte schreiben können, sondern einem, der Geschichte schrieb, weil er meinte, sie zu einem guten Teil noch immer mitzumachen: Leo Trotzkij. [3] Der Rang seines Buches kommt aus der Parteilichkeit, aus der Wissenschaft derer, die als revolutionäre Täter vom ›Ausschlag der Begebenheiten‹ Zeugnis geben.

Jahrzehnte danach sind aber auch viele von uns den Ereignissen noch zu nah, um die tiefe Zäsur zwischen dem, was war, und dem, was kam, vergessen zu können; die Differenz der Begriffe ist groß und noch nicht aufzulösen. Zwar sind die meisten derer, die von sich sagen konnten: Wir sind dabei gewesen! inzwischen abgetreten, und wer überlebte, ist heute nicht mehr jung. Zwar haben die Kontroversen um das Jahr 1917 mittlerweile ihre eigene Geschichte, zwar stehen mehr Denkmäler, als Augenzeugen leben, aber durch den Lauf der Zeit ist doch der Eindruck kaum geschwunden, daß die Russische Revolution eine Wende markiere, in die unser Jahrhundert, in die wir selbst verwickelt sind.

Es versteht sich, daß die Oktoberrevolutionäre ihren Sieg zugleich als ›Abschied von der bisherigen Geschichte‹ (A. Weber) empfunden haben. Wie die Generation von 1789 die Geschichte ihres Landes, ja die der Welt, kraft der Revolution nun ›sozusagen in zwei Hälften gespalten‹ sah, [4] waren auch die russischen Bolschewiki von dem Gedanken tief ergriffen, daß das alte Rußland aufs gründlichste von dem geschieden sei, was das neue Rußland sein oder doch werden wollte. Mit der Revolution begann eine neue Zeit, ein neuer Kalender, eine neue Epoche der Menschheit; die gewesene Geschichte sollte fortan nur noch als ›Vorgeschichte‹ aufzufassen sein. [5] Von den Erben der Revolutionäre wird an diesem Anspruch noch heute festgehalten. Mit der Oktoberrevolution, so heißt es, sei die Welt in die Epoche des Sozialismus und Kommunismus eingetreten. Keine andere Revolution sei mit dieser weltgeschichtlichen Zeitenwende vergleichbar. In den Thesen der Kommunistischen Partei der Sowjetunion zu den Jahrestagen der ›Großen Sozialistischen Oktoberrevolution‹ ist diese Botschaft immer wieder erneuert worden.[6]

In historischer Betrachtung wird sich indessen nicht behaupten lassen, Rußland habe im Jahre 1917 tatsächlich alle Fäden zu seiner Vergangenheit abgeschnitten. Das Bewußtsein des Fortwirkens, der Dauer im Wandel, die Einsicht, daß die vergangene Geschichte über den Umbruch hinweg der neuen Gegenwart noch zugehörig sei, mithin: die Erfahrung historischer Kontinuität ist nicht verlorengegangen, ja sie hat sich rascher wieder aufgedrängt, als dies von den Revolutionären je erwartet worden war. Lenin selbst hat die russische Vergangenheit nicht nur in der wirtschaftlichen und kulturellen Rückständigkeit des Landes weiterwirken sehen, sondern auch im bürokratischen Dienstleistungsbetrieb der sowjetischen Staatsanstalt, die bekanntlich keine Erfindung des Alten Regimes, sondern eine Schöpfung der Revolutionäre war.[7] Die russische Opposition der zwanziger Jahre meinte, in der Herrschaft des ›Apparates‹, im Machtanspruch und Meinungsterror der Parteimaschine einer historischen Erbschaft ausgesetzt zu sein, die auf dem neuen Rußland unvermindert laste und das Werk der Revolution zersetze. Es war Trotzkij, der diese Fatalität im Kampf gegen Stalin mit großer Schärfe zu thematisieren verstand. Seine »Theorie der permanenten Revolution« hat hier ihr zeit- und situationsbezogenes Motiv. Die Befreiung Rußlands von seiner Vergangenheit schien ihm nur dann möglich zu werden, wenn sich die bolschewistische Revolution in der internationalen aufheben ließ.[8]

Noch in einem anderen Sinn ist die russische Geschichte über den Umbruch von 1917 hinweg in die sowjetische Welt zurückgekehrt. Nach 1930 griff der Stalinsche Reichspatriotismus, der ›Sowjetpatriotismus‹, auf das alte Rußland zurück, und dies nicht bloß durch äußere Anstalten, die Kunstprodukte der Parteigewalt geblieben wären.[9] Die neue, von der Außenwelt isolierte Sowjetgesellschaft, die unter dem Gesetz der Fünfjahrespläne entstand, sollte ihre Erwartungen an das Leben nicht nur im Fortschrittsglauben aufbewahren. Sie sollte Kraft schöpfen, Halt finden können im Stolz auf eine ruhmvolle Vergangenheit, auf eine Geschichte, die durch die Mobilisierung revolutionärer Traditionen allein nicht wieder herzustellen war: Fortan verbot es sich, wie Stalin lehrte, das alte Rußland »ein Gefäß der Greuel und der Unsauberkeit« zu nennen oder den oft beklagten Drang, »auf dem Ofen zu hocken«, für einen nationalen Zug der Russen überhaupt zu halten.[10] Das Volk ist ewig, seine Kultur überdauert die Zeit, in den besten Vertretern dieses Volkes, bei Adligen und Knechten, waren die Erfolge von heute von alters her schon angelegt. Heimat, Volk und Vaterland überwölbten die gewohnten Klassenbegriffe. Der Sowjetstaat, der in den dreißiger Jahren zur industriellen Großmacht aufwuchs, wurde auf die Fundamente einer glorreichen Reichsgeschichte aufgesetzt, und eine These wie jene, wonach der Moskauer Zar Ivan Groznyj, ›der Schreckliche‹, durch den Aufbau eines zentralisierten Staates die Macht des modernen Rußland vorbereitet habe,[11] roch gar ein wenig nach Tocqueville.

Rußland war groß, so hieß es jetzt, und die Sowjetmenschen, die Erben dieses Staates sind, machen es größer, mächtiger, schöner als zuvor. Im ›Großen Vaterländischen Krieg‹ haben die Historiker dem sowjetischen Patrioten- und Partisanenmythos eine weitgespannte Ahnenreihe ruhmbedeckter Vaterlandsverteidiger zugeführt; die Kriegsgeschichte wurde als Quelle russischer Militärtraditionen der Roten Armee verfügbar gemacht – von Alexander Nevskij und Dimitrij Donskoj, den Kämpfern gegen das Tatarenjoch und gegen den deutschen Ritterorden, bis hin zu Suvorov, Kutuzov, Nachimov, den Feldmarschällen und Admirälen der Zarenzeit. 1945, nach dem Sieg, sah man die Schmach getilgt, die fremde Aggressoren dem Reich dereinst zugefügt hatten, und der Diktator erklärte, daß auch die Niederlage gegen die Japaner von 1905 nun wieder ausgeglichen sei.[12] In solcher Weise spielte sich das ein. Noch heute steht ein kraftvoller Patriotismus, der sich im Blick auf die Erfolge der Gegenwart bestätigt findet, mit der eigenen vaterländischen Geschichte in gutem Einvernehmen.

Außerhalb Rußlands ist dieser Zusammenklang von Geschichte und Gegenwart verständlicherweise nicht unbemerkt geblieben. Von jeher war hier das Zutrauen zu dem Gedanken groß, daß das Alte im Futteral des Neuen lebendig geblieben sei, daß ›der Sowjetmensch‹ dem Russen von einst in vielem gleiche, daß die Verwandlung weithin nur Äußerliches betreffe: die Schale, nicht den Kern, nicht die Substanz, nicht das, was man geneigt ist, für ›das eigentlich Russische‹ an Rußland zu halten. Es kann keinen Zweifel geben, daß bei solcher Reflexion die Gefahr der Täuschung näher liegt als die Chance, in der Sache Aufklärung hervorzubringen. Walter Jens hat es jüngst ein durchaus ›realistisches Kalkül‹ genannt, den Blick wieder auf Vertrautes zu lenken:

»Hinter Moskau schimmert Byzanz durch, im Bolschoi-Theater erzählt die Kaiserloge von verschwiegenen Traditionen, unter dem Firnis des Dogmatismus lebt, Widerpart römischer Rationalität, das spirituelle Element des europäischen Ostens.«[13]

Was hier sympathisch klingt, als Wendung gegen jene, die im Anblick der geistigen Enge des Sowjetregimes ihr Selbstgefühl zu bestätigen trachten, tönt andernorts nicht immer in ähnlicher Weise erquicklich.

Oft genug hat die Formel, daß im Grunde so vieles gleichgeblieben sei, Ersatz liefern sollen für die Mühen des Denkens, mitunter auch kraftvolles Material, um schlapp gewordene antikommunistische Glaubenssätze, um antirussisches, auch antislawisches Ressentiment wieder frisch zu machen. Je eifriger man darauf aus war, sich – namentlich in Deutschland – von der eigenen dunklen Vergangenheit entbunden zu wissen, um so leichter kam man dazu, ›den Osten‹ auf seine geschichtliche Kontinuität und Unwandelbarkeit festzulegen. So hat die entschiedene Abwehr fremder Deutungen, die den ›Irrweg deutscher Geschichte‹ von den Kreuzrittern über Luther, Friedrich den Großen und Bismarck zu Adolf Hitler laufen ließen, keineswegs überall dazu geführt, die geläufige Vorstellung von dem, was das Durchgängige in der russischen Geschichte sei, von ähnlichen Verzerrungen und Vorurteilen freizumachen. [14]

Da wurde und wird die alte Weltreichsidee von ›Moskau, dem dritten Rom‹ im sowjetischen Imperialismus oder in der Kommunistischen Internationale wiederentdeckt, da wird der ›Geist des Bolschewismus‹ als Kontinuum russischer Geistesgeschichte religionsphilosophisch verdichtet, da wird bald der bekannte Messianismus des Ostens stilisiert, bald der dumpfe Kollektivismus des russischen Bauernvolkes angerufen. Im alten Mirsystem der Dorfgemeinde sind die Kolchosen von heute bereits vorgeformt, in den bärtigen Zaren und Autokraten von einst die roten Zaren und Autokraten der Gegenwart, und im Defizit des individuellen Freiheitsstrebens, dem, wie es heißt, weder der Humanismus, weder Renaissance noch Reformation, noch gar ein Fortleben der Antike beschieden gewesen sei, ist die Affinität des russisch-slawischen Menschen für die manipulierbare Massengesellschaft unter sowjetischem Totalitarismus beweiskräftig schon dargetan. Kratze den Sowjetmenschen, und du wirst den alten Russen vor dir sehen, – kratze den nochmal (das soll Napoleon schon empfohlen haben!) und du blickst in ein Tatarengesicht.

Indessen ist nicht nur furchtsames Schaudern, das sich in Haß und Verachtung verkehren kann, für den Umgang mit russischer Geschichte und Gegenwart leitend gewesen. Liebevolles Versenken in jene Sphären, die man für typisch ›östlich‹ hält, hat häufig zu merkwürdigen Entdeckungen geführt: Nichts scheint gewisser und unverwüstlicher zu sein als die berühmte ›russische Seele‹, und an der Virtuosität, sich in dieses Mysterium einzufühlen, hat es außerhalb Rußlands nur selten gefehlt. Über dem Studium russischer Autoren, der philosophischsten voran, sind solcher Wesensschau allezeit die tiefsten Gedanken gekommen. Gelehrter Dilettantismus, das ist zu sehen, will nicht davon lassen, die Mythen, die den alten Kreml umwehen, zur Entmythologisierung des roten Kreml zu verwenden. [15] An manchem Stammtisch geübt, auf mancher Tribüne ausprobiert, pflanzen sich derlei ›Rußlandbilder‹ in pflegeleichten Varianten fort –

Rüstzeug für die, die der ›geistig-politischen Auseinandersetzung‹ stets fest ins Auge sehen, doch auch für jene, die nichts anderes suchen als die uns vorenthaltene Verständigung.

Kritisches Nachdenken, selbstkritisches gar, wird freilich immer darauf kommen, daß Einsichten der erwähnten Art verhältnismäßig kurze Beine haben. In der historischen Forschung erweist sich solches Vorverständnis als durchaus unbrauchbar. Doch ist auch – und gerade hier – die Frage nach dem Zusammenhang zwischen dem alten und dem neuen Rußland ein unvermindert wichtiges Problem geblieben; die Kontinuität in der russischen Geschichte wird von der Wissenschaft nicht tabuisiert, sondern als eine ihrer reizvollsten und schwierigsten Aufgaben begriffen. Doch Fragen *wissenschaftlich* zu stellen, heißt diszipliniert zu fragen, heißt das »Interesse an der Geschichte« (R. Wittram), die Neugier des Historikers, der Selbstkontrolle wie auch der öffentlichen Kontrolle auszusetzen, heißt aufzudecken, was sich als gelehrte Deutung spreizt und doch nicht mehr im Musterkoffer führt als ein Leipziger Allerlei aus oberflächlicher Touristenerfahrung und unverdauter Dostojevskij-Lektüre, aus Zwiebelturm-Motiven und verfilmtem Pasternak. Wer dem entkommen will, wird seine Fragen bescheidener formulieren und behutsamer mit der Antwort sein. Fragezeichen müssen stehenbleiben, wo Affirmatives sich verbietet.

Das Alte Regime und die Revolution: Was hat die historische Forschung zu diesem Problem bisher zu sagen? Wie hat sie den Umbruch von 1917 eingeordnet zwischen Geschichte und Gegenwart, zwischen dem Zuvor und dem Danach? Die Antwort muß vorab eine Beobachtung allgemeiner Art vorbringen, ein Faktum, das auch in der Geschichtsschreibung zur französischen Revolution nachweisbar ist: Große Revolutionen, mehr noch vielleicht als große Kriege, modeln nicht nur die Zeit, auf die sie treffen, kräftig um, sondern auch die Perspektive des Historikers, seine Maßstäbe, seine Begriffe. Das vitale Interesse, nicht nur der revolutionären Ereignisse selbst, sondern ihrer geschichtlichen Ursachen habhaft zu werden, retouchiert die vorangegangene Geschichte, auf daß sie als *Vorgeschichte der Revolution* einsichtig werde. Was an ihr ohne Zukunft war, gerät aus dem Blick. Das ›Alte Regime‹, die oft benutzte Vokabel, ist ja selbst schon ein auf die Revolution hin zugespitzter Begriff: Von *Ancien Régime* sprechen in aller Regel die, die darüber hinweggekommen sind, nicht die, die mit ihm leben. Die Neigung bricht durch, das Zeitalter *vor* der Revolution oder jedenfalls doch seine herrschenden Tendenzen *sub specie revolutionis*, und das heißt zugleich: als *causa revolutionis* zu beschreiben.

Nach der Vorgeschichte, nach den Ursachen, den ›Wurzeln der Revolution‹ also wird gefragt, und niemand, der an der Geschichte als Antiquität oder Idylle kein Genüge findet, wird der Faszination dieser Frage entgehen. Es hat etwas Zwingendes, das Alte Regime als

Agenten der Revolution am Werk zu sehen, nicht nur mit seinen Schwächen und Fehlern, mit seiner Untüchtigkeit, sondern auch mit seinen Bemühungen, sich durch »die zeitige und überlegte Staats-Reform« (Gentz), durch Anpassung oder Widerstand lebenskräftig zu halten. In der Tat: Die Geschichte des alten, des vorrevolutionären Rußland ist reich an solchen Versuchen, die Grundlagen des Staats und der sozialen Ordnung zu erneuern und sie fähig zu machen, im Strom der Zeit standfest zu bleiben. Man darf wohl sagen, daß es zum Schicksal des Zarenreiches gehörte, zur Modernisierung, zur Anpassung gezwungen zu sein; das war die Quintessenz, die sich aus der Zugehörigkeit des Russischen Imperiums zu Europa ergab, aus seiner Machtstellung in Europa und in der Welt, und dies seit dem 18. Jahrhundert: Zwang zur Reform in politischer und sozialer Beziehung, Anpassung und Modernisierung als kategorischer Imperativ, als Staatsnotwendigkeit. [16] Noch ehe die Revolutionsfurcht die Träume der Herrscher und ihrer getreuen Untertanen durchfuhr, und noch ehe die Furcht in realer Gefährdung sich bestätigt fand, war die machtpolitische Potenz Rußlands zum Movens wiederkehrender Erneuerungsversuche geworden. Dabei ist es für die Betroffenen immer eine bange Frage gewesen, ob das Alte Regime, indem es zur Modernisierung sich entschloß, nicht zugleich auch seine eigenen Grundlagen, seine eigenen Voraussetzungen überschreite. Das gebrochene Verhältnis, das alle Herrschenden zum Fortschritt haben, hat hier seinen Grund. Sie wissen, daß sie zum Fortschritt verurteilt sind, und hoffen doch, daß der Status quo sich halten lasse; sie wissen, daß sie nicht stehenbleiben dürfen, und ahnen doch, daß sie im Weitergehen ihre Überwinder finanzieren.

In der Mitte des 19. Jahrhunderts hatte ein Krieg, der Krimkrieg, genauer: die Niederlage in diesem Krieg, den Anstoß für eine *Reform von oben* gegeben, die in ihren Dimensionen und Implikationen ohne Beispiel war: Die Leibeigenschaft wurde aufgehoben und mit der sogenannten Bauernbefreiung manches liberale Institut ins Leben gerufen: das unabhängige Gericht, Organe lokaler Selbstverwaltung, eine gemilderte Zensur. Die ›öffentliche Meinung‹ begann sich kräftig zu regen und auf politische Entscheidungen Einfluß zu gewinnen. Es ging um den Versuch, dem autokratischen Staat statt der ständisch gebundenen Untertanengesellschaft nun eine bürgerliche Gesellschaft, Staatsbürgergesellschaft, die moderne Nation verfügbar zu machen; die allgemeine Wehrpflicht, der Abschied von einer Armee zwangsrekrutierter Steuerseelen, ergab sich daraus. Zugleich wurden Voraussetzungen für die Übernahme neuer Wirtschaftsweisen geschaffen, für Kapitalimport und Kapitalakkumulation, für den raschen Industrieaufbau, der zur Staatsmaxime geworden war. Nicht nur dort, wo diese Reformen mißlangen und bald zurückgenommen wurden, sondern auch und gerade dort, wo der Fortschritt sichtbar war, mögen Ursachen der Revolution aufzufinden sein. [17]

Ein halbes Jahrhundert später, 1905, begann ein zweiter großer Anlauf zur inneren Erneuerung, der letzte, den es gab. Damals war die Niederlage im russisch-japanischen Krieg mit einer revolutionären Erschütterung zusammengeschlagen, die ein gefährliches Produkt nicht nur des Krieges war. Das Regime, wenn es überleben wollte, konnte sich nicht darauf beschränken, die Revolutionsbewegung zu strangulieren, sondern es mußte der Doppelbedrohung von innen und außen dadurch begegnen, daß es sich selbst zu regenerieren strebte. Diese Zwangslage hat die russische Monarchie schließlich zu jenem ›Scheinkonstitutionalismus‹ gelangen lassen, den Max Weber 1906 am russischen Beispiel beschrieb – wohl wissend, daß er mit seiner Kritik zugleich die Verhältnisse im damaligen Preußen traf. [18] Ein Grundgesetz wurde gegeben, ein Parlament eingerichtet mit Klassenwahlrecht und einem schwach befestigten Platz in der legislativen Prozedur; politische Parteien, Berufsverbände, neue Presseorgane wurden auf überwachtem Gelände zugelassen. Ansätze zu einer Landreform erstrebten die schrittweise Auflösung der noch gebundenen Agrarverfassung, der alten Umteilungsgemeinde zumal. Hoffnung und Ziel des ganzen war: die Schaffung einer marktproduzierenden bäuerlichen Landwirtschaft, die fähig wäre, die permanente Agrarkrise abzubauen und den Kapitalbedarf der rasch wachsenden Industrie zu decken.

Im Ersten Weltkrieg, der manches unterbrach, was gut zu werden schien, in dieser dritten und schwersten Katastrophe, wurden Reformansätze nicht mehr gewagt, auch im politischen Bereich nicht; im Widerstand des Zaren gegen eine Parlamentarisierung der Staatsverfassung zeigte sich abermals eine merkwürdige Parallele zur Entwicklung in Preußen. [19] Was dann kam, war die Revolution, und was zerbrach, war nicht nur die Monarchie – Monarchien zerbrachen in diesem Krieg auch anderwärts. Nicht nur der Zusammenhalt des Vielvölkerreichs Rußland ging verloren, so daß ein Auflösungsprozeß einsetzte, der wenig später auch das Habsburger und das Osmanische Reich ergriff: Was binnen weniger Monate zerfiel, war jene provisorische Demokratie, die zu ›improvisieren‹ der Beruf der Erben des gestürzten Zaren war, weil die Maximen dieser Männer, ihre Stärken wie ihre Schwächen, andere Wege nicht gangbar erscheinen ließen. Auch die deutsche Republik von Weimar war eine ›improvisierte Demokratie‹ (Th. Eschenburg). Daß es in Rußland und Deutschland für ein solches Experiment höchst unterschiedliche Voraussetzungen gab, liegt auf der Hand. Die Differenz zwischen dem Roten Oktober in Petrograd und dem November 1918 in Berlin erklärt sich daraus.

An Problemkomplexen wie den eben skizzierten hat die historische Forschung ihre Bewegungsfähigkeit erprobt, hier hat sie die Vorgeschichte der Revolution zu einem guten Teil gesehen. Im Blick auf die sechziger Jahre des 19. Jahrhunderts galt und gilt das Interesse den Möglichkeiten und Grenzen liberaler Reformen unter der Autokratie, und das wirft die Frage auf, ob damals eine echte Chance ergriffen und schließlich vertan worden ist: der Entschluß, zum konstitutionellen Rechtsstaat zu kommen, zur Emanzipation der Sozialbeziehungen, zum Konsens zwischen dem Staat und der bürgerlichen Nation, die im Werden war; ob hier die Möglichkeit bereits verlorenging, jemals eine Balance einzurichten zwischen Abbau und Neuaufbau, zwischen den Bedürfnissen einer im Stand der Desintegration befindlichen Agrargesellschaft und den Anforderungen forcierter Industrialisierung. Solche Probleme stellen sich neu und werden neu gestellt, wenn der zweite große Reformanlauf in Augenschein genommen wird: die Veränderungen zwischen 1905 und 1914. Dabei tritt ein ganzes Bündel komplizierter Fragen auf: Fragen nach dem Zusammenhang von Krieg und Revolution, von imperialistischer Machtpolitik und Demokratisierung, von Arbeiterbewegung und Revolution, von Agrarreform und industriellem Wachstum, von Verstädterung und ländlicher Übervölkerung; da wird nach der Dynamik der Klassenkonflikte gefragt, nach der Entwicklungsfähigkeit der politischen Institutionen, nach gesellschaftlichen Machtgruppen und wirtschaftlichen Führungsschichten, nach der Funktion der Monarchie im multinationalen Staat.

Unter den Historikern sind um die Probleme, die sich hier türmen, bis zum heutigen Tag die heftigsten Kontroversen im Gang. Nur zeitweilig, in den fünfziger Jahren, konnte es scheinen, als habe sich eine bestimmte Meinung durchgesetzt; ein Konsens kam zutage, der seine zeitpolitischen Bezüge sich nicht eingestand. Das Interesse gipfelte immer wieder in der einen Frage, ob das Zarenreich tatsächlich denn zum Untergang verdammt gewesen sei, – und wer so fragte, hatte die Antwort meist schon bei der Hand. Man sah sie geborgen in einem Satz, der seine Würde, seine Wahrheit hat, ohne daß wir dieser Wahrheit jemals sicher sein könnten: Die Geschichte, so sagte man (und es war sogar ein Anflug trotziger Selbstbehauptung dabei), ist nach der Zukunft hin bekanntlich immer offen. Mit anderen Worten und auf den Gegenstand bezogen: Das Alte Regime in Rußland gedieh, oder war seit 1905 doch auf dem besten Weg zu gedeihen, auf dem besten Weg, ein bürgerlich-kapitalistischer Rechtsstaat nach westeuropäischem Muster zu werden. [20] Nichts war verspielt: Seht auf die Wachstumsraten der Industrie; seht auf die Landreform, die dem Tüchtigen, dem besten Wirt das Seine gab; das liberale Bürgertum wuchs heran, und die kümmerlichen Häuflein der Revolutionäre, der radikalen Intelligencija, verkamen in der Selbstisolierung, im Streit der Fraktionen; sie bestätigten ein Wort, das wir von Toynbee haben: *Intelligentsias are born to be unhappy.* [21] Erst der Krieg, in den man

16

hineinschlitterte, weil keiner ihn wollte, brach ab, was da an Zukunfts-
trächtigem vorhanden war: ein Zufall, ein Unfall der Geschichte, der
schließlich den Verschwörern, den revolutionären Minderheiten ihre
Chance gab, die Macht auf der Straße zu suchen und sie auch auf-
zunehmen. Hier hatte sich, neben mancher Beobachtung, die richtig
war, doch auch falsches Bewußtsein wohlmeinend selbst fixiert, hatte
sich als Gegenentwurf gebildet gegen jenen starren Geschichtsdeter-
minismus, der in diesen Jahren von Osten uns entgegendröhnte: Revolution als schiere Notwendigkeit, als Quintessenz des historischen
Prozesses, Oktoberrevolution als Wahrheitsbeweis für das Geschichtsgesetz und umgekehrt: die Geschichtsgesetze als Wahrheitsbeweis der
Revolution.

Heute sehen wir besser, ohne deshalb einem flachen Determinismus
nachzugeben, daß es in der Geschichte nicht nur offene Zukunft gibt,
sondern daß es auch – um einen Begriff von Reinhard Wittram abzu-
wandeln [22] – *vergangene Zukunft* gibt, Zukunft, die vergeben ist und
verspielt sein kann, ehe wir ihrer habhaft werden. Inzwischen sind denn
auch Anzeichen dafür sichtbar geworden, daß sich die Forschung neu
orientiert, daß versucht wird, die Frage nach der Revolution und nach
ihren Ursachen neu zu formulieren, nüchterner als bisher, kritischer
gegenüber der Versuchung, die Probleme zu ideologisieren, statt sie
aufzudecken. [23] Alte Stellungen werden verlassen, alte Formeln über-
prüft. Was zu Ansehen kommt und neue Einsicht verspricht, läuft nicht
den Skandal- und Geheimdienstgeschichten nach, die auch die russische
Revolution begleitet haben; [24] das übt sich auch nicht in einer aufs
Biographisch-Psychologische zurückgenommenen politischen Analyse,
wie uns das in unseren Tagen mancher Versuch demonstriert, so etwa
das exaltierte Bemühen, das Geheimnis, die Wurzeln der Revolution,
im Sexualleben Lenins aufzudecken, in der Frustration der Revolutionäre. [25] Wichtiger als das ist in den letzten Jahren die sozial- und
wirtschaftsgeschichtliche Untersuchung geworden. Hier besteht ein gewaltiger Nachholbedarf, und hier gibt es große und bisher nicht aus-
geschöpfte Themen. Diese Richtung, die den Zusammenhängen von
Wirtschaft und Gesellschaft nachgehen will, kommt nicht von unge-
fähr. Es zeigt sich, daß die Revolutionsforschung in bezug auf Rußland
Anschluß an Fragestellungen und Methoden gewinnt, die von den
modernen Sozialwissenschaften in die Geschichtswissenschaft zurück-
gekommen sind und die auf anderen Problemfeldern vielfältig schon
erprobt wurden. Dabei kann es nicht darum gehen, *eine* Methode
schlechthin selig zu sprechen, nicht darum, die Statistik oder die volks-
wirtschaftliche Gesamtrechnung an die Stelle der Geschichte zu setzen;
es kommt vielmehr darauf an, neue Methoden nicht zu ignorieren,
sondern sie zu erproben und geprüfte Ergebnisse in der historischen
Urteilsbildung zusammenzuführen. Der Satz soll stehenbleiben dürfen, daß Geschichte nicht quantifizierbar sei; dennoch gibt es Quanti-

fizierbares *in* der Geschichte, und davon müssen wir wissen. Die moderne strukturgeschichtliche Forschung, von der im letzten Kapitel dieses Buches ausführlicher die Rede ist, versucht, solche Einsichten fruchtbar zu machen.

Noch von einer anderen Seite hat die Erforschung des russischen Revolutionsproblems, seiner Ursachen und Folgen, neue Anstöße erhalten. Sie kamen von aktuellen Erfahrungen her, von jenem welthistorischen Vorgang nachholender Industrialisierung, der in unseren Tagen den Erdball umgreift und über weite Räume hin, in den sogenannten ›Entwicklungsländern‹, traditionale, agrarische Gesellschaften umzuwandeln begonnen hat. Walt W. Rostows umstrittenes Buch, der Entwurf einer Stadientheorie des wirtschaftlichen Wachstums, ist auf diesem Hintergrund zu sehen.[26] Bei der wissenschaftlichen Beschäftigung mit der ›dritten Welt‹ sind neue Methoden der Komparatistik aufgekommen, und für die Klärung sozialgeschichtlicher Probleme haben sich Möglichkeiten aufgetan, moderne theoretische Einsichten in die ›Infrastruktur‹ wirtschaftlicher Entwicklung auch auf zurückliegende Wirtschaftsprozesse anzuwenden.[27] Von hier aus erhielt der Gedanke Gewicht, das russische Beispiel als Modell eines Entwicklungslandes anzusehen.

Wo solche Anregungen in der historischen Forschung wirksam wurden, hat sich das Interesse vom Revolutionsgeschehen im engeren Sinne gelöst und sich sozialen Prozessen und Strukturen zugewandt, die den Epocheneinschnitt von 1917 überspannen. Der Umformung der russischen Sozialordnung gilt hier besondere Aufmerksamkeit, und es ist verständlich, daß sich dabei auch für vergleichende Betrachtungen neue Untersuchungsfelder eröffnet haben. Bekanntlich hatte sich schon die ältere Revolutionssoziologie, wie sie etwa Crane Brinton in Harvard vertrat, auf den Vergleich revolutionärer Abläufe konzentriert; sie hatte nach russischen Girondisten und Jakobinern gefragt, nach dem russischen Bonaparte, nach dem russischen Thermidor;[28] die neuere sozialgeschichtliche Komparatistik geht darüber hinaus und versucht, zu einer Typologie von Modernisierungsvorgängen zu kommen, die es notwendig machen, ungleich längere Zeiträume zu erfassen. In den Arbeiten von Alexander Gerschenkron, der die Industrialisierung Rußlands im europäischen Zusammenhang untersucht, hat diese Methode bereits fruchtbare Ergebnisse gebracht.[29]

In Weiterführung dieser Ansätze ist der in den USA lehrende Historiker Theodore von Laue zu einer Neufassung des Revolutionsbegriffes gelangt. Die russische Revolution erscheint ihm als eine neue, von ihren Vorläufern im Westen auch strukturell unterschiedene Kategorie der Revolution, als eine Revolution, die ›von außen‹ kommt. Ihr Verlauf wird von der Notwendigkeit vorgezeichnet, ein rückständiges Land in möglichst kurzer Frist zu entwickeln: Es kam darauf an, die industriell fortgeschrittenen Länder des Westens einzuholen, um die Existenz des Reiches im Kreis der Großen Mächte zu sichern. Seit den neunziger Jahren des vergangenen Jahrhunderts, als der Finanzminister Witte den Industrieaufbau zu forcieren begann, hat dieses Modernisierungsproblem eindeutig Vorrang besessen und die Geschicke des Zarenreiches bestimmt. Die Bolschewiki haben diese alte Hypothek übernehmen müssen und über die Periode des Kriegskommunismus und der ›Neuen Ökonomischen Politik‹ hinweg die Möglichkeiten und Grenzen einer Lösung erprobt. Erst mit der technisch-ökonomischen ›Revolution von oben‹, die Stalin Ende der zwanziger Jahre erzwang, war dann eine Methode gefunden, die die Erfüllung der industriellen Entwicklungsziele möglich machte. [30] Ein Bogen, wie er von Laue gespannt wird, mag, wenn man so will, einen verwandelten Tocqueville ergeben, wobei das Kontinuierliche vom zentralisierten Behördenstaat auf das Problem der Industrialisierung verlagert wäre. Jedenfalls erscheinen von hier aus manche alten Fragen nun in neuem Licht: die Frage nach den Überlebenschancen des Alten Regimes, nach der Räson seiner Wirtschafts- und Gesellschaftspolitik, nach den Alternativen für die getroffenen Entscheidungen.

Mit autoritären Zwangsmitteln, unter gewaltigen Opfern, durch zentrale Planung, durch die totale Mobilisierung der menschlichen Arbeitskraft hat Stalin in den dreißiger Jahren das Industrialisierungsziel erreicht. Besagt das, daß der marktwirtschaftliche Weg, wie ihn die zaristischen Minister Witte und Stolypin gegangen sind, unter den in Rußland gegebenen Bedingungen, bei agrarischer Massenarmut und ländlicher Übervölkerung, vom Ansatz her zum Scheitern verurteilt war? Besagt das, daß der Weg, den die Sowjetunion unter Stalin nahm, der einzig mögliche gewesen ist? Hier weiten sich die Fragezeichen aus, die neuen Antworten bleiben noch umstritten und liefern der Kritik allenthalben neue Angriffsflächen. So hat Walt Rostow der marktwirtschaftlichen Methode der Industrialisierung im Zarenreich eine positive Diagnose präsentiert; er ist geneigt, ihren Erfolg, den Eintritt in die Phase des ›take-off‹, für erwiesen zu halten und davon auszugehen, daß die Revolution von 1917 den schon gesicherten Aufstieg zur Reife unterbrach. Neuere Untersuchungen haben der theoretischen Argumentation Rostows wie seiner quantifizierenden Methode energisch widersprochen. Sie haben auf die geschichtlichen und naturgegebenen Bedingungen des eurasischen Raumes verwiesen und ökonomische Daten in Anschlag gebracht, die für das zwangsläufige Scheitern der marktwirtschaftlichen Experimente sprechen und damit für die Vernunft – jedenfalls für die *ökonomische Vernunft* – jener Lösung, die das Sowjetregime gegen Ende der zwanziger Jahre fand. Aber auch dieses Ergebnis, zu dem in Deutschland vor allem Hans Raupach und Jürgen Nötzold gekommen sind, [31] bietet noch keine Erklärung für die ganze Geschichte. Über alle Theorien und Daten hinweg mag sich unser Mitgefühl dagegen wehren, von Vernunft zu sprechen, wenn wir auf die Kosten, auf die Menschenleben sehen, die der Erfolg gefordert hat.

So kommen denn jenseits dessen, was mit wissenschaftlichen Mitteln beweiskräftig zu machen wäre, zusätzliche Fragen auf, die sich nicht mehr an die Revolution richten, sondern an die Generationen, die nach ihr leben. Nicht jeder will daran erinnert sein, daß auf den Gedenktagen der Revolution die Schatten der Opfer liegengeblieben sind. Aber heißt das, daß denen, die die Revolution bejahen, das Recht, zu ihr zu stehen, bestritten werden müßte? Sind wir befugt, revolutionäre Epochen für illegitime Kinder der Geschichte zu halten? Oder hat sich die Revolution in ihren Nachkommen selbst legitimiert? Wer sich nicht scheut, hier weiter zu denken, als die Methoden unserer Wissenschaft uns tragen, wird finden, daß aus jeder Antwort neue Fragen erwachsen.

2

Soziale Voraussetzungen der Revolution

Als das Alte Regime zugrunde ging, mochte es in Rußland wenig Menschen geben, die sich an Jahre hätten erinnern können, für die das Gefühl der Sicherheit, der ungebrochenen Zuversicht, die Gewißheit unbeschädigten Lebens kennzeichnend gewesen wären. ›Gute, alte Zeit‹ namhaft zu machen, war in Rußland vielleicht schwerer noch als anderswo. Das galt nicht nur für die, denen die Revolution Beruf oder doch ›Prinzip der Hoffnung‹ geworden war, sondern nicht minder auch für jene, die mit der Revolution das Ende aller Hoffnung kommen sahen. Revolutionsfurcht und Revolutionserwartung hatten sich im Lauf des 19. Jahrhunderts von Generation zu Generation immer tiefer in das private wie in das öffentliche Bewußtsein eingegraben; man war daran gewöhnt, mit der Revolution zusammenzuleben – so etwa, wie es heute bei uns heißt, daß wir ›mit der Bombe leben‹ müßten. Was zur Zeit Kaiser Nikolajs I. (1825–1855), in den Jahren *vor* dem Krimkrieg, noch denkbar erschienen war: die Möglichkeit, von den Erschütterungen verschont zu bleiben, die den Westen seit 1789 in immer neuen Eruptionen zersetzten, [1] – das wurde unter der Regierung der Nachfolger dieses Kaisers höchst ungewiß und zweifelhaft. Das Zarenreich hatte seine Funktion, als europäische Ordnungsmacht, als Bollwerk gegen die Kräfte gewaltsamer Auflösung und fortgehender Veränderung zu stehen, unwiederbringlich verloren, und selbst an denen, die der Autokratie das Prädikat nicht absprechen wollten, die gottgewollte Ordnung der Dinge zu sein, nagte die Ahnung, daß nicht dauern könne, was überkommen war. Die Revolution wurde nun nicht mehr, wie noch unter Nikolaj, als ein Problem empfunden, das jenseits der russischen Grenzen lag und das durch die Umtriebe irregeleiteter ›niveleurs‹ und ›doctrinaires‹ gelegentlich auch einmal über diese Grenzen herüberdrang, sondern jetzt stieg – wie es schien – die gräßliche Bedrohung, die man spürte, im Herzen, in der Mitte Rußlands selber auf. [2]

Als die Regierung Alexanders II. (1855–1881) sich entschloß, in der Reform neue Kraft zu suchen, durch Aufhebung der Leibeigenschaft und Auflösung der alten Untertanenordnung, da wurden revolutionäre Prognosen und Alpträume groß, Stimmungen, die sich seither nicht wieder haben verdrängen lassen. [3] Die Voraussage, daß das Alte Regime kollabieren werde, stand nicht nur in den Programmen konspirativer Zirkel, die der Selbstherrschaft den Tod geschworen hatten; auch viele Menschen, die sich zu den Stützen der alten Ordnung zählten, beschworen die Revolution als allgegenwärtig, ja als Fatum der Zeit. Zar Alexander II., selbst von Ängsten getrieben, schien Ludwig XVI. immer ähnlicher zu werden, und weit war die Meinung verbreitet, mit der Entscheidung für die Reform habe sich die Revolution in eigener Person in die Ministersessel gesetzt und an der kaiserlichen Tafel niedergelassen.

Man sah das Unheil von den liberalen Petersburger Bürokraten kommen, die auch Bismarck damals ›die Roten‹ nannte – Männer, die durch ihre Projekte und Gesetze das alte Rußland umzustülpen schienen; man sah die drohende Katastrophe in den Bildern voraus, die die studierende Jugend damals bot – mit ihrer Rebellion gegen alles, was sich als die gute, die ›gebildete Gesellschaft‹ verstand, die jungen Leute mit ihrer anarchistischen Attitüde und ihrer nihilistischen Blässe, die zigarettenrauchenden Mädchen aus gutem Haus, die sich die Zöpfe abgeschnitten und alle *contenance* aufgegeben hatten, die Jugend mit ihrem fatalen Hang, ›ins Volk zu gehen‹ und dort durch Aufklärung zu demonstrieren, daß die Revolution die historische Bestimmung dieses Volkes sei. [4] Man fand die Befürchtung bestätigt, wenn man draußen auf dem platten Land der neuen Staatsbürger ansichtig wurde, der rohen, ungekämmten Bauernmasse, die die alte Devotion nun durch Aufsässigkeit ersetzte und adliges Landleben unbehaglich und oft unerträglich werden ließ. Die alte Sicherheit war geschwunden, und als der Zar-Befreier dann, im März 1881, wie ein gehetztes Wild den Bomben der Terroristen zum Opfer fiel, ist das vielen als natürliche Konsequenz einer aus den Fugen geratenen Zeit erschienen. [5] Wer auf solche Stimmungen sieht, wird fragen müssen, ob sich die alte Gesellschaft im Anblick fortschreitender Veränderung mit ihrer Furcht vor der Zukunft nicht selber hypnotisierte oder ob es reale Gründe gab, die Gefahr eines revolutionären Umsturzes für gegenwärtig zu halten.

Tatsächlich hat ja doch der Erbe des Throns, der schwerblütige Alexander III. (1881–1894), der Zeit noch einmal die Bremsen anzulegen versucht. Er hat Männer alten Schlags an seine Seite gezogen, Kräfte, die sich bemühten, der Selbstherrschaft Autorität und den treuen Untertanen den gesunden Schlaf zurückzugeben. Das ganze Arsenal des bürokratischen Obrigkeitsstaates wurde aufgeboten, um die revolutionären Zirkel zu liquidieren, den Zug zur konstitutionellen Reform abzuwehren und liberale Regungen als Phantome zu erweisen. Die Staatstätigkeit entfaltete sich in einer regressiven Wohlfahrtspolizei, in Methoden, die darauf ausgingen, unruhige Köpfe zu disziplinieren, die Emanzipation der Gesellschaft im Zaum zu halten, ihre Institutionen bewegungslos zu machen, auf daß die Untertanen nicht mächtig würden, den Staat in der Selbstverwaltung mündiger Bürger aufzuheben. Der politische Orientierungsbedarf der Untertanen sollte am Glanz und Schimmer der sich selbst repräsentierenden Autokratie Genüge finden; die ›öffentliche Meinung‹ sollte sich in ein Kunstprodukt der Regierungszensur verwandeln und dann und wann dem offiziellen Nationalismus, dem nationalen Machtstaatsgedanken etablierter Minoritäten, applaudieren dürfen, nicht aber der Selbstbestimmung der Nation. [6]

Indessen: Das Gefühl der Geborgenheit, in einer wohlgefügten Ordnung zu leben, hat sich bei alledem nicht wieder eingestellt. Denn auch die reaktionäre Politik vermochte von der Bestimmung nicht mehr loszukommen, die allen Anstalten des alten Regimes fortan mitgegeben blieb; das heißt: selbst in der Phase politischer Regression Kräfte entbinden zu müssen, deren Lebensgesetz nicht der Status quo, sondern die rasche, eingreifende Veränderung der überkommenen Ordnung war. Die Zuversicht der russischen Marxisten, die seit den achtziger Jahren die Konsequenz der Industrialisierung bedachten, hatte einen wahren Kern; ihre Erwartung wuchs, daß die Finanzminister des Kaisers, als Gehilfen der kapitalistischen Entwicklung, im Grunde unfreiwillige Komplizen der Revolutionäre seien, daß es die Zarendiener wären, die die Geschäfte der Revolution besorgten. [7] In der Tat war in Rußland von Beginn an das industrielle Interesse aus dem Staatsinteresse hervorgegangen. Eisenbahnbau und Industrieaufbau, die Überwindung der wirtschaftlichen Rückständigkeit, gehörten zur Räson dieses Reiches, und die Regierung trieb auf diesem Feld die Modernisierung kräftig voran. Militärstrategische Argumente schrieben die Entwicklungsziele vor und legten die Dringlichkeitsstufen wie das Tempo fest. Die Motive waren klar: Rußland konnte aus der politischen Verflechtung und Rivalität der großen Mächte nicht einfach ausscheiden; es konnte im Zeitalter des Imperialismus auch nicht auf einer Wirtschaftsstufe stehenbleiben, die dem kolonialen Typus seiner asiatischen Interessengebiete ähnlicher war als der modernen, expandierenden Wirtschaft jener Mächte, mit denen Rußland an der Sonne sitzen wollte. Sergej Witte, zwischen 1892 und 1902 der Initiator der ›industriellen Revolution‹, verstand wie kein anderer Minister dieser Zeit, daß das Reich zum Fortschritt, zur Bewegung verurteilt war und daß es allen Anlaß gab, den Preis des Fortschritts für bedrohlich hoch zu halten. [8]

Die Rechnung, die zu begleichen war, konnte der jungen Industrie nicht präsentiert werden, wenn diese zügig weiterwachsen sollte. Investitionsmittel wurden hier nicht frei, noch ließ sich der Schuldendienst für die ausländischen Kapitalanleihen aus der Produktion oder aus dem Güterexport bestreiten. Die ›primäre Akkumulation‹ mußte aus anderen Quellen kommen. Sie erwies sich denn auch als ein Problem staatlicher Finanzpolitik, deren Bankier der Steuerzahler war, und das bedeutete nichts anderes, als daß die Millionenmasse des russischen Bauernvolks für die Kosten des industriellen Fortschritts einzustehen hatte. Die Folgen waren fatal. Erst im letzten Jahrzehnt vor

1914 trat die Bedeutung der staatlichen Industriefinanzierung gegenüber der wachsenden Rolle des privaten Bankenkapitals zurück. Wer von den sozialen Voraussetzungen der Revolution in Rußland spricht, wird diese Aspekte der Modernisierung zu bedenken haben.

Es wäre eine allzu geglättete Diagnose, wollte man es bei der Feststellung belassen, daß die bäuerliche Landwirtschaft zur Geldschöpfung über den Markt nicht fähig gewesen sei. Was sich spätestens seit den neunziger Jahren in Rußland darbot, war eine agrarische Dauerkrise, die sich in wiederkehrenden Katastrophen entlud, in exzessiven Hungerepidemien, in Massenelend von so gewaltigen Dimensionen, daß den gesitteten Zeitungsleser damals schon jenes Schaudern überkam, das so manche von uns empfinden mögen, wenn Berichte vom Massensterben in Indien kommen und wenn sich ergibt, daß weder publizitätsfreudige Mildtätigkeit noch etatisierte Entwicklungshilfen das Übel zum Verschwinden bringen.

Die Ursachen der russischen Misere waren leicht erkennbar: Es handelte sich hier um ein Erbe der Bauernbefreiung. Auf den knapp bemessenen Bodenstücken, die die Dorfgemeinden nach 1861 im Loskaufverfahren übernommen hatten, saß eine Bevölkerung, deren Reproduktionskraft das eigentlich progressierende Element in der russischen Agrargesellschaft war. Wie anderwärts gehörte auch im Zarenreich das gewaltige Ansteigen der Geburtenziffern zu den Konsequenzen der bäuerlichen Emanzipation. [9] Die Freisetzung der Bevölkerung bewirkte einen Menschenüberschuß, den zu steuern niemand imstande war. Die ›demographische Revolution‹ schuf die Not. Überall war nun zu sehen, daß die kümmerlichen Bauernstellen den Eigenbedarf der rasch wachsenden Familien nicht decken konnten; Millionen überzähliger Esser wurden nicht mehr satt.

Bis über die Jahrhundertwende hinweg hat die Regierung kein Programm gefunden, das diese schweren Schäden hätte beheben oder doch lindern können. Die beschränkten Finanzmittel des Staates waren auf Jahre hinaus festgelegt, vom Steueraufkommen des Landes kehrte auf die Dörfer nichts zurück. Auch der Arbeitskräftebedarf der Industrie brachte keine Entlastung, die in dem weiten Agrarland fühlbar geworden wäre. Um so spürbarer wurde, daß die Industrie dem weitverbreiteten bäuerlichen Heimgewerbe die Existenzbedingungen mehr und mehr entzog. Der Bauer blieb der Hungerkonkurrent der russischen Fabrik, außerstande, sich selbst aus dem Elend zu ziehen. Ein umfangreicher Komplex einschneidender und kostspieliger Strukturveränderungen wäre vonnöten gewesen, wenn die bäuerliche Landwirtschaft neue Entwicklungschancen hätte erhalten sollen.

Als zu Anfang unseres Jahrhunderts bäuerliche Massenunruhen weite Gebiete des Reiches erfaßten und die soziale Sprengkraft der Agrarverhältnisse vor aller Augen brachten, wurden Lösungen von vielen Seiten angeboten. Die radikalsten kamen von den Theoretikern der sozialistischen Parteien, die ihre Programme mit dem gewaltsamen Sturz des Zarismus, mit dem Übergang Rußlands zur demokratischen Republik und schließlich zum Sozialismus verknüpften. In der Tradition der alten Volkstümlerbewegung plädierte die agrarsozialistische Intelligenz der Sozialrevolutionären Partei für die totale Vergesellschaftung des Grund und Bodens – was immer sie und ihre Adressaten unter diesem Begriff verstehen mochten. [10] Das werktätige Volk sollte das Land besitzen, der Boden sollte als gesellschaftliches Eigentum denen zu ewiger Nutzung gegeben sein, die den Acker selbst bestellten. Dabei wurde als Axiom vorausgesetzt, daß die Zukunftserwartung des Bauernvolkes an sozialistischen Lebensformen Gefallen finde, daß dem russischen Mužik privates Eigentum und individuelles Erwerbsstreben durchaus zuwider sei. Das waren liebgewordene Vorstellungen, die aus dem Solipsismus dieser Denker kamen, nicht aber aus der Kenntnis der dörflichen Welt. Von den Bauern selbst sind diese konservierten Utopien zerschlagen worden, noch ehe Lenin an die Macht kam.

Nüchternere Konzepte gab es im sozialdemokratischen Lager, soweit das Programmdenken hier auf das bezogen blieb, was die ›bürgerliche Revolution‹ im marxistischen Begriff für die Zukunft leisten sollte. [11] Die ›bürgerliche Demokratie‹, die man kommen sah, würde die feudalen Überreste der alten Agrarordnung zu liquidieren haben und dem Klassenkampf auf dem Dorf den Weg bereiten. Hier ging man von der klassischen These aus, daß der kapitalistische Fortschritt den Ruin der kleinbäuerlichen Wirtschaft mit Notwendigkeit vollenden werde, daß der Bauer Proletarier werden müsse, bevor das Licht der Freiheit ihn erreiche. Um die Formen der Staatsintervention, um die Formel von der Nationalisierung des Grund und Bodens, wurde dagegen lange noch gerungen. Erst 1905 verstand sich die Sozialdemokratie dazu, in ihren Minimalforderungen auch die Aufteilung des Großgrundbesitzes zu verlangen; sie entschied sich für diese (im marxistischen Sinne) ›kleinbürgerliche‹ Formel, um mit den bäuerlichen Massen überhaupt in Fühlung zu kommen. Im Grunde aber enthielt das sozialdemokratische Agrarprogramm auch jetzt nicht wesentlich mehr, als selbst die russischen Liberalen, die Konstitutionellen Demokraten, den Bauern zu bringen versprachen. Auch von ihnen wurden um 1905 Reformen erdacht, für die der massive Eingriff des Staates in die Eigentumssphäre des großen Landbesitzes Voraussetzung gewesen wäre. Die Meinung, daß der herrschenden Landarmut durch Aufteilung der Güter und Latifundien abzuhelfen sei, hatte Münzwert auch in diesen ›bürgerlichen‹ Kreisen erhalten. [12] Das freilich war ein Credo, dessen Anhänger immer in der Versuchung standen, am Kern der agrarischen Strukturkrise vorbeizugehen.

Agrarexperten, die nicht Parteiprogramme, sondern ihren Sachverstand zu Worte kommen ließen, haben denn auch mit ihren Überlegungen an anderer Stelle angesetzt. Für sie war die Landreform ein langfristiges Entwicklungsproblem, und die Kapitalmittel, die zum Einsatz kommen würden, mußten mit der Industriefinanzierung abgestimmt werden. Schon dieser Zusammenhang verbot, den exportorientierten Großgrundbesitz zu parzellieren und alle Hoffnung auf die Entwicklungsfähigkeit der kleinbäuerlichen Wirtschaft zu setzen. Womit begonnen werden sollte, war die Auflösung der Umteilungsgemeinde, der mittelalterlichen Ackerverfassung mit dem System der Solidarhaftung und kollektivem Bodenbesitz; auch die durchgreifende Arrondierung der auf den Dorffluren zersplitterten Bodenstücke gehörte dazu, die Beseitigung der Gemengelage, die Schaffung rationeller Betriebsgrößen durch Flurbereinigung, Umsiedlung und Kolonisation, und nicht zuletzt kam alles darauf an, eine großzügige Kreditpolitik zu entwickeln, um die wirtschaftliche Eigeninitiative unternehmender Bauern anzuregen und den Übergang von der extensiven Bodennutzung zur intensiven Bewirtschaftung möglich zu machen.

Das war die Richtung, für die sich die Regierung des Ministerpräsidenten Stolypin entschied.[13] Dieser Entschluß, der 1906 erste Sofortmaßnahmen brachte, hatte sich nicht von selbst eingestellt. Erst der massive Druck der Revolutionsbewegung und die politische Krise dieser Jahre provozierten die Reform, ein Experiment, bei dem die liberale Wirtschaftsgesinnung und der alte bürokratische Fürsorgegedanke miteinander konkurrierten. Es besteht kein Anlaß zu unterschlagen, daß die umfangreichen Landgesetze, die 1910 fertig vorlagen, eine Leistung von hohen Graden waren, ein Modernisierungsversuch großen Stils, der auch außerhalb Rußlands damals ohne Beispiel war. Noch heute wird man dieses Gesetzeswerk ein Datum in der Geschichte der Agrarwissenschaften nennen dürfen. Zu einem Datum in der Geschichte Rußlands zu werden, war diesem Neuansatz versagt. Niemand konnte zweifeln, daß viel Zeit, daß mehrere Jahrzehnte nötig gewesen wären, wenn der gewaltige Umbau der alten Agrarordnung tatsächlich hätte gelingen sollen, wenn das ländliche Massenelend durch die Entwicklung einer gesunden privatbäuerlichen Wirtschaft hätte aufgehoben werden sollen. Vieles spricht dafür, daß der Erfolg auch dann ungewiß geblieben wäre, wenn nicht der Weltkrieg wenig später alle Prioritäten wieder umgestoßen hätte.

Von vornherein gab es keine Sicherheit, daß die Regierung der selbst gestellten Aufgabe auf die Dauer auch gewachsen war. Niemand stand dafür ein, daß sich die Reform über lange Fristen hin auch finanzieren ließ. Angesichts der chronischen Kapitalarmut des Staates, seiner hohen Auslandsverschuldung, seiner Verflechtung mit der imperialistischen Mächtepolitik, die dazu zwang, im Rüstungswettlauf mitzuhalten und das industrielle Wachstum zu beschleunigen, mochten Zweifel wohl berechtigt sein; die wirtschaftlichen Entwicklungsziele standen in einem festen Zusammenhang wechselseitiger Abhängigkeit: die Agrarreform konnte nicht glücken, wenn die rasche Expansion der Industrie ihr nicht zu Hilfe kam, und zu den Voraussetzungen der industriellen Progression gehörte der rasche Erfolg der Agrarreform. Das Bankenkapital, das nach 1905 die Industriefinanzierung weitgehend trug, mochte für umfangreiche Kredite an die bäuerliche Wirtschaft schwerlich zu gewinnen sein. Schließlich war keineswegs entschieden, ob nicht gerade der Umbau der Agrargesellschaft neue politische Krisen und soziale Bewegungen wecken werde. Die Reform, die eine ›Revolution von oben‹ war, mochte die Gefahr erneuern, daß das alte Regime, indem es die alte Gesellschaft verwandelte, selbst dabei verlorenging. [14] Niemand vermag zu sagen, ob der Regierung Nikolajs II. hätte gelingen können, was nach dem Ersten Weltkrieg den parlamentarischen Regierungen und ihren autoritären Nachfolgern in Ost-Mitteleuropa und in Südosteuropa mißlang, als sie sich vergeblich darum bemühten, der bäuerlichen Massenarmut und des Problems der ländlichen Übervölkerung durch Agrarreformen Herr zu werden. [15] Auch sollte nicht vergessen werden, daß die Verwicklung Rußlands in den Krieg kein bloßer Zufall war: Der Krieg gehörte zum Kalkül einer Politik, die in ein Innen und Außen auseinanderzulegen unhistorisch wäre, weil die innerstaatlichen Entwicklungsziele mit den machtstaatlichen Interessen und Ambitionen untrennbar zusammenhingen. Es liegt kein Grund vor, die Erfolgschancen der Reform vom auswärtigen Engagement der russischen Regierung abgetrennt zu sehen und das Scheitern der Reform an der Tatsache des großen Krieges für ein Urteil zu nehmen, das der Aussagekraft entbehre. [16] Der Ansatz zur inneren Erneuerung des Reiches ist von seinen politischen Grundlagen her vom Risiko einer Katastrophe niemals dispensiert gewesen.

Für die Frage nach den sozialen Voraussetzungen der Revolution wird festzuhalten sein, daß sich die russische Agrarordnung, als der Weltkrieg kam, im Stadium eingreifender Umgestaltung befand, daß *mehr* in Frage gestellt und aufgelöst, als neu geordnet war. Aus der Verbindung zwischen der fortbestehenden Notlage breiter Massen und der Überführung dieser Menschen in neue Verhältnisse, aus sozialem Elend und der Zerstörung der überlieferten Lebenswelt kam Anfälligkeit für elementare anarchische Konvulsionen – und dies, obwohl die Bauernschaft eigene politische Führer noch nicht gefunden hatte, geschweige denn zu politischer Selbstorientierung vorgedrungen war.

Ungleich weniger originell als die Agrarfrage hatte sich die *Arbeiterfrage* in Rußland bemerkbar gemacht. Zwar war sie hier, anders als im Westen, ein unmittelbares Produkt eingreifender Staatstätigkeit, weil der Industrialisierungsprozeß in Rußland an die staatliche Protektion gebunden blieb. Die russische Fabrik hat ihren Anstaltscharakter niemals ganz verloren. [17] Aber die sozialen Phänomene in den Fabrikzentren glichen doch weithin jenen Bildern, die während der Frühstadien der industriellen Revolution anderwärts mit allen Schärfen und Implikationen schon in Erscheinung getreten waren. Die sozialwissenschaftliche Literatur und die sozialistische Aufklärung hatten die Schrecken des Kapitalismus bereits aufs deutlichste beschrieben und sie auch dort noch im Bewußtsein wachgehalten, wo es vielen Arbeitern im Westen nicht mehr darum ging, sich von der bürgerlich-kapitalistischen Gesellschaft zu emanzipieren, sondern davon, aus dieser Gesellschaft in vielen Stücken noch ausgeschlossen zu sein. An den Dimensionen gemessen, die die agrarischen Notstände im Osten besaßen, war die russische Arbeiterfrage durchaus ein *Minderheitenproblem,* freilich ein konzentriertes, ein massiertes Problem, das sich in den Hauptstädten und in wenigen Zentren des Landes zusammendrängte. Bis zum Ersten Weltkrieg belief sich die Zahl der Fabrikarbeiter im Zarenreich auf wenig mehr als drei Millionen.

Wem die Not vegetierender Bauernmassen vor Augen stand, dem mochten die sozialen Schäden in der russischen Industrie zunächst gering oder doch überschaubar erscheinen. Tatsächlich hatte die Regierung lange darauf vertraut, daß es gelingen werde, die vom Land einströmenden Arbeitskräfte durch gute Polizei, durch den patriarchalischen Protektionismus ihrer Arbeitsschutzgesetze, gehorsam zu halten und den kleinen Zirkeln sozialdemokratisch orientierter Intelligenz den Weg in die Fabriken abzuschneiden. [18] Im Grunde war das soziale Elend in der industriellen Arbeitswelt ja weithin als ein Segment des ländlichen Massenelends aufzufassen, auch mochte diesem Übel in den Großstädten und Großbetrieben besser zu begegnen sein als draußen auf dem Land, in der Weite der russischen Provinz, die der immer schwerfälligen Bürokratie nicht recht zugänglich werden wollte. In den siebziger und achtziger Jahren hatte die Masse der Arbeiter in den rasch wachsenden Industriezentren ein proletarisches Klassenbewußtsein noch nicht entwickelt, das als Bedrohung hätte empfunden werden können, noch überwog die bäuerliche Mentalität, wie auch die Bindungen vieler Arbeiter an die bäuerliche Welt nicht abgerissen waren.

Das bedeutete freilich auch, daß manche Gewohnheiten und Erfahrungen aus der dörflichen Sphäre unter den veränderten Bedingungen industrieller Arbeit nicht verlorengingen: Das Vertrautsein mit den alten Formen der Gemeindeverfassung, mit gewählten Ältesten und gemeinsamen Beratungen und Beschlüssen, mit solidarischer Haftung und kontinuierlicher Interessenvertretung ließ unter dem Fabrikvolk Regeln organisierten Gruppenlebens und organisierter Selbsthilfe wirksam werden. Von hier aus konnten sich in Werkstätten und Massenquartieren Rudimente kleiner und kleinster Arbeiterorganisationen bilden und ihre Entwicklungsmöglichkeiten in der Auseinandersetzung mit der Fabrikobrigkeit erproben. Wenn zeitgenössische Beobachter davon sprachen, daß nun auch in Rußland eine dumpfe, zum Arbeitsvieh degradierte Menschenmenge der kapitalistischen Ausbeutung schutzlos preisgegeben sei, so war diese Menge doch in überraschender Weise gegliedert und zur Sammlung fähig, zur kollektiven Hinnahme ihres Massenschicksals, aber auch zu kollektivem Widerstand. Hinzu kam, daß seit den achtziger Jahren Gruppen erfahrener und nach Bildung drängender Arbeiter entstanden, Kleinkreise, in denen sich mit der Lektüre marxistischer Schriften alsbald auch Denkweisen und Reaktionsweisen sozialdemokratischer oder gewerkschaftlicher Art entwickelt haben. Es mochte leicht geschehen, daß solche neuen Erfahrungen mit den älteren, aus der bäuerlichen Arbeitswelt tradierten Organisationsmustern sich verbanden. [19]

Tatsächlich hat sich die Anpassung des russischen Fabrikproletariats an die Formen der Arbeiterbewegung im Westen auf diese Weise angebahnt. Bereits in den Streikbewegungen der neunziger Jahre kam heraus, daß das Stadium der Maschinenstürmerei, des blinden, exzessiven Aufbegehrens, schon durchschritten war, daß wirtschaftliche Forderungen in disziplinierten Aktionen formuliert und auch vertreten wurden, die den raschen Entfaltungsprozeß einer russischen Arbeiterbewegung signalisierten. Daß es für alle Formen proletarischer Selbsttätigkeit in Rußland schwerste Hindernisse gab, wird freilich nicht gering zu achten sein. Solange der bürokratische Polizeistaat jede freie Assoziation verwehrte und den Arbeitern weder das Versammlungsnoch das Streikrecht zugestand, konnte die Kraft dieser jungen Bewegung nur in illegalem Widerstand öffentlich in Erscheinung treten. Gerade *das* hat aber auch begrenzten Arbeitskämpfen (um Lohnerhöhungen und um kleine Besserungen) von vornherein große Schärfe gegeben. Polizei und Kosakendetachments vor den Fabriktoren haben die politische Qualität solcher Auseinandersetzungen immer wieder augenfällig gemacht.

Es ist schwer, exakt zu bestimmen, in welchem Umfang die in Geheimzellen organisierte sozialdemokratische Intelligenz an dieser Entwicklung beteiligt war. Die Frage nach den Beziehungen zwischen Intelligenz und Arbeiterschaft ist in der Forschung stark umstritten geblieben. [20] Sicher ist, daß die revolutionären Zirkel mit Mut und Energie daran gearbeitet haben, ihre Isolierung in der Begegnung mit dem Fabrikvolk aufzuheben und dafür zu wirken, daß das Proletariat zum Bewußtsein seiner historischen Bestimmung komme, daß es verstehen lerne, den ökonomischen Kampf in den politischen Kampf, in die revolutionäre Aktion gegen den Zarismus und gegen die herrschenden Klassen zu verwandeln. Ohne Zweifel hat auch die Regierung hier die schwersten Gefahren aufziehen sehen und alles daran gesetzt, um den ›revolutionären‹ Bazillus‹ von den Fabriken fernzuhalten. Das ergab, bis über die Jahrhundertwende hinweg, eine denkwürdige Konstellation, eine erbitterte Rivalität zwischen der zaristischen Geheimpolizei und den sozialdemokratischen Geheimkomitees: Beide waren darauf aus, der Arbeiterschaft habhaft zu werden und dem anderen die Möglichkeit zu nehmen, Vertrauen und Resonanz zu gewinnen. Die eine Seite wollte, daß dem Regime die soziale Basis einer polizierten

Untertanenordnung nicht verlorengehe (es gab 1903 sogar eine lizensierte Arbeiterpartei, die ein Werk des Moskauer Polizeichefs Zubatov war) [21] – die andere Seite beanspruchte die Arbeiterklasse als soziale Basis der Revolution. Noch ehe die Erschütterungen des Jahres 1905 neue Akzente setzen konnten, war bereits zweifelhaft geworden, ob der Polizeistaat den Wettlauf mit den Revolutionären noch gewinnen konnte.

Zwar war es den russischen Sozialdemokraten nicht gelungen, ihre Partei als Führungsorgan der Arbeiterbewegung so zu stabilisieren, daß Parteibeschlüsse sozusagen auf dem Verordnungswege in proletarische Aktionen sich hätten umsetzen lassen. Die Verlegenheit dieser Partei, eine kleine, in sich zerfallene Minderheit zu sein, konnte nicht aufgehoben werden. Auch war der Einfluß sozialrevolutionärer Zirkel, die mit den Sozialdemokraten um den Fabrikarbeiter konkurrierten, vielerorts beträchtlich geblieben. Andererseits aber gab es keine *andere* politische Kraft, die dem Proletariat eine moderne Orientierung geboten hätte; keine andere Kraft war da, die darauf hätte rechnen dürfen, die Erwartungen klassenbewußter Arbeiterschichten auf sich zu ziehen. In den Revolutionswirren von 1905 ist das in seinen Konsequenzen erstmals deutlich geworden. [22] Die politische Krise des alten Regimes zeigte an, daß es unter politisch freieren Verhältnissen sehr wohl zu jener ›Vereinigung von Sozialismus und Arbeiterbewegung‹ kommen konnte, die die marxistische Theorie prognostiziert hatte. Zwar agierte das Proletariat nur selten unter der unmittelbaren Führung der sozialdemokratischen Partei, wohl aber fast immer unter dem unmittelbaren Einfluß ihrer Parolen und Programme. Zwar hatte kein Revolutionär die Organisationsformen proletarischen Widerstands vorausgesehen oder gar erdacht, wie sie sich 1905 in Gestalt der russischen Räte, der Sowjets, spontan bildeten. Aber die politischen wie die ökonomischen Forderungen, die hier erhoben wurden, trugen doch ein unverkennbar sozialistisches Kolorit: Acht-Stunden-Tag, soziale Sicherheit, der ganze Katalog demokratischer Freiheiten gehörten dazu – auch der Ruf nach der demokratischen Republik. Aus den Arbeiterversammlungen, den Demonstrationszügen und den Generalstreikaktionen verschwanden die Ikonen und Zarenbilder, die noch im Januar 1905 die Massenpetition vor dem Winterpalast in Petersburg begleitet hatten. Fortan dominierte die rote Fahne.

Bekanntlich hat die Autokratie in bedrängter Lage mit dem Oktobermanifest Nikolajs II. und den nachfolgenden Grundgesetzen eine Reihe von Zugeständnissen gemacht, die zusammen mit Kriegsgerichten und dem Einsatz von Truppen schließlich noch einmal die Befriedung erzwungen haben. Nicht alle diese Zugeständnisse konnten in den folgenden Jahren politischer Reaktion zurückgenommen werden. Aber weder die Einrichtung einer Arbeiterkurie durch die neuen Wahlgesetze noch das Erscheinen einer kleinen sozialdemokratischen Fraktion in der Staatsduma, weder die Legalisierung gewerkschaftlicher Verbände und einiger von der Zensur stets bedrohter Arbeiterzeitungen noch die Gewährung peinlich reglementierter und überwachter Freiheiten, wie Versammlungs- und Vereinigungsrecht, haben die Regierung gegen die Gefahr versichert, daß die Arbeiterschaft sich erneut als Rekrutierungsfeld revolutionärer Massenaktivität zu erkennen gab. Der begrenzte, im Vergleich zu früher aber doch erweiterte Bewegungsraum, der der Arbeiterschaft in den Jahren vor 1914 gegeben war, mochte nun zwar hier und da auch Stimmungen aufkommen lassen, wie sie sich in der reformistischen Richtung der westeuropäischen Arbeiterparteien und Arbeiterorganisationen ausgebildet hatten: Das bedeutete dann Reform, nicht Revolution. Aber das Regime sorgte doch immer wieder selbst dafür, daß das Zutrauen in die Perfektibilität der herrschenden Ordnung auf die Dauer nicht groß werden wollte. [23]

Was Wilhelm II. gelegentlich zu annoncieren pflegte, nämlich die Gewehrläufe gegen die Roten zu richten, das ließ Nikolaj wieder und wieder geschehen: so im April 1912, als die Gendarmerie unter den Teilnehmern einer Arbeiterdemonstration auf den Lena Goldfields ein schauerliches Blutbad anrichtete, so noch im Juli 1914 in den Petersburger Putilov-Werken. In der Nervosität und Brutalität der Machthaber spiegelte sich die Tatsache, daß das Fabrikproletariat ein Herd der Unruhe und des Aufbegehrens geblieben war. In den beiden Jahren, die dem Ausbruch des Ersten Weltkriegs vorausgingen, weckte die industrielle Konjunktur erneut eine Welle großer Massenstreiks, die namentlich in den Hauptstädten immer wieder in politische Demonstrationen unter sozialistischen Losungen übergingen. Als Poincaré im Juli 1914 zu einem Staatsbesuch nach Petersburg kam, befanden sich dort etwa 200 000 Arbeiter im Ausstand. Nicht nur die sowjetische Forschung, sondern auch die Untersuchungen amerikanischer Rußlandhistoriker sprechen mit guten Gründen vom Faktum einer revolutionären Situation, die erst durch den Kriegsbeginn entschärft worden sei. [24]

Seit 1905 war klar, und die Jahre bis zum Weltkrieg hatten dieses Faktum immer wieder dargetan: Wann immer der Zusammenbruch der herrschenden Ordnung drohen mochte, würde die russische Arbeiterschaft ganz wesentlich daran beteiligt sein, den Ausgang einer solchen Krise zu entscheiden. Im Unterschied zu den bäuerlichen Massen repräsentierte sie eine organisierte oder doch zur Organisation und Koordination befähigte Kraft, die in den wichtigsten Zentren des Reiches, an Plätzen, die zugleich die Zentren der Macht und des politischen Lebens waren, ihre Schwerpunkte hatte. Niemand kam daran vorbei, daß die Mentalität und die Orientierung der proletarischen Bevölkerung den etablierten Gewalten keine Ruhe versprachen. Wem es gelang, die Arbeiterschaft auf dem Höhepunkt einer revolutionären Krise zur Aktion zu bringen, der durfte damit rechnen, daß das alte Regime rasch an den Rand der Katastrophe geriet. Nimmt man beides zusammen: 1. die desolaten Zustände, die in der zerstörten Agrargesellschaft wirksam waren – mit bäuerlichem Massenelend und mit der fortbestehenden Neigung großer Schichten, die eigene Not und Verzweiflung in elementaren Rebellionen und Aufständen aufzuheben, und 2. die Widerstandsbereitschaft in der Arbeiterschaft, die bereits gezeigt hatte, daß ihre Bewegung in politische Massenaktionen großen Ausmaßes umschlagen konnte –, dann wird man fragen müssen, wie es geschehen konnte, daß das alte Regime, dem die breite soziale Basis offenbar doch längst entglitten war, dennoch weiterlebte und über Jahrzehnte hinweg bis in den Krieg hinein die revolutionäre Gefährdung immer wieder zu zähmen verstand; dann wird zu fragen sein, worauf denn bei aller Schwäche und Anfälligkeit diese merkwürdige Widerstandsfähigkeit beruhte, die das politische System in all diesen Jahren bewies. Was hier berührt wird, führt von den *sozialen* Voraussetzungen der Revolution zu den *politischen* Problemen hin, die mit der Vorgeschichte der Russischen Revolution verwoben waren.

3

Politische Voraussetzungen der Revolution

Wer die Dynamik des sozialen Wandels und der wirtschaftlichen Entwicklung in Rußland bedenkt, mag es doppelt merkwürdig finden, daß das politische System der Autokratie die Zeit bis 1917 im ganzen unbeschädigt überdauern konnte, daß es erst eines katastrophalen Krieges bedurfte, um der Selbstherrschaft in Rußland ein Ende zu setzen. Noch am Rande des Abgrunds zeigte das alte Regime eine geradezu lederne Zählebigkeit; sein Beharrungsvermögen schien allen Auguren zu trotzen, die nun schon über Generationen hin den Untergang des Zarismus angekündigt hatten. Auch die zentrifugalen Tendenzen, die sich aus der multinationalen Struktur des Imperiums ergaben, waren bis in den Krieg hinein im Zaum gehalten worden. Zwar hatten die Forderungen nach nationaler Gleichberechtigung und Autonomie, namentlich in den Wirren von 1905/06, der Regierung manche Belastung und Unruhe gebracht, doch nicht eigentlich um den Bestand des Vielvölkerreiches fürchten lassen. Selbst das besonders akute polnische Problem konnte in der Balance gehalten werden. Oft ist übersehen worden, daß die nationalen Bewegungen in Rußland, anders als in der österreichisch-ungarischen Doppelmonarchie, zum Zusammenbruch des alten Staats nur wenig beigetragen haben. Auch hier ist ein Element der Unterentwicklung zu sehen.[1] Die Sprengkraft des Nationalen, die 1917 so mächtig in Erscheinung trat, gehört zu den Ergebnissen, nicht zu den Ursachen der Revolution.

Der Historiker ist immer in Versuchung, die Elemente der Auflösung und der Krise in der Vorgeschichte der Revolution zu pointieren. Aber er wird sich doch auch den Blick für die politische Potenz, für die Lebenskraft des alten Staates nicht vernebeln lassen dürfen. Bliebe dieser Aspekt außer acht, dann würden wichtige Voraussetzungen der Revolution niemals augenfällig werden; und nicht nur dies: auch die Revolution selbst, auch fundamentale Probleme des Jahres 1917, würden dann nicht recht verständlich, die Frage vor allem, weshalb es nach dem Sturz der Monarchie nicht gelungen ist, andere politische Alternativen glaubwürdig zu machen als die des bolschewistischen Rätestaates, weshalb, mit anderen Worten, die parlamentarische Demokratie in Rußland nicht zum Leben kam. So schließt die Frage nach der politischen Qualität des autokratischen Staates die Frage nach der Verfassung seiner Gegner ein. Man wird prüfen müssen, ob die relative Stabilität des Zarismus nicht zugleich beträchtliche Entwicklungsschwächen seiner potentiellen Erben spiegelt, die Schwäche der politischen Kräfte in der russischen Gesellschaft.

Tatsächlich hat die bürokratische Staatsanstalt, die das Fundament der Autokratie in Rußland war, in den Jahren vor dem Ersten Weltkrieg keineswegs einen ähnlichen Prozeß fortgehender Zersetzung durchgemacht, wie er in der Auflösung der alten Sozialordnung seit den sechziger Jahren vor aller Augen stand. Nicht der Behördenstaat zerfiel, sondern die überkommene Agrargesellschaft, und da der krisenhafte Vorgang sozialer Transformation – anders als im Westen – nicht aus der Selbstbewegung der Gesellschaft kam, sondern letztlich das Produkt staatlicher Anordnung war, ist mit diesen Initiativen die rapide Ausdehnung der Staatsaufgaben einhergegangen. Die bürgerliche Emanzipation der bäuerlichen Bevölkerung und die Aufhebung der adligen Grundherrschaft hatten die administrativen Probleme vervielfacht; die industrielle Revolution, die in viele Lebensbereiche eingriff, trug neue, komplizierte Steuerungsfunktionen hinzu; die sozialen Konflikte und Notstände provozierten immer wieder die Intervention der staatlichen Hand. Bei dem fast automatischen Anwachsen bürokratischer Zuständigkeit und Verantwortung wurde die Macht der Bürokraten groß – größer noch, als sie in Rußland von jeher schon gewesen war. Die Geschichte der russischen Reichsverwaltung ist für die letzten 50 Jahre des Zarenimperiums noch nicht geschrieben.[2] Der Vergleich mit der Zeit vor 1860 würde anschaulich machen, daß die expandierende Staatstätigkeit von einer bemerkenswerten Vervollkommnung des administrativen Mechanismus begleitet war, von der zunehmenden Leistungsfähigkeit des Verwaltungsapparats, von der steigenden Effektivität und Qualität der Beamtenschaft. Preußische Maßstäbe wird man dabei gleichwohl nicht anlegen dürfen. Doch bis zu den Kreisinstanzen hinunter wurde der russische *činovnik* nun längst nicht mehr durch den so oft karikierten Typ des ungebildeten, bestechlichen Despoten vertreten, nicht mehr durch den verabschiedeten Subalternoffizier, der in ein öffentliches Amt geraten war, sondern jetzt dominierte in der Verwaltungshierarchie der ausgebildete Fachbeamte mit Universitätsdiplom oder doch mit gymnasialem Attestat.[3]

Diese Bürokratie reagierte empfindlich, wo immer sich konkurrierende Kräfte regen mochten; um jeden Preis stand sie dafür ein, daß sich Dienstleistungen und Pflichten der Gesellschaft nicht in politische Rechte verkehrten, die den Machtbereich des Behördenstaates hätten schmälern oder die gar *gegen* die Bürokratie hätten eingeklagt werden können. An Entwicklungen, von denen sich die administrative Räson herausgefordert sah, ist im alten Rußland kein Mangel gewesen. Besonders schwierige Probleme ergaben sich aus der Tätigkeit der lokalen Selbstverwaltungskörperschaften, die nach 1864 eingerichtet worden waren. In den Gouvernements und Kreisen hielten sich seither gewählte Organe der Gesellschaft, die amtlich als *zemskie učreždenija*, als Landschaftseinrichtungen, oder mit dem alten Begriff *zemstvo* (Landschaft) bezeichnet wurden. [4] Ein gestuftes Wahlsystem führte hier die Vertreter des großen, zumeist noch adligen Grundbesitzes mit den städtischen Klassen und mit der Bauernschaft zusammen. Zwar hatte der Gesetzgeber hinreichend Vorsorge getroffen, daß das Zemstvo als *staatliche* Veranstaltung in den gewünschten Grenzen hörig bleibe, daß es nicht den Charakter eines provinzialen Ersatzstaats gewinne, der zu politischer Emanzipation und gesellschaftlicher Sammlung fähig sei. Das Kurienwahlrecht von 1890, das bis 1917 in Anwendung kam, hatte die notwendige Loyalität der Zemstvo-Vertretungen auf die Dauer sichern sollen. Der Zensus verbürgte den vermögenden Schichten und namentlich dem Landadel die absolute Majorität, während er den proportionalen Anteil des bäuerlichen Elements bei etwa zehn Prozent einfrieren ließ.

Aber diese wohlregulierte Selbstverwaltung, die die Stände und Klassen der Staatsbürgerschaft mit dem Behördenstaat verklammern sollte, lebte doch ihr eigenes Leben. Kraft ihrer Aufgaben und Kompetenzen ist sie von der Tendenz, nach Eigentätigkeit und Unabhängigkeit zu streben, niemals gänzlich frei gewesen. Wichtige Sektoren der öffentlichen Verwaltung, deren staatliche Bedeutung außer Frage stand, waren der Regie des Zemstvo anvertraut: weite Bereiche der provinzialen Ökonomie und des Verkehrs, das ländliche Schulwesen, die Gesundheits- und Sozialfürsorge und das Geschäft des Steuereinzugs obendrein. Um 1900 verfügten diese körperschaftlichen Institutionen – die städtischen Kommunen mitgezählt – bereits über mehr als 50 000 Angestellte: Lehrer, Ärzte, Ingenieure, die nicht der Staat, sondern die Gesellschaft trug. Die staatliche Bürokratie, das Heer der Beamten, Richter und Kanzleibediensteten, war im ganzen Reich nur etwa doppelt so groß. [5] Und dennoch ist es dem Zemstvo zwischen 1864 und 1914 nicht möglich geworden, gegen die reguläre Verwaltung wirksame Positionen aufzubauen oder doch eine Balance der Gewalten zuwege zu bringen. Das wird der unverminderten Integrationskraft der alten Staatsanstalt mit guten Gründen zuzuschreiben sein. Die lokale Selbstverwaltung in Rußland war eher ein subordinierter Appendix der Staatsverwaltung, als daß sie deren Kontrahent oder gar Konkurrent gewesen wäre.

Vollends alle weitergehenden Hoffnungen, die mit der Existenz des Zemstvo verbunden blieben, wurden durch den massiven Widerstand der Bürokratie immer wieder abgeknickt. Von Beginn an hatte das Zemstvo den liberalen Bestrebungen, die im Landadel und in der berufsständischen Intelligenz sich regten, Auftrieb und manchen Halt gegeben. Die Auffassung war weit verbreitet, daß die lokale Selbstverwaltung eine ›Schule des Konstitutionalismus‹ sei, ein Ausgangspunkt für die schrittweise Reform der Staatsorganisation, ein Hebel für die Entwicklung Rußlands in liberaler, ja in demokratischer Richtung. Oppositionelle Kreise waren davon beeindruckt, daß das Zemstvo *alle* Stände der Bevölkerung einbezog, und so kam der Anspruch auf, die legitime Vertretung der Gesellschaft gegenüber dem Staat zu sein. Dabei bildete sich bürgerliches Selbstbewußtsein aus, freilich auch Selbstüberschätzung und Unvermögen, die eigenen Grenzen zu sehen. Die allständische Struktur des Zemstvo ließ daran denken, die Selbstverwaltung über die provinziale Ebene hin auszubauen, sie durch einen gesamtrussischen *zemskij sobor* zu krönen, durch eine Landesversammlung, die eine spezifisch russische Form der Volksvertretung wäre. Alte Träume hefteten sich an dieser Perspektive fest. Von der Tätigkeit eines solchen Zemstvo-Parlaments, das in den Gouvernements und Kreisen ein festes institutionelles Fundament besäße und ein gegen die staatliche Bürokratie gesichertes öffentliches Wirkungsfeld, wurden weiterreichende Konsequenzen erwartet: Die organische Umbildung der Selbstherrschaft in eine konstitutionelle Monarchie sollte von hier aus möglich werden; und es war nicht das deutsche, sondern das britische Exempel, das man dabei für wünschbar und verwendungsfähig hielt.

Aber nicht nur zur Staatsspitze hin, sondern auch nach unten hin, in die ländlichen Bezirke hinein, wollte dieser sogenannte Zemstvo-Liberalismus die Selbstverwaltung verlängert sehen. Unterhalb der Kreisebene wäre es darauf angekommen, die Amtsgewalt der Bezirkshauptleute, der *zemskie načalniki*, aufzulösen und die Bauerngemeinden auch für Leute aus anderen Ständen zu öffnen. Bei alledem hielt sich die Erwartung, daß es gelingen könnte, auch die soziale Struktur des Zemstvo gründlich zu modernisieren. Vor allem durch die Reform des Wahlrechts sollte das geschehen, damit eine angemessenere Repräsentation der am Zemstvo beteiligten Bevölkerungsgruppen zustande käme. Ohne Zweifel hätte den Selbstverwaltungsorganen auch dann, wenn das Ausmaß einer solchen ›Demokratisierung‹ gering geblieben wäre, neue Autorität zuwachsen müssen. Jede Verbreiterung der sozialen Basis mochte dazu verhelfen, den bürokratischen Obrigkeitsstaat allmählich aus den alten Geleisen herauszubringen. Ganz ohne Realitätsgehalt war eine solche Hoffnung nicht. In den Jahren des russisch-japanischen Krieges konnte es tatsächlich scheinen, als sei die russische Zemstvo-Bewegung dabei, das alte Regime in dieser Richtung fortzutreiben. [6] Aber der Behördenstaat widerstand. Nach den Erschütterungen von 1905 und 1906 gewann er rasch die gewohnte Festigkeit zurück. Nicht auf demokratisierter Grundlage, sondern nach dem reaktionären Modell der neunziger Jahre wurde das Zemstvo in das staatliche System des Scheinkonstitutionalismus eingemauert, ohne daß der Bürokratie dabei etwas verlorenging. Die politische Impotenz der Selbstverwaltung blieb gewahrt, ihr Bewegungsraum beschnitten, und als die Revolution im Frühjahr 1917 kam, fand das Zemstvo keine Chancen mehr, dem Druck der revolutionären Rätebewegung standzuhalten und als Basis demokratischer Selbstverwaltung glaubwürdig zu werden.

Es wäre falsch, sich das Beharrungsvermögen des alten Staates so zurechtzulegen, als sei dieser Machtkörper nur durch brachiale Gewalt, durch kaisertreue Kosaken oder durch virtuose Polizeiagenten vor der Gefahr des Zusammenbruchs behütet worden. Das Gleichgewicht, das die herrschende Ordnung solange lebensfähig hielt, beruhte nicht nur auf den Bajonetten privilegierter Prätorianergarden, nicht bloß auf der Möglichkeit, politische Verschwörungen aufzudecken und Staatsverbrecher wenn nicht an den Galgen, so doch nach Sibirien zu bringen. Ungleich stärker wirkte es sich aus, daß die bindende Kraft des alten Regimes im Hinblick auf die Masse der Bevölkerung bis zum Ende hin beträchtlich blieb. Sieht man ab von erheblichen Teilen der industriellen Arbeiterschaft, so durfte die Regierung der Loyalität des bäuerlichen Volkes weithin doch noch sicher sein. Die Institution der Autokratie war im bäuerlichen Milieu noch jeder irdischen Zudringlichkeit entrückt, und wann immer Bauernunruhen um sich griffen, wütete die Menge nicht gegen das Bild des Zaren, sondern gegen die, von denen man meinte, daß Not und Ungerechtigkeit von ihnen kämen: gegen Gutsbesitzer und Verwalter, gegen kleine Beamte und Steuereintreiber, gegen Blutsauger und Wucherer, oder auch gegen die Juden, die, wie es hieß, den Gottessohn ans Kreuz geschlagen hätten. Ein ursprünglicher Patriotismus, dem die orthodoxe Frömmigkeit entgegenkam, hat die anarchischen Regungen des Bauernvolkes immer wieder aufgehoben. Die patriotische Emotion vermochte das fehlende Staatsbewußtsein sehr wohl zu ersetzen, und sie hat der Figur des Zaren einen Platz im bäuerlichen Weltbild verbürgt.[7] Gewiß kündigte sich in der konvulsiven Auflösung der überlieferten Agrarordnung vielerorts schon an, daß das spirituelle Fundament der Autokratie im Fortgang der Jahre problematisch und brüchig werden konnte. Doch daß die Belastungsfähigkeit des einfachen und ungebildeten Volkes selbst im Ersten Weltkrieg noch recht kräftig war, läßt sich nicht leugnen. Die russische Armee, in der die Bauern überwogen, hat bis zum Frühjahr 1917 gegen revolutionäre Agitationsversuche eine höchst geringe Anfälligkeit gezeigt.

Es ist wichtig zu sehen, daß diese Tatsachen die Bewegungsmöglichkeit jeder oppositionellen und revolutionären Politik in Rußland eng begrenzten. Weder den liberalen noch den sozialistischen Gruppen ist die Masse der bäuerlichen Bevölkerung je zugänglich geworden. Auch wenn in Zeiten allgemeiner Unruhe handlich gemachte politische Parolen auf das Dorf überspringen mochten, so hat doch keine der politischen Parteien hier eine dauerhafte Basis begründen können. Das flache Land, und das hieß: rund 80 Prozent der Nation, schloß sich der Politik noch nicht auf. Fast die gleiche Prozentzahl (76 %) wies die offizielle Statistik um die Jahrhundertwende als erwachsene Analphabeten aus. Man kann also den sozialen Umkreis recht genau beschreiben, der im vorrevolutionären Rußland das Rekrutierungsfeld politischer Gruppen gewesen ist. Diese Zone war mit den Bildungsschichten nahezu identisch, und allein die Politisierung eines Teils der Arbeiterschaft – was freilich auch ein Werk der Intelligencija war – hat politische Überzeugungen und Begriffe weiter ausgreifen lassen.

Nach der Volkszählung von 1897 hatte nur wenig mehr als *ein* Prozent aller russischen Untertanen eine Bildung genossen, die höher war als die, die von den drei- bis vierklassigen Elementarschulen vermittelt wurde. Rund 130 000 Menschen im ganzen Reich gaben sich damals als Universitäts- und Hochschulabsolventen zu erkennen. Die Statistik hielt ferner auch *die* Gruppen fest, die – wie man sagen könnte – als ›white-collar-people‹ in ›bürgerlichen Berufen‹ tätig waren: Keine dreiviertel Million kam hier zusammen, die Offiziere und Staatsbeamten sowie Eisenbahnangestellte und Hebammen eingeschlossen. Wollte man aus solchen Angaben ein ›Bürgertum‹ im westlichen Sinn zusammensetzen, so käme man etwa auf die gleiche Zahl. Zu politischer Entscheidung besonders prädestiniert mochten die Angehörigen der ›freien Berufe‹ sein; das waren äußerst kleine, aber doch wachsende Gruppen: 1897 etwa 15 000 Ärzte und Dentisten, noch nicht 10 000 Advokaten und Notare, rund 6000 Ingenieure und Technologen in Landwirtschaft und Industrie; 3300 Leute wollten sich als Schriftsteller oder Gelehrte bezeichnet wissen. Beachtlicher war das Heer der kümmerlich entlohnten Pädagogen, die als Agitatoren ihrer eigenen politischen Orientierung hätten wirksam werden können: Etwa 160 000 Schul- und Privatlehrer waren registriert, doch noch kein Zehntel davon hatte sich 1906 im russischen Lehrerverband zusammengefunden. Diese Größenordnungen mögen andeuten, wie schmal das potentielle Fundament der Politik in Rußland damals noch gewesen ist.

Neben diesen quantitativ meßbaren Verhältnissen sind für politische Parteibildungen qualitative Faktoren fast noch wichtiger geworden. Die Begrenzung des faktischen Wirkungsraums auf die Bildungsschichten brachte Modernitätsrückstände zutage, die dem jungen Parteiwesen in Rußland eine merkwürdige Altertümlichkeit verliehen haben. [9] Unterentwickelt blieb der Typ der modernen Interessenpartei: das ›Kapital‹, die Unternehmer, die Industriellen formierten sich nicht als politische Gruppe, sondern ihre Verbände verkehrten mit dem Regime jeweils unmittelbar, weil sie, ungeachtet mancher Beschwerden, ihr Interesse von der offiziellen Politik nicht schlecht vertreten wußten. Soweit die politische Gesinnung einzelner eigene Wege ging, wurde Anlehnung im liberalen, gelegentlich sogar im revolutionären Lager gesucht. Auch eine Partei, die Sprecherin spezifischer *Adels*interessen gewesen wäre, ist in den Jahren vor der Revolution nicht mehr aufgekommen, schon deshalb nicht, weil sich gemeinsame Interessen nicht mehr überzeugend definieren ließen. Wo es versucht wurde, war das Ergebnis ohne Kraft – wie jede konservative Ideologie in dieser Zeit. Der soziale Wandel seit der Bauernbefreiung hatte den Adel als Sozialstand zum Zerfließen gebracht und ihn wirtschaftlich noch stärker ruiniert, als dies für die Masse der Landedelleute seit Menschengedenken schon der Fall gewesen war. Bis zum Weltkrieg war der Landadel in der Schicht privater Grundbesitzer weithin aufgegangen, deren politische Orientierung keine eigene Kontur besaß. Viele dachten, zumindest für den privaten Bedarf, in liberalen Begriffen; in ökonomischer Hinsicht aber wurde protektionistisch argumentiert, um die Regierung dazu zu bringen, statt der Industrie dem Gutsbesitz aus seiner Schwachheit aufzuhelfen. Zugleich aber klammerte man sich an der herrschenden Ordnung wie mit Kletten fest, denn allein die verhaßte Obrigkeit konnte Schutz gewähren gegen jene Bedrohung, die dem Landeigentum im bäuerlichen Landhunger immer gegenwärtig blieb. Es war nur konsequent, daß nach 1905 viele Gutsbesitzer bei den sogenannten ›Oktobristen‹ unterkamen, bei jener Parteigruppe, die am Scheinkonstitutionalismus des Regimes Genüge fand. [10]

Die Ambivalenz der Interessen war nicht organisierbar. Das galt zumal für das vielfach zergliederte liberale Lager, aus dem 1905 die bedeutendste Oppositionspartei der vorrevolutionären Periode herauswuchs: die Konstitutionellen Demokraten (kadety), die von allen politischen Gruppen noch am ehesten einer bürgerlichen Partei westlichen Zuschnitts vergleichbar waren. Ihre soziale Basis hatten die Kadetten in der berufsständischen Intelligenz, unter Rechtsanwälten, Ärzten, Professoren und Lehrern, aber es gab kein konsistentes Bürgertum, das dieser Schicht hätte zu Hilfe kommen können. Keine Interessenpartei, sondern eine Gesinnungsgemeinschaft lockerster Art fügte sich auf diese Weise zusammen, beieinander gehalten durch eine Handvoll moderner Leitgedanken, durch den Wunsch, Rußland in politischer wie in sozialer Beziehung aus seiner Rückständigkeit herausgeführt zu sehen, angenähert an das parlamentarische Modell der englischen Monarchie, in politischer Freiheit gesichert, von einer mündig gewordenen Gesellschaft repräsentiert, Freiheit – auch als Kulturproblem verstanden: Volksaufklärung und Volksbildung im breitesten Umfang gehörten dazu, wenn Rußland in den Kreis der modernen Nationen eintreten und sich dort behaupten sollte. [11]

Diese Liberalen hatten im Zemstvo, auch im Landadel, eine Stütze gesucht, doch der Umgang mit diesen Sphären, die mit dem Regime vielfältig verbunden waren, hemmte den Schwung und zwang immer wieder Kompromisse auf, opportunes Verhalten, das statt der ›politischen Befreiung‹ das Einverständnis mit dem alten Staat suchte. Die Basis der Partei nach dieser Seite hin zu verbreitern, hieß, daß sich der liberale Protest moderierte, daß sich Aufsässigkeit hinter Uniformknöpfen und Ordensbändern verkroch. Auch mit der Forderung nach allgemeinem und gleichem Wahlrecht kam man hier in Konflikt, weil man befürchten mußte, den wohlgeordneten Parlamentarismus, den man meinte, durch den anarchischen Despotismus der großen Masse rasch überflutet zu finden. Gleichwohl haben sich radikalere Gruppen der liberalen Intelligenz immer wieder auch nach links hin auszudehnen versucht und Anstalten gemacht, die revolutionären Sozialisten in die große Gemeinschaft einer nationalen ›Befreiungsbewegung‹ gegen das zaristische System einzubeziehen. Aber auch auf diesem Weg fand man weder Sicherheit, noch eine Resonanz, die ermutigend gewesen wäre. Solidarität mit denen zu halten, die den bewaffneten Aufstand, die gewaltsame Aktion, auf ihre Fahnen schrieben, ist den honorigen Advokaten der Kadettenpartei nicht möglich geworden. Sie hatten zu fürchten, daß ihr schwach entwickeltes Republikanertum, daß vollends ihr Liberalismus in diesem Bund schweren Schaden nehmen werde. Die breite Resonanz, die den Kadetten 1905 und 1906 für kurze Zeit zugutekam, schien ihnen eine Führungsrolle anzutragen, die sich jedoch durch flammende Appelle und noble, ja mutige Demonstrationen des eigenen Freiheitswillens nicht hinreichend wahrnehmen ließ. Das Regime aber gewann, wie sich zeigte, seine Sicherheit zurück, ohne mit einer parlamentarischen Regierung dafür bezahlen zu müssen. Vollends nach dem ›Staatsstreich‹ Stolypins, der im Juni 1907 statt der bisher oppositionellen Duma eine loyale und gefügige zuwege brachte, ist offenbar geworden, daß die Opposition der Liberalen in Politik gegen die Autokratie nicht mehr umzumünzen war.

Bei alledem haben die Liberalen niemals gelernt, sich als Teil, als *Partei*, in der sozialen Welt ihrer Gegenwart zu verstehen; ihr Anspruch blieb auf die Gesellschaft im ganzen gerichtet, auf alle Klassen und Schichten der Nation; und je deutlicher es wurde, daß sie dieser Nation im politischen Sinne nicht habhaft werden konnten, um so attraktiver empfanden sie den Auslauf, den die Großmachtpolitik der Regierung einer nationalistischen Orientierung bot. Was der Politik der Liberalen, ihrem Sozial- und Kulturprogramm im Inneren versagt blieb, suchten sie durch die Demonstration nationalrussischen Machtgefühls wieder einzuholen. [12] In diesem Punkt wollte man sich von der Regierung nicht übertreffen lassen. Der liberale Konsensus mit der Macht war hier allenthalben angelegt. Wenn wortgewaltige und bissige Sprecher der Kadetten in der Staatsduma die offizielle Außenpolitik gelegentlich auch töricht oder gefährlich nannten, so gedachten sie die Sache im Grund nicht anders, sondern besser zu machen. Im Ersten Weltkrieg haben sich die Liberalen zwar als Kraft bestätigt gefunden, die das alte Regime untergrub. Aber, wie bekannt, scheiterten sie, als sie es wagten, die Kriegsziele der zaristischen Regierung auf die revolutionäre Situation von 1917 zu übertragen. So zerbrach der russische Liberalismus an der ehrenwerten Fiktion, die Stimme der Nation zu sein, an suggestiven Illusionen, die aus der sozialen Isolierung dieser Minderheiten kamen.

Ähnliche Täuschungen gab es auch im revolutionären Lager, am deutlichsten bei den russischen Sozialrevolutionären. [13] Diese Intelligenzpartei ist von der Diskrepanz zwischen Anspruch und Wirklichkeit nie losgekommen. Sie wollte ihr Programm vor allem dem Bauernvolk zugute kommen lassen, das aber in ihren Reihen nicht vertreten war, mit Ausnahme einzelner gehätschelter Exemplare. Die agrarsozialistische Ideologie dieser Partei war das Produkt von Berufsrevolutionären, die das Ideenerbe der ehrwürdigen Volkstümlerbewegung mit marxistischen Ingredienzen gesäuert hatten; das ergab höchst merkwürdige Verbindungen. Eine Gesinnungsgemeinschaft wurde groß, an deren revolutionärer Emotion kleine Dorfschulmeister ebenso teilhaben konnten wie Zirkel radikal debattierender Studenten, bildungsfähige Arbeiter oder Linienoffiziere ebenso wie die esoterischen Kreise derer, die sich zum Opfer des eigenen Lebens entschlossen hatten, weil sie meinten, daß die terroristische Aktion, daß Bomben, gegen Ministerkutschen geworfen, die revolutionäre Massenaktion des Volkes wecken würden oder daß sich durch revolutionären Terror Zeichen dafür setzen ließen, daß eine Elite der russischen Jugend aufgestanden sei, mit ihrem Opfertod die Schuld der Väter und der gebildeten Gesellschaft abzutragen. Nicht anders als die Liberalen wehrten sich auch die Sozialrevolutionäre gegen die Unterstellung, nur Teile, nur *eine* Klasse des Volkes zu vertreten. Sie beharrten darauf, für das *ganze* werktätige russische Volk zu sprechen, das durch Klassengrenzen noch keineswegs geschieden sei, das in den Dörfern wie in den Fabriken als ein einziger ungetrennter und unzerstörbarer Organismus lebe, unter der gleichen Unfreiheit, von den gleichen Ausbeutern, von den gleichen Leiden geschlagen und nach der gleichen Zukunft verlangend: Vergesellschaftung des Eigentums, Aufhebung der Arbeitsteilung, Freiheit in einer Ordnung, die aus der Föderation kleiner und kleinster Sozialverbände zusammenfindet, aus der Assoziation aller arbeitenden Menschen in Dorf und Stadt. All das war groß gedacht, und stand doch gegen den Lauf der Zeit. Als das Bauernvolk 1917 schließlich den Sozialrevolutionären entgegenkam, hat der politische Dilettantismus dieser Intelligencija dem Anspruch seiner eigenen Begriffe nicht standgehalten. Die Revolution trieb die Programme der Revolutionäre wie Seifenblasen auseinander.

Selbst in der russischen Sozialdemokratie, wo der Typus der modernen Interessenpartei zweifellos am stärksten angelegt gewesen ist, konnte die Kluft zwischen der Intelligenz und der Klasse, die sie suchte, niemals ganz überwunden werden. Der Anspruch der Sozialdemokratie, die Klassenorganisation des Proletariats zu sein, war theoretisch allemal besser gesichert, als er praktisch sich realisieren ließ. Diese Arbeiterpartei lebte ihre Rolle weithin noch kraft der überkommenen Identifikation, kraft der dialektischen Verbindung, die das Bewußtsein der Intelligenz mit jener Klasse eingegangen war, die zu diesem Bewußtsein erst noch kommen sollte. Überdies litt – und das war wichtiger – die Verständigung nicht nur am Problem der Klasse, sondern am Begriff des sozialen Ganzen überhaupt. Man sah, daß das Proletariat, selbst wenn es für die Revolution zu mobilisieren war, aus seiner Minderheitenstellung in Rußland nicht automatisch heraustreten werde; man sah, daß die Machtergreifung, die Diktatur des Proletariats, hier *nicht,* wie Marx gesprochen hatte, mit der Diktatur der übergroßen Mehrheit des Volks identisch war. Vielmehr würde sich proletarische Klassenherrschaft in Rußland, sollte sie in reiner Form zustande kommen, mit Notwendigkeit auch gegen die Majorität des Volkes kehren müssen, denn dieses kleinbäuerliche Volk hatte, im marxistischen Verstand, trotz seines Elends, keine proletarische, sondern bourgeoise Qualität. Was das Demokratische war an der russischen Sozialdemokratie, sträubte sich gegen solche Gedanken, weil ja auch diese Partei im Namen *aller* werktätigen, aller notleidenden und ausgebeuteten Menschen reden wollte. Es waren die eigenen Denkkategorien, die hier Verlegenheit bereitet haben. [14]

Gewiß hatte man einigen Halt in der Überzeugung gefunden, daß die proletarische Revolution in Rußland vorerst noch hinter den Bergen liege; Rußland hatte zunächst die ›bürgerliche‹ Revolution nachzuholen, das Jahr 1848 sozusagen, und der Sozialdemokratie kam es darauf an, daß diese bürgerliche Revolution mit dem Ende des Zarismus zusammenfalle, mit der Errichtung einer demokratischen Republik – so etwa wie es sie seit den Tagen der Pariser Communarden in leidlicher Gestalt in Frankreich gab. Aber auch das Eingeständnis der eigenen Unzeitigkeit trug die praktischen Entscheidungen nicht voran. ›Bürgerliche Revolution‹: *wer* denn in Rußland sollte die besorgen? Die Bourgeoisie, das wußte man, war im Zarenreich noch schwach entwickelt, und wo sie stark war, in ihren großindustriellen Kleingruppen, da hing sie fest an jenem Regime, das sie kraft Geschichtsgesetz eigentlich aus den Angeln hätte heben sollen. Allein auf ein Bündnis mit der berufsständischen Intelligenz, die das liberaldemokratische Lager bildete, mochte ein erfolgreicher Kampf gegen den Zarismus sich nicht gründen lassen. So sind die russischen Sozialdemokraten ihrer Identität niemals sicher geworden. Ihre Parteigeschichte, eine Geschichte ruinöser Gruppenkämpfe, spiegelt die Tatsache wider, daß sozialdemokratische *Politik* in Rußland sich weithin im Selbstgespräch der Intellektuellen erschöpfte. Die Menschewiki, eine Richtung, die sich am beharrlichsten an der Marx-Orthodoxie ihrer großen deutschen Bruderpartei festgehalten hat, probiert nach 1905 einen sozialpolitischen Reformismus aus – immer in der Gefahr, dabei ins Schlepptau der eigenen Klassenfeinde zu geraten. [15] Im übrigen pflegten sie ihren revolutionären Attentismus, eine Zuversicht, die ihre

Pfänder in der Zukunft wohlgeborgen sah, die sich darauf konzentrierte, den großen ›Kladderadatsch‹ der bürgerlichen Klassengesellschaft im Westen zu erwarten: die internationale Revolution, von der man verlangte, daß sie auch das alte Regime in Rußland mit zum Einsturz brächte.

Allein *Lenin* hatte aus dem Fatum der Revolutionäre, stets in der Minderheit zu stehen, entschiedene, und zwar positive Konsequenzen gezogen. Die Bolschewiki strebten nicht nach demokratischem Konsensus mit der Klasse oder mit dem arbeitenden Volk im ganzen, sondern nach der Machtergreifung ihrer Kaderpartei im revolutionären Prozeß. Die Überlegungen Lenins galten der Frage, wie die Bewegung der Arbeiter- und Bauernmassen zu organisieren und technisch zu steuern sei, wie sie fähig zu machen sei, um zu leisten, was die Avantgarde der Revolution für das schlechthin Notwendige, weil Richtige hielt. Das Vertrauen in die »Machbarkeit der Sachen« (H. Freyer) verlangte den Apparat, den Funktionär, die Lenkung und Verwaltung der sozialen Dynamik. Aber auch die Revolutionspolitik Lenins war, als der Weltkrieg kam, noch theoretischer Entwurf geblieben.

Wer nach den politischen Voraussetzungen der Revolution in Rußland fragt, wird die Unterentwicklung des politischen Parteiwesens, die hier sichtbar wird, nicht gering achten dürfen. Das Fehlen einer politischen Gesellschaft hat dem alten Staat jene relative Stabilität verbürgt, die nötig war, um den sozialen Transformationsprozeß bis in den Krieg hinein zu überstehen, ohne daß es zu einer Änderung der politischen Ordnung kam, die die Autokratie und ihre bürokratische Herrschaft im Kern verwandelt hätte. Die Ansätze politischer Parteibildung, die es gab, konnten durch polizeistaatliche Mittel leicht gedrosselt oder im Pseudoparlamentarismus der Staatsduma aufgefangen werden.[16] Die vielfach zerklüftete Bildungsschicht, die zu politischer Sammlung drängte, repräsentierte noch immer vor allem sich selber. Die Intellektuellen übten sich gegenüber dem Volk in einer Stellvertreterrolle, die sie sich allein zugemessen hatten. Als der Zarismus zugrunde ging, wurde von seinen Erben zwar eine Fülle politischer Alternativen angeboten; aber diese großgeschnittenen Konzepte, im Kolloquium isolierter Gruppen erdacht, verflogen im Wind, als sie hinaus ins Freie mußten. Für die Konfrontation mit einer Gesellschaft, die in revolutionäre Bewegung geraten war, ist diese Politik, sind diese Politiker nicht ausgerüstet gewesen.

4

Krieg und Revolution

Aus der Geschichte der russischen Revolution ist der Krieg nicht fortzudenken. Schon 1905 waren beide Phänomene zusammengekommen. Mit verdoppelter Wucht sind sie aufeinandergeschlagen, als das Zarenreich 1917 aus den Fugen ging. Das hat Anlaß gegeben, von der »Geburt der Revolution aus dem Kriege« zu sprechen; die Formulierung trifft den Sachverhalt. [1] Gleichwohl wird man die Geburt mit ihrer Ursache nicht verwechseln dürfen. Wie zu sehen war, reichen die Wurzeln der Revolution in Rußland weiter zurück als dieser Krieg, der, weil es dann noch einen zweiten gab, der Erste Weltkrieg heißen kann. Aber auch abseits der Frage nach der Voraussetzung dessen, was 1917 geschah, ist der Zusammenhang bedeutsam gewesen. Noch ehe jener große Umbruch kam, der Rußland und die Welt verwandeln sollte, hatte der Krieg, als Faktum und Vorstellung, die Erwartungen revolutionärer Denker und Täter stimuliert. Es mag lohnend sein, dem nachzugehen.

Jeder weiß, daß Krieg und Revolution in der Geschichte keineswegs immer aufeinander bezogen sind. Aber schon der ältere Begriff des ›Bürgerkrieges‹ reflektiert, daß beides sich verbinden kann. Indessen hat erst die Modernisierung des Krieges, d. h. der Übergang vom klassischen Kabinettskrieg zum Krieg der Völker, und andererseits und zugleich: die Formverwandlung der Revolution, d. h. das Engagement gesellschaftlicher Massenbewegungen im revolutionären Prozeß – erst diese ›Demokratisierung‹ der Gewalt in Krieg und Revolution hat den Krieg als Geburtshelfer der Revolution und umgekehrt die Revolution als Hebel des Krieges voll in Erscheinung gebracht. Die Wortbildungen ›Revolutionskrieg‹ und ›revolutionärer Krieg‹ verklammern die Sache. Wenn Kriege sich nicht nur gegen das Territorium des Gegners richten, sondern dessen politische und soziale Ordnung umzustülpen trachten, wenn nicht bloß das Staatensystem verändert, sondern die gesellschaftliche Verfassung verwandelt werden soll, dann ist der Krieg tatsächlich revolutionär zu nennen. Seit 1793 wurde das auch außerhalb Frankreichs erfahren, und die Kämpfe, die nun folgten, gegen Napoleon zumal, trugen neue Erfahrungen hinzu. Sie belegten wieder und wieder die sonderbare Geschichte, daß nämlich selbst die Mächte der Konterrevolution, der Legitimität und dann der Restauration – daß mithin selbst die Gegner der Revolution das neue, revolutionäre Prinzip des Krieges übernommen hatten. Es war unausbleiblich, daß nun auch die alte Unterscheidung zwischen *gerechten* und *ungerechten* Kriegen über die Maßstäbe hinauswuchs, die in den klassischen Völkerrechtslehren dafür gesetzt worden waren. Das neuzeitliche Revolutionsdenken ist von dem Phänomen des Krieges seither nicht wieder losgekommen.

Wer auf die Geschichte des Marxismus und der sozialistischen Bewegung sieht, wird die Bedeutung dieses revolutionären Kriegsverständnisses rasch erkennen. Wie bekannt, besaß für Marx jeder Krieg gegen das Zarenreich, gegen den russischen Despotismus, ipso facto einen progressiven Sinn und mithin revolutionäre Qualität. Marxens Polenliebe ergab sich daraus, sie war ein Produkt seiner Russophobie. Gegnerschaft gegen das Bollwerk der europäischen Reaktion durfte sich von vornherein jeder weiteren Rechtfertigung enthoben sehen. [2] Nicht nur die demokratische Linke im Vormärz und später, sondern auch weite Teile des liberalen Lagers haben in diesem Punkt sehr ähnlich gedacht. Diese Auffassung wirkte fort. Ihr hat 1891 August Bebel entsprochen, als er vor dem Erfurter Parteitag der deutschen Sozialdemokraten erklärte:

»Greift Rußland, der Hort der Grausamkeit und Barbarei, der Feind aller menschlichen Kultur, Deutschland an, ... so sind wir ebenso gut und mehr interessiert wie diejenigen, die an der Spitze Deutschlands stehen, und werden dem entgegentreten . . ., um Deutschland, das heißt uns selbst, zu retten und unseren Boden von den Barbaren zu befreien.« [3]

So wurde mit der Frontstellung, die der Marxismus hier bezog, zugleich auch jener revolutionäre Begriff der Vaterlandsverteidigung tradiert, den die ›levée en masse‹ der französischen Revolution geboren hatte. Da die deutsche Sozialdemokratie für Marx und Engels als die kräftigste Stütze der Revolution in Europa galt, durfte das deutsche Reich als verteidigungswürdig gelten, gegen Rußland jedenfalls, aber – wie Engels unterstrich – auch gegen die französische Republik, die seit 1891 auf seiten Rußlands stand:

»Wird Deutschland von Ost und West angegriffen, so ist jedes Mittel der Verteidigung gut. Es geht um die nationale Existenz und auch für uns um die Behauptung der Position und der Zukunftschancen, die wir uns erkämpft. Je revolutionärer der Krieg geführt wird, desto mehr in unserem Sinne wird er geführt.«

Und deutlicher noch:

»Siegen wir, so kommt unsere Partei ans Ruder. Der Sieg Deutschlands ist also der Sieg der Revolution.« [4]

Hier wird, ohne Frage, der siegreiche Krieg als Hebel der Revolution verstanden; und das Vertrauen darauf, daß die bürgerliche Klassenherrschaft den Sieg im Krieg nicht überleben werde – diese Zuversicht hat, fast 25 Jahre später noch, jene dünne Brücke gebaut, über die die deutsche Sozialdemokratie an der Seite der kaiserlichen Regierung im August 1914 in den Krieg gegen Rußland eingetreten ist, in einen

›nationalen Verteidigungskrieg‹, dessen revolutionäre Bestimmung den Parteiführern damals freilich schon entglitten war.

Es wäre indessen verfehlt, wollte man aus derlei Äußerungen schließen, daß der Marxismus – um der Revolution willen – je ein positives Verhältnis zum Krieg schlechthin gewonnen hätte. Das Gegenteil ist der Fall. Die feinen Unterscheidungen, die Angriffs- und Verteidigungskriege, ungerechte und gerechte, progressive und reaktionäre Kriege voneinander zu sondern wußten, unterlagen dem Wandel. Um die Jahrhundertwende war ihr Sinn den sozialistischen Parteien mehr und mehr verlorengegangen. In dem Maße nämlich, wie der Zusammenhang von Weltpolitik und Weltwirtschaft eine neue, die imperialistische Phase des Kapitalismus sichtbar machte, hat sich die alte Differenzierung nicht durchhalten lassen. Auch die Existenz einer revolutionären Bewegung im Zarenreich trug dazu bei, daß die Frage, welcher Seite in einem Krieg das höhere Recht zuzusprechen sei, mit marxistischen Begriffen nicht mehr hinreichend beantwortet werden konnte. Im Zeitalter des Imperialismus wurde es schwer, für die Berechtigung nationaler Verteidigungskriege im Namen des revolutionären Fortschritts einzutreten. Der Feind schien überall der gleiche zu sein, und das Unglück, das jeder große Krieg der Arbeiterklasse aller Länder bringen mußte, konnte guten Gewissens nicht mehr im Licht der kommenden Revolution gesehen oder gar in Kauf genommen werden.

Das mag erklären, weshalb in den Verwicklungen und Krisen der imperialistischen Politik die Kriegsgefahr zu dem wohl schwersten Trauma der sozialistischen Bewegung geworden war und weshalb in den Jahren vor 1914 die sozialistische Agitation *gegen* den Krieg einen so gewaltigen Auftrieb erfuhr. [5] Auf den Internationalen Sozialisten-Kongressen wurde die Organisation des Friedens und der internationalen Verbrüderung zu einer der vordringlichsten Aufgaben des Proletariats erklärt. Die Arbeiterparteien gaben sich als energische Verfechter des Mächtegleichgewichts und des Interessenausgleichs zwischen den Großmächten zu erkennen, ja sie befürworteten nun sogar die internationale Abrüstung, ohne sie noch länger an die Voraussetzung einer siegreichen Revolution geknüpft zu sehen. [6] Über allem stand die Überzeugung, daß der moderne Krieg dem Klassenkampf des Proletariats und mithin dem Interesse der Revolution und des Sozialismus zutiefst zuwider sei. Die Erinnerung an den alten Zusammenhang von Krieg und Revolution schwand dahin oder wurde doch nur noch im Ritual eingelernter Formeln aufbewahrt. So hatten die linken Gruppen um Rosa Luxemburg, die im Krieg »eine fatale Konsequenz der kapitalistischen Entwicklung« sahen, 1907 große Mühe, in der Stuttgarter Antikriegsresolution der Internationale nicht nur ihren streitbaren Pazifismus und Antimilitarismus unterzubringen, sondern auch ihr weitergreifendes Postulat, wonach jeder Krieg, wenn sein Ausbruch schon nicht zu verhindern sei, zur Beschleunigung des Sturzes der Klassenherrschaft ausgenützt werden müsse. [7]

Es versteht sich von selbst, daß auch die russischen sozialistischen Parteien an dem Wandel, den das Kriegsverständnis des europäischen Sozialismus vor 1914 erfuhr, Anteil genommen haben. Und dennoch war ihnen nicht in gleichem Maße, wie das den westlichen Bruderparteien ging, die revolutionäre Hebelfunktion des Krieges zweifelhaft geworden, vor allem dann nicht, wenn sie die Rückwirkungen eines Krieges auf Rußland bedachten. Vom russisch-japanischen Krieg hatten nicht nur die russischen Sozialisten erwartet, daß er den Anfang vom Ende des Zarismus signalisieren werde, und in den Ereignissen von 1905 schienen sich solche Hoffnungen sogar zu bestätigen. [8] Trotz der raschen Niederlage der Revolutionsbewegung blieb es seither ausgemacht, daß sich das Alte Regime selbst riskierte, wenn immer die Regierung das Risiko eines Krieges auf sich nahm. Aber die Einschätzung des Krieges behielt doch auch hier eine merkwürdige Ambivalenz: Man mochte nicht leugnen, daß im Krieg zugleich eine Chance der Revolutionäre liege, aber man bekannte sich deshalb durchaus nicht dazu, daß dem Krieg zu applaudieren sei, weil jede kriegerische Verwicklung die Revolution, den Zusammenbruch des Zarenregimes, fördern müßte. Der sozialistische Pazifismus wurde auch in Rußland groß, und vollends der Gedanke der Vaterlandsverteidigung mochte den russischen Revolutionären vor 1914 geradezu als absurd erschienen sein. Typisch für diese Haltung war, daß die Mehrheit der sozialistischen Gruppen es abgelehnt hatte, im Krieg zwischen Rußland und Japan Partei zu ergreifen. Partei ergriffen wurde für den Frieden, nicht für eine der beiden kriegführenden Seiten; nicht der Krieg, sondern der Friede lag im Interesse des Proletariats, des russischen wie des japanischen.

Freilich, nicht *alle* dachten so: Vor allem *Lenin* war es, der in diesen Fragen schon 1905 eine Sonderstellung bezogen hatte. Er hat den pazifistischen Antimilitarismus der Sozialistischen Internationale nie geteilt, sondern mit Beharrlichkeit darum geworben, die revolutionäre Qualität des Krieges zum alleinigen Maßstab der Bewertung zu machen. So finden sich in Lenins Kommentaren zum fernöstlichen Krieg ganz erstaunliche Sätze, Äußerungen, die in solcher Zuspitzung des Problems damals durchaus ohne Beispiel waren. Anders als seine westlichen und seine russischen Genossen plädierte Lenin öffentlich für den Sieg der Japaner und für die Niederlage Rußlands, ja er erklärte sogar, daß »der Kampf des russischen und des internationalen Proletariats für den Sozialismus« in stärkstem Maße von der Niederlage des russischen Absolutismus in diesem Kriege abhängig sei. Man müsse erkennen, daß der Kampf der japanischen Bourgeoisie gegen den russischen Zarismus progressive Bedeutung besitze: das progressive, fortschrittliche Asien (in Gestalt Japans) bringe dem rückständigen und reaktionären Europa (in Gestalt des Zarismus) entscheidende Schläge bei, infolgedessen spiele dieser »historische Krieg« eine »gewaltige revolutionäre Rolle«. Daraus gelte es Nutzen zu ziehen. Mit »banalen Phrasen über den Frieden« sei den unterdrückten Klassen nicht geholfen. Zwar müsse das Proletariat unermüdlich gegen den Krieg agitieren und immer daran erinnern, daß es Kriege so lange geben werde, wie die Klassenherrschaft existiere; doch komme es jetzt darauf an, den Krieg mit revolutionären Mitteln fortzusetzen:

> »Der Krieg ist noch längst nicht beendet, aber jeder Schritt zu seiner Verlängerung bringt uns dem Augenblick eines neuen gewaltigen Krieges näher, dem Krieg des Volkes gegen die Selbstherrschaft, dem Krieg des Proletariats für die Freiheit.«[9]

Hier wurden, wie man sieht, die alten Marxschen Positionen wieder aufgenommen: Parteinahme im Krieg war notwendig, die revolutionäre Funktion des Krieges war formulierbar, Pazifismus nicht zulässig. Lenins These von 1914, wonach der imperialistische Krieg in einen Bürgerkrieg gegen den Imperialismus zu verwandeln sei, war im Kern bei ihm schon angelegt, noch ehe es zum großen Kriege kam.

Daß der Abstand groß war, der Lenin selbst von den linken Gruppierungen des europäischen Sozialismus trennte, zeigt ein Vergleich mit Rosa Luxemburg. Diese große Revolutionärin sprach 1904 nicht von der progressiven Rolle des fernöstlichen Kriegsgeschehens, sondern von der Gefahr dieses Krieges für das gesamte internationale Proletariat, weil er sich früher oder später zum Weltkrieg ausweiten könne.[10] Die Lebensinteressen des Proletariats aber seien grundsätzlich gegen jeden Krieg gerichtet; nur für die internationale Arbeitersolidarität, nicht für eine der kriegführenden Seiten dürfte mithin Partei ergriffen werden. Anders Lenin. Ihm schien jeder Krieg förderungswürdig zu sein, der das imperialistische Weltsystem ins Schwanken brächte: Kriege unterdrückter Nationen, die sich im Namen des Selbstbestimmungsrechts gegen die imperialistische Vorherrschaft einer Großmacht richteten; auch Kolonialaufstände und -kriege gegen die Kolonialmächte gehörten dazu. Jedem >nationalen Befreiungskrieg< wohnte – nach Auffassung Lenins – eo ipso revolutionäre Bedeutung bei.[11] Gerade in dieser Hinsicht wurde offenbar, daß er sich von der Gesinnungsgemeinschaft der Sozialistischen Internationale immer weiter entfernte. Das war zugleich ein Ausweis dafür, daß auch sein Revolutionsdenken längst eigene Konturen erhalten hatte.

Von solchen Positionen aus hat sich Lenins Kritik an der Haltung der Sozialistischen Internationale aufgebaut, deren bestimmende Kraft in dieser Zeit die deutsche Sozialdemokratie gewesen ist. Schon 1908 wandte er sich – schärfer als es die deutsche Linke je getan hat – gegen die »opportunistische Feigheit« der deutschen Bruderpartei, gegen eine Partei, die sich mit Bebel und Vollmar an der Spitze darauf versteife, ihr Vaterland gegen jeden Überfall, gegen jeden Aggressor verteidigen zu müssen: Angriffs- und Verteidigungskrieg – das könne kein Kriterium für die Haltung der Arbeiterklasse im Kriegsfalle sein. »Die Sozialdemokraten – so Lenin – können sogar in eine Lage kommen, in der sie Angriffskriege fördern (müssen)«. [12] Ganz in diesem Sinne wird man auch die Äußerung Lenins in einem Brief an Maxim Gor'kij interpretieren dürfen, die sich 1913 auf die zweite Balkankrise bezieht: »Ein Krieg zwischen Österreich und Rußland würde der Revolution (in ganz Osteuropa) eine sehr nützliche Sache sein. Aber es ist wenig wahrscheinlich, daß Franz Joseph und Nikolascha uns dieses Vergnügen bereiten werden.« [13] Mit solchen Überlegungen stand Lenin im Verband des europäischen Sozialismus allein.

Als der Weltkrieg ausbrach – überraschend für die meisten, doch nicht für alle – da kam zunächst heraus, daß der Krieg die Perspektiven der Revolution und des Sozialismus in Europa nicht vergrößerte, sondern, wie es schien, für lange Zeit zunichte machte. Was von vielen nachdenklichen Sozialisten immer befürchtet worden war, und was die schneidige Agitation gegen den Krieg und gegen den Militarismus nur oberflächlich hatte verdecken können, wurde jetzt offenbar. Es zeigte sich, daß der europäische Sozialismus nicht nur außerstande war, einen Krieg zu verhindern, sondern mehr noch: er erwies sich auch als ohnmächtig, die chauvinistische Emotion von den Arbeiterparteien fernzuhalten, immun zu sein und Widerstand zu leisten in der entscheidenden Stunde, in der das Proletariat von den Regierungen zu den Fahnen und zur Verteidigung des Vaterlandes gerufen wurde. In einem Krieg, der als Verteidigungskrieg glaubhaft gemacht werden kann – das hatte Karl Kautsky 1911 merkwürdig klar vorausgesehen –

»da werden zunächst *alle* zu Patrioten, auch die international Gesinnten, und wenn einzelne den übermenschlichen Mut haben sollten, sich dagegen aufzulehnen, ... so braucht die Regierung keinen Finger zu rühren, sie unschädlich zu machen. Die wütende Menge würde sie selbst erschlagen ...« [14]

Tatsächlich sank nun – unter dem Druck der Ereignisse – das sozialistische Kriegsverständnis in allen beteiligten Ländern auf ein Niveau herab, über das man vor 1914 schon glaubte erhaben zu sein. Allein die kleine sozialdemokratische Fraktion in der russischen Reichsduma, Bolschewiki und Menschewiki, die noch keine mächtige Partei hinter sich wußten, wehrte sich gegen die chauvinistische Flut, die auch Rußland jetzt überfuhr und die große Streikbewegung der Julitage zum Erliegen brachte. Die Anklage der russischen Abgeordneten richtete sich gegen einen einzigen Feind, gegen den Imperialismus schlechthin; ihr Aufruf zum Frieden meinte nicht die Regierungen, sondern die Völker, die diesen Frieden diktieren müßten. Aber dieser leidenschaftliche Appell verklang in einer Welt, in der auf allen Seiten der Front dem nationalen Vaterland applaudiert wurde. [15]

Für die großen sozialistischen Parteien brachte dieser Krieg eine Umwertung aller Werte, die von schicksalhafter Bedeutung war – schicksalhaft: das Wort greift nicht zu hoch. Der Umschlag von der internationalen Solidarität des Proletariats zur nationalen Solidarität mit den bürgerlichen Klassen wurde geschwind und gründlich, ja mit Begeisterung vollzogen. Es war dies die harte Bilanz einer mächtigen und selbstbewußten Emanzipationsbewegung, die sich über ihre eigenen Grenzen nur ungenügend Rechenschaft gegeben hatte. Die Parteien demonstrierten, daß das Parteivaterland und das Vaterland der Klasse mit dem bürgerlichen Vaterland identisch geworden waren. Der Krieg hob, wie es den Anschein hatte, die alte Entfremdung auf; er öffnete den Weg zu einer fragwürdigen Wiedervereinigung mit der Nation; das Vaterland umfing seine ›vaterlandslosen Gesellen‹ und schickte sie zum Sterben. Gab es ein tragischeres Finale für den europäischen Sozialismus als diesen Völker- und Staatenkrieg?

Das Verhängnis ist bekannt: Deutsche Sozialdemokraten erklärten, daß die deutsche Arbeiterklasse zu den Waffen greife, um »den scheußlichen und mordbübischen Zarismus« auszurotten, um der Kultur und Freiheit Europas willen sollte das geschehen; es sei dies ein Menschheitsinteresse, das »von der Gier der kapitalistischen Klassen Englands und Frankreichs« bewußt erdrückt werde. Im Zeichen des Burgfriedens wurde die innere Front nach draußen verlegt, auf den äußeren Feind übertragen, und man beruhigte sich bei dem Gedanken, im Kampf gegen den Zarismus ja zugleich ein altes Vermächtnis der proletarischen Bewegung zu erfüllen.[16]

Aber nicht nur die Deutschen: auch die Sozialisten, die jetzt *gegen* Deutschland standen, haben ihren Burgfrieden und ihren Verteidigungskrieg zu motivieren gewußt. Für die französischen Genossen war das kaiserliche Deutschland ein halbabsolutistisches, vor-asiatisches Gebilde, das unter der Herrschaft der preußischen Militärstiefel stand, ein waffenstarrendes Imperium, in dem die Junker dominierten, in dem trotz der mächtigen deutschen Sozialdemokratie demokratische Freiheiten, wie man sie selber kannte, nicht zum Leben gekommen waren. Man kämpfte gegen das Deutschland der Pickelhaube, der Kaserne, der Polizei, jenes Land, in dem der geforderte Kadavergehorsam des Militärs in der Disziplin der Sozialdemokraten wiederzukehren schien – kurz, das republikanische Selbstbewußtsein der französischen Sozialisten praktizierte gegenüber Deutschland mutatis mutandis das gleiche, was die deutschen Sozialdemokraten gegenüber Rußland taten: Das Argument, Fortschritt, Freiheit, Kultur gegen Barbarei und Despotismus zu verteidigen, glich dem Anspruch der deutschen Genossen, wie ein Abziehbild seiner Vorlage gleicht.[17] Ja, und selbst bei russischen Marxisten, bei prominenten sogar, wie bei dem Vater der russischen Sozialdemokratie, Plechanov, – selbst hier gab es Stimmen, die es verstanden, den Krieg gegen Deutschland gerecht zu machen:

Plechanov zeichnete ein Bild, in dem das klassenbewußte russische Proletariat im Bund mit den Klassenbrüdern in Frankreich, Belgien und England der »imperialistischen Politik des deutschen Junkertums und der deutschen Bourgeoisie« entgegentrat, dem deutschen Imperialismus, dessen »sicherste Stütze« jetzt die deutsche Sozialdemokratie geworden sei. Es gelte, schrieb Plechanov, »die ungeheure Gefahr zu beseitigen, mit der ein Sieg Deutschlands die Entwicklung der europäischen Demokratie bedroht.« [18] Der Vergleich der Argumente diesseits und jenseits der Schützengräben zeigt den Widersinn der sozialistischen Versuche, diesem Krieg einen progressiven Sinn zu geben.

Erst als der Rausch der ersten Kriegswochen verflog, konnten die, die nüchtern geblieben waren, auf neue Hörer hoffen. So hat sich, abseits der etablierten Parteien, alsbald eine Front sozialistischer Kriegsgegner zu formieren begonnen, kleine Gruppen zunächst, die sich weigerten, in der Politik des nationalen Burgfriedens mit dem Klassenfeind die Quintessenz des europäischen Sozialismus zu sehen. Die Agitation dieser Bewegung ging darauf aus, das Bewußtsein proletarischer Klassensolidarität über die Schlachtfelder hinweg neu zu wecken und die Wunden zu heilen, die der Krieg der Sozialistischen Internationale geschlagen hatte. Man ließ sich von der Erwartung tragen, daß es gelingen müsse, den Regierungen den massiven Friedenswillen der Völker entgegenzusetzen und sie zu zwingen, unverzüglich Frieden, einen demokratischen Völkerfrieden, zu schließen. Der Kampf um den Frieden ging allen anderen Zielen voran. Es war ein radikaldemokratischer Pazifismus, der hier seine Maßstäbe setzte. Der Aufruf zum revolutionären Umsturz war nicht dabei.

Nur eine kleine Minderheit hat, an der Peripherie dieser sogenannten ›Zimmerwalder Bewegung‹, [19] weitergehende Konsequenzen formuliert. Dabei wurden nicht nur die imperialistischen Regierungen, als die Alleinschuldigen an dem verheerenden Völkermorden, angeklagt, nicht nur der schändliche Verrat der Mehrheitsparteien gegeißelt, sondern hier ging es darum, den Friedenskampf zum Sturz der kapitalistischen Klassenherrschaft fortzutreiben, zur internationalen Revolution. Es war *Lenin*, der zum entschiedensten Verfechter dieses Konzepts geworden ist. Von ihm kam der Appell, nicht auf einen fragwürdigen Frieden zu hoffen, sondern zu dem »einzigen wirklichen Befreiungskrieg« überzugehen, zur »Umwandlung des gegenwärtigen imperialistischen Krieges in den Bürgerkrieg« gegen den Imperialismus, »gegen die Bourgeoisie aller Länder um die politische Macht und um den Sieg des Sozialismus«. Die Arbeiterklasse jedes kriegführenden Landes habe die Pflicht, für die Niederlage ihrer *eigenen* Regierung zu kämpfen. [20]

Daß Lenin dem Krieg eine revolutionäre Hebelfunktion zumaß, war, wie gezeigt, schon vor 1914 zum Ausdruck gekommen. Jetzt, da das ganze imperialistische System verwickelt war, richtete sich sein

Revolutionsdenken an den gewaltigen Dimensionen dieses großen Krieges aus. Der Weltkrieg sollte durch eine Weltrevolution beendet werden, durch einen nicht nur europäischen, sondern im tatsächlichen Sinn weltumspannenden Umbruch. Es ist leicht zu sehen, daß diese internationale Bürgerkriegstheorie über die gewohnten Begriffe des europäischen Marxismus hinausgewachsen war. Die neuen Perspektiven, die Lenin sich öffnete, lassen zunächst nach den Kräften fragen, die mobilisiert werden sollten. Die Parteien der alten Vorkriegsinternationale gehörten nicht dazu. Die Zweite Internationale hatte Lenin für tot erklärt, für immer zerstört durch den abgrundtiefen Verrat ihrer Führer.[21] Verlangt wurde der entschiedene, unwiderrufliche Bruch mit allen jenen Kräften, die ins Lager der Feinde des Proletariats übergegangen seien. Und zu diesen Feinden zählten nicht allein die Promotoren des Burgfriedens, die Lenin ›Sozialchauvinisten‹ nannte, sondern auch jene Gruppen innerhalb der Sozialistischen Parteien, die – wie die Zimmerwalder Bewegung – zwar als Kriegsgegner auftraten, den Krieg aber nicht durch den Bürgerkrieg, sondern durch den Kampf für einen demokratischen Völkerfrieden beantwortet wissen wollten. In diesen ›Sozialpazifisten‹ und ›Zentristen‹, wie Lenin sie hieß, hat er den gleichen gefährlichen Opportunismus wiedergefunden, den er für die eigentliche Ursache des Zusammenbruchs der alten Internationale hielt.

Was hier gefordert wurde, bedeutete nichts weniger als die Trennung von allen Parteien und Organisationen des europäischen Vorkriegssozialismus, den Aufbau einer prinzipiell anderen, einer revolutionären Internationale. In der ›Dritten‹, ›Kommunistischen‹ Internationale sollten *die* gesammelt werden, die der revolutionären Sache des Sozialismus treu geblieben waren.[22] Doch in dem Sinne, wie Lenin diese Treue verstand, kamen diese Postulate nicht einer Sammlung organisierter Kräfte gleich, sondern jener nahezu totalen Isolierung, in der sich der exilierte Führer der Bolschewiki mit seinem Bürgerkriegsprogramm damals befand.

In der Tat: Lenin wollte keine Säuberung der bestehenden sozialistischen Parteien, sondern er wollte eine neue revolutionäre Organisation in schärfster Frontstellung *gegen* die alten Parteien. Die große Revolution, die Lenin meinte, sollte ihre Kräfte aus anderen Regionen ziehen: Wer Sozialist bleiben wolle, erklärte er, müsse hinabsteigen zu den Massen, »tiefer und niedriger hinab zu den wirklichen Massen«, zu jenem gemarterten, gequälten, unterdrückten Proletariat und Halbproletariat, das im Vergleich zu jenen, die an den Profiten der Bourgeoisie partizipierten, nach wie vor die übergroße Mehrheit bilde. Es komme darauf an, diese gewaltige Majorität zu einem revolutionären Massenstrom zusammenzufassen. Aber auch außerhalb Europas entdeckte Lenin für den Aufstand gegen den Imperialismus ein weites Rekrutierungsfeld, dessen revolutionäre Bedeutung ihm schon vor 1914

aufgegangen war: Einbezogen wurden die Bevölkerungen in den Ausbeutungsgebieten des imperialistischen Systems, in den Kolonien und
Halbkolonien jener ›zivilisierten Welt‹, die zu einem Schmarotzer an
dem 100-Millionen-Körper der unzivilisierten Völker geworden sei, so
daß selbst ein Teil der Arbeiterklasse, die von der Bourgeoisie bestochene ›Arbeiteraristokratie‹, als Rentner und Kuponschneider an
den Gewinnen teilhabe, die aus dem Schweiß dieser Völker kämen.
In diesen Ausbeutungsgebieten des Imperialismus leben, schrieb Lenin,
»bis zu 1000 Mill. Menschen, d. h. über die Hälfte der gesamten Bevölkerung der Erde.«[23] Es galt, diese Welt in Bewegung zu bringen.
Um Kriege der Kolonien gegen die Kolonialmächte – »fortschrittliche
und revolutionäre« Kriege – erfolgreich zu führen, müßten freilich
bestimmte Voraussetzungen gegeben sein: Erforderlich seien entweder
die vereinten Anstrengungen einer ungeheuren Zahl von Bewohnern
unterdrückter Länder, etwa der Bevölkerung Indiens und Chinas, oder
aber, was das vorteilhafteste wäre, die zeitliche Koinzidenz nationaler Aufstandskriege in den Kolonien mit dem proletarischen Aufstandskrieg in den imperialistischen Ländern.

Hier wurde ein Revolutionszusammenhang sichtbar gemacht, in
dem, gleichsam um den Erdball herum, die ausgebeuteten, unterdrückten Massen aller Länder gemeinsam gegen den Imperialismus und seine
Teilhaber stehen. Das ähnelt der chinesischen Perspektive von heute:
die Revolution der Armen, der Gequälten dieser Erde gegen die Welt
der Schmarotzer und Parasiten. Die proletarischen, von den verbürger-
lichten Arbeiterparteien und Gewerkschaften verratenen Unterschichten
Europas, die unterdrückten Völker und Nationalitäten in Rußland,
Österreich-Ungarn, in der Osmanischen Türkei, die Arbeiter und
Bauernmassen Osteuropas, die kolonialen und halbkolonialen Völker
in Asien und im Orient – eine gewaltige Front wurde hier gedanklich
zusammengezogen, die Reservearmee der Weltrevolution. Aus dieser
Kette großer revolutionärer Komplexe würden die revolutionären
Eruptionen kommen müssen: die proletarisch-sozialistische Revolution
im Westen, eine demokratische Revolution im agrarischen Osten,
nationalrevolutionäre Befreiungskriege unterdrückter Völkerschaften
in und außerhalb Europas, der Aufstandskrieg der kolonialen Welt.

In den Jahren 1915 und 1916 hat Lenin immer wieder die Frage
durchdacht, wie sich dieser revolutionäre Weltzusammenhang in Aktion setzen ließe. Die Perspektiven, die sich ihm in *Rußland* boten,
erhielten dabei ein erhebliches Gewicht. Es schien ihm nicht erforderlich, daß das europäische Proletariat den Anfang mache. Sollte die
Revolution in Europa stagnieren, dann werde Osteuropa und Asien
vorangehen, sobald der Zarismus militärisch vollkommen geschlagen
sei. Die Niederlage des Zarismus könne zur Initialzündung werden,
den Imperialismus an seinem »schwächsten Glied« treffen, denn nach
wie vor halte diese »barbarischste und reaktionärste aller Regierungen«

die größte Zahl von Nationen und die größten Bevölkerungsmassen unter ihrem Joch. Als einige Genossen aus Rußland Lenin befragten, was er zu tun gedenke, falls seine Partei im Lauf des Krieges an die Macht kommen sollte, da formulierte er seine Antwort so:

»Wir würden *allen* Kriegführenden den Frieden anbieten unter der Bedingung, daß die Kolonien und *alle* abhängigen, unterdrückten und nicht gleichberechtigten Völker die Freiheit erhalten. Weder Deutschland noch England oder Frankreich würden unter ihren jetzigen Regierungen diese Bedingungen annehmen. Dann müßten wir den revolutionären Krieg vorbereiten und führen . . . und alle Kolonien und abhängigen Länder Asiens (Indien, China, Persien usw.) systematisch zum Aufstand aufrütteln, und ebenso und vor allem würden wir das sozialistische Proletariat Europas . . . zum Aufstand gegen seine Regierungen aufrufen. Es unterliegt keinem Zweifel, daß der Sieg des Proletariats in Rußland außergewöhnlich günstige Bedingungen für die Entwicklung der Revolution in Asien wie in Europa schaffen würde . . .«[24]

Hier wurde, wie man sieht, bereits vorausgedacht, was den Bolschewiki im Oktober 1917 dann tatsächlich als die große Verheißung ihrer Revolution erscheinen sollte.

5

Das Ende des Alten Regimes

Wer sich die Begebenheiten vergegenwärtigt, die zur ›Februarrevolution‹ im März 1917 führten, wird das rasche Ende der Zarenmonarchie vielleicht noch immer erstaunlich, im ganzen aber doch plausibel und erklärlich finden. In einer Phänomenologie der Krise lassen sich viele Faktoren aufzeigen, die am Zerfall des autokratischen Systems verantwortlich beteiligt waren: allen voran natürlich der unglückliche Verlauf des Krieges selbst, der im einzelnen hier nicht zu schildern ist. Der Krieg wirkte als Beschleuniger im Dekompositionsprozeß; den Belastungen, die er brachte, war der alte Staat nicht mehr gewachsen.[1] Schon im Sommer 1915, als die russische Front unter den Stößen der deutschen Offensive weit nach Osten zurückwich, kam heraus, daß der Krieg für Rußland militärisch nicht mehr zu gewinnen war, – es sei denn, die Verbündeten Rußlands würden diesen Krieg für Rußland mitgewinnen.[2]

Die Menschenverluste waren gewaltig: Bis Februar 1917 zählte man um die acht Millionen Tote, Verwundete, Vermißte und Gefangene. Das wieder wettzumachen, konnte kaum gelingen. Ein hoher Prozentsatz des aktiven Offizierskorps war schon im ersten Kriegsjahr verlorengegangen; ein qualifizierter Reserveoffiziersstand, der die Lücken hätte füllen können, war nicht vorhanden; und die neu eingezogenen Mannschaften, von denen das Heer Monat für Monat etwa 350 000 Leute verschlang, rückten immer schlechter ausgerüstet und oft kaum ausgebildet in die Frontabschnitte ein. Überdies konnten die schweren Verluste an Material nicht ausreichend ersetzt werden. Die russische Industrie wurde erst 1916 unter großen Anstrengungen dazu gebracht, mit den wachsenden Bedürfnissen des Millionenheeres leidlich Schritt zu halten; Rohstoffmangel, Transport- und Versorgungsschwierigkeiten nahmen schlimme Formen an. Die Finanzsituation des Staates war hoffnungslos; für 1916 hat man die Kriegskosten auf 40 Millionen Rubel täglich geschätzt. Es blieb ohnehin erstaunlich, daß die russische Militärmaschine trotz aller Rückschläge und Einbußen bis zum Ende der Monarchie im ganzen ungebrochen weiterlief.

Hinter der Front war die Not, namentlich in den Städten und Industriezentren, schon frühzeitig spürbar geworden. Lebensmittelknappheit, vor allem aber rapide steigende Preise lasteten schwer auf der Bevölkerung, den niederen Schichten zumal. Kriegsmüdigkeit und Niedergeschlagenheit, Gleichgültigkeit und Verzweiflung breiteten sich aus, die in Unruhe und Aufruhrbereitschaft umschlagen konnten, sobald Gerüchte oder Losungen die Massen ergriffen. Ein besonderes Element der Anfälligkeit ergab sich aus der kriegsbedingten Fluktuation im proletarischen Milieu der Städte. Der Menschenbedarf der Armee hatte den alten Bestand der Arbeiterschaft dezimiert und große Scharen frisch rekrutierter Arbeitskräfte in die Fabriken gebracht. Der Anteil der Frauen und Minderjährigen in der Industrie ging sprunghaft nach oben. Die Orientierungslosigkeit dieser in den Arbeitsprozeß gezwungenen Menschen gab den Streikbewegungen, die nun wieder aufflammten, Exzessivität und elementare Kraft; sie verliehen ihnen einen eigentümlich vorindustriellen Charakter, der mit den disziplinierten und organisierten Ausständen der Vorkriegszeit nur wenig gemein hatte. Es versteht sich, daß der Krieg auch das flache Land nicht verschonte. Die Lasten, die er brachte, verdoppelten die Not, die hier seit eh und je herrschte. Die Masse der arbeitsfähigen Bauern wurde durch die Armee im Lauf der Zeit den Dörfern entzogen.

Ohne Zweifel ließe sich die wachsende Misere genauer beschreiben und differenzieren. Detaillierte Regionaluntersuchungen könnten zutage bringen, wo und wie sich Elend und Mißstimmung in besonderer Schärfe kristallisierten. Aber auch dann noch bliebe die Frage bestehen, ob sich die unmittelbaren Anlässe der Märzereignisse 1917 so überhaupt ergründen lassen. An dieser Frage hängt nichts spezifisch Russisches, nichts, was allein die Revolution in Rußland beträfe. Auch anderwärts und in anderen historischen Zusammenhängen sind die Motive der Anfälligkeit, des Aufbegehrens, und die Stufen massenpsychologischer Labilität aus dem historischen Material nur schwer überzeugend zu erweisen. [3] Das gehört zur Dauerproblematik der historischen Forschung. Den auslösenden Faktoren der revolutionären Massenerregung, die sich im dritten Kriegswinter mit großer Gewalt entlud und binnen kurzem das ganze Land erfaßte, wird mit der quantifizierenden Methode nicht beizukommen sein. Nachweise aus der Lohn- und Preisstatistik, Zahlenangaben zur Streikbewegung mögen sich als ansteigende Kurven darstellen lassen und die Expansion der Krise bezeugen. Aber es ist ein Mißverständnis zu meinen, man könnte die Revolution – wie es immer wieder heißt – ›heranreifen‹ sehen und ihren Entstehungsprozeß bis hin zur Peripetie exakt beschreiben, wenn man nur die Akkumulation progressierender Notstände verläßlich genug belegen kann. Die Sozialpsychologie revolutionärer Situationen ist zwar illustrierbar, doch aus der Summe der Erscheinungen läßt sich ihre Potenz allenfalls ahnen, nicht messen. Der Historiker wäre falsch beraten, wenn er daran ginge, den Umschlag der Massenstimmung von der schweigenden Hinnahme der Gegebenheiten, von der Apathie zu wildem Protest, zu Aufruhr und Massenhysterie zu rationalisieren, – einen elementaren Vorgang, der nichts Berechenbares, Voraussehbares, nichts Bewußtes an sich hatte.

Daß sich die Krise schürzte, war allenfalls in den Arbeiterbezirken Petrograds offenbar geworden, wo die Unruhe seit Januar 1917 von Woche zu Woche bedrohlich wuchs. Doch konnte auch hier von Planung oder gar Lenkung eines Aufstandes nicht die Rede sein. Selbst die sowjetische Forschung ist inzwischen von der absurden These abgegangen, die bolschewistische Partei hätte die Massen auf die Straße gebracht. Als die Hauptstadt und wenig später dann das ganze Land in Aufruhr gerieten, haben der Überraschungseffekt und die Kraft der sozialen Eruption nicht nur die getroffen, denen die Revolution unversehens nun die Macht entriß. Von der Gewalt der Bewegung wurden auch die Konzepte derer überrollt, die eine Wendung der Dinge ersehnt und erwartet hatten und die jetzt erfahren mußten, daß sie hilflos in den Wellen trieben. [4]

Ungleich einfacher ist es, die Genesis und die Formen jenes politischen Konflikts zu bewerten, der sich im Laufe des Krieges zwischen dem alten Regime und den Kräften der liberalen Opposition entspann. Vieles spricht dafür, daß der überkommene Gegensatz zwischen Staat und Gesellschaft nicht unbeteiligt war, als sich die Regierung entschloß, in den Krieg zu gehen. In konservativen Kreisen war der Befürchtung immer wieder Raum gegeben worden, daß die Revolution im eigenen Land eine Chance erhalte, falls Rußland sich in einen großen Krieg verwickeln lasse. Um der Revolution zu wehren und die Monarchie zu stärken, müsse Rußland den Ausgleich mit Deutschland suchen. [5] Doch in den Krisenmonaten des Sommers 1914 gewannen schließlich die Argumente derer die Oberhand, die das nationale Machtinteresse gefährdet sahen, falls Rußland auch diesmal wieder Gewehr bei Fuß stehenbliebe und Serbien nicht zu Hilfe käme. Die Furcht überwog, daß ein Zurückweichen vor der österreichischen Herausforderung einen schweren innerpolitischen Prestigeverlust der Regierung zur Folge haben werde. Das Ergebnis wäre möglicherweise ein gefährlicher Raumgewinn der politischen Opposition gewesen. Unbegründet war dieses Bedenken nicht. Längst hatte der Liberalismus in all seinen Spielarten auf die Repräsentation des nationalrussischen Machtgedankens Anspruch erhoben und den Nachweis zu führen versucht, mit den Interessen von Staat und Nation in vollem Einklang zu stehen. Das erklärt, weshalb die Regierung nicht dulden durfte, daß der Nationalismus sich in ein Instrument verkehrte, das gegen das Regime in Anschlag gebracht werden konnte. Das nationalrussische Selbstbewußtsein sollte sich nicht in einer Weise verselbständigen, daß die Autokratie dabei entbehrlich würde. Tatsächlich schien, im Hochsommer 1914, die Entscheidung des Zaren für den Krieg die politischen Verhältnisse zunächst stabilisiert zu haben. Die patriotische Emotion, die sogar einzelne Arbeitervertreter ergriff, lähmte die alten Gegensätze.

Der Konsensus, den der Krieg bewirkte, war bekanntlich nicht von Dauer. Vor allem die liberalen Kadetten, deren wortgewaltigster

Sprecher der Geschichtsprofessor und Dumaabgeordnete Paul Miljukov war,[6] haben sich von Beginn an nicht damit begnügen wollen, daß es das Regime bei der wohlgefälligen Duldung ihrer patriotischen Loyalität bewenden ließ. Sie erwarteten vielmehr, daß die Regierung den im August 1914 manifestierten Bund zwischen Volk und Herrscher, den zu beschwören sie nicht müde wurden, durch liberale Gesten und politische Zugeständnisse honorieren werde. Nicht nur die Lasten des Krieges wollten die politischen Kräfte der Gesellschaft gemeinsam mit der Regierung tragen – sie wollten auch, daß die Nation an den politischen Entscheidungen, die in diesem Krieg zu treffen waren, beteiligt sei, und mit der Nation meinten sie sich selbst. So sind mancher Hoffnung ›schöne Flügel‹ gewachsen. Zuversicht kam auf, daß sich die politische Reform, die im Scheinkonstitutionalismus von 1907 steckengeblieben war, im Laufe des Krieges erneuern lassen werde. Da die Regierung allenthalben auf die Dienste der Gesellschaft angewiesen blieb, konnte ein solches ›Entgegenkommen‹ möglicherweise erzwungen werden.

Daß das Selbstgefühl der Liberalen solchen Auftrieb nahm, mochte viele Gründe haben. Die Tatsache, daß das Zarenreich nun als Alliierter mit England und dem republikanischen Frankreich zusammenstand, hat dabei keine geringe Rolle gespielt. Seit Jahren hatte man die Regierung bedrängt, nicht in die Bahnen des konservativen Monarchenbündnisses zurückzuschwenken; jetzt sollte an ein Zurückgehen solcher Art nicht mehr zu denken sein. Die Wahlverwandtschaft, die man gegenüber dem englischen Parlamentarismus empfand, schien im Verband der Entente verheißungsvoll bestätigt. Es wurde erwartet, daß das Kriegsbündnis mit den parlamentarisch verfaßten Westmächten den politischen Modernisierungsprozeß in Rußland, den Abbau der Autokratie und der Allmacht der Bürokratie, fördern werde. Auch das Bedürfnis, die Verfassung Rußlands von den monarchischen Systemen Deutschlands und Österreichs deutlich abgegrenzt zu sehen, wirkte auf die politische Tendenz der Liberalen ein. Man wollte, wenn vom Kampf gegen den ›germanischen Despotismus‹ der Hohenzollern die Rede war, nicht die Augen niederschlagen müssen, weil man den Despotismus selber noch zu Hause hatte. Die Möglichkeit, zu einem modernen ideologischen Verständnis des Krieges zu kommen, hing daran. Das innerpolitische Kriegsziel der liberalen Gesellschaft meinte die konstitutionelle, die parlamentarische Monarchie, ein Programm, dessen Realisierung ihr im Frieden versagt geblieben war.[7]

Was in den Kriegsjahren in Rußland in dieser Hinsicht geschah, konnte denen, die so dachten, keine Freude sein. Es zeigte sich, daß die Regierung alles tat, um die in der Staatsduma repräsentierte Nation am kurzen Zügel weiterzuführen und alle politischen Energien im Getriebe der Staatsmaschine aufzufangen. Der Aktivismus der ›Volksvertreter‹ sollte in der Routine zweit- und drittrangiger Gesetzesarbeit müde werden, die Staatsduma als machtloser Appendix der autokratischen Staatsanstalt auf sich verwiesen bleiben, nicht aber mit neuen Rechten und auf neuen Wegen sich entfalten können. Besonders hart stießen die Interessen dort aufeinander, wo die Gesellschaft in ihren Selbstverwaltungskörperschaften dem Behördenstaat entgegentrat, jetzt gestärkt durch den Umstand, daß den Zemstvo-Institutionen und den städtischen Kommunen eine Fülle von Aufgaben zugewachsen war, deren kriegswichtige Bedeutung sich nicht leugnen ließ. Weite Bereiche der Armeeversorgung, der Fürsorge für geflüchtete und evakuierte Bevölkerungsgruppen, die Hinterbliebenen- und Invalidenbetreuung, die öffentliche Mildtätigkeit, Spenden und Sammlungen für den Krieg, nicht zuletzt ein erheblicher Teil des Sanitäts- und Lazarettwesens, – all dies war gleichsam automatisch in die Hände der Selbstverwaltungsorgane geraten. Schließlich trat im Mai 1915, kraft der Initiative bedeutender Industrieller, noch ein drittes Organ neben die Zemstva und Kommunen: sogenannte Kriegsindustriekomitees, die sich versprachen, dem katastrophalen Materialmangel der Armee durch eine effektivere Organisation der Produktion, auch des Transports, nach Kräften abzuhelfen. Überdies wurden Anstalten gemacht, auch Arbeitervertreter heranzuziehen, weil es darauf ankam, Arbeitsdisziplin und Arbeitswilligkeit in den Fabriken und Betrieben sicherzustellen und soziale Konflikte im Konsensus der gesellschaftlichen Körperschaften aufzulösen. Es war von großer Bedeutung, daß es noch im Sommer 1915 gelang, mit den Instanzen der organisierten Gesellschaft über die provinziale und lokale Ebene hinauszukommen und zentrale, gesamtrussische Einrichtungen zu begründen: Es entstanden die Allrussische Zemstvo-Union, ein Allrussischer Städteverband, ein Zentrales Kriegsindustriekomitee; in gemeinsamen Ausschüssen, Büros und Beratungen wurde die regionale Tätigkeit zu koordinieren versucht. Zwischen den drei Zentralinstanzen der Selbstverwaltung stellten sich enge Beziehungen ein. [8]

Die Regierung hatte die neuen Einrichtungen zwar zugestehen müssen, weil sich die Regsamkeit dieser Organe durch die Bürokratie nicht ersetzen ließ. Aber das Zugeständnis wurde widerwillig gegeben, war an kleinliche Auflagen geknüpft, und das Verhältnis blieb unfroh, unaufrichtig, von Mißtrauen, Eifersucht und wechselseitiger Geringschätzung durchzogen. In den von der Regierung gegründeten gemischten Kommissionen, die der »Erörterung und Vereinigung von Maßnahmen zur Verteidigung des Staates« dienen sollten, konnte die Zähflüssigkeit der gemeinsamen Arbeit täglich neu erfahren werden. Für die Leute der Selbstverwaltung war ausgemacht, daß der Behördenstaat der vollen Entfaltung der Volkskräfte zum Nutzen der Kriegsführung überall im Wege stand. Der Kleinkrieg, der nun entbrannte, um die technischen Voraussetzungen für die Arbeit der Verbände zu gewährleisten, nahm hier und da durchaus politische Züge an. Es verstand sich von selbst, daß zwischen den gesellschaftlichen Körperschaften und den Fraktionen der Staatsduma enge Kontakte und persönliche Verbindungen vorhanden waren, ohne daß sich die Parteipolitik deshalb in die Selbstverwaltungsorgane hinein fortgesetzt hätte. Aber bei den Sprechern der Parteien wurde doch nun, stärker als vor 1914, das Bewußtsein groß, in den Zemstva, den Kommunen und Industriekomitees ein gesellschaftliches Potential im Rücken zu haben, das ihrer Stimme gegen die Regierung größeres Gewicht verlieh, als das in friedlichen Zeiten der Fall gewesen war.

Als das militärische Debakel im Sommer 1915 für alle erkennbar wurde, nahm der Antagonismus zwischen der Regierung und der Mehrheit der Staatsduma, zwischen der Obrigkeit und der öffentlichen Meinung scharfe Formen an. Der Regierung wurde nun von allen Seiten komplette Unfähigkeit bescheinigt, den Krieg siegreich zu beenden. Allenthalben wurden Symptome aufgezeigt, die die fortschreitende Erosion der monarchischen wie der staatlichen Autorität signalisierten, und Gravamina, von denen zu sprechen die Vorsicht verbot, steigerten wilde Gerüchte zu apokalyptischen Bildern. Was den Protest provozierte, war neben dem militärischen Versagen das offensichtliche Ende aller Politik.[9] Leichtfertig, unverantwortlich begebe sich das Regime der Möglichkeit, alle Kräfte des Volkes zu einer mächtigen Einheit zusammenzufassen und gemeinsam mit dem Volk – sprich: mit der Staatsduma – für den Sieg zu wirken.

In der Tat, an Zeichen pathologischen Verfalls hat es in diesen Kriegsjahren in Rußland nicht gefehlt: beispiellose Mißstände in der Verwaltung, die sich in erbitterter Rivalität mit der militärischen Führung verfing; Anmaßungen des unkontrollierten Polizeiapparats; fortgesetzte Demütigung aller wohlmeinenden Kräfte der Gesellschaft; dazu der Skandal um den Kriegsminister Suchomlinov; die haarsträubenden Ränke der Hofkamarilla mit der ›deutschen Zarin‹, der Hessentochter aus Darmstadt; der üble Gottesmann, der gewalt- und wundertätige Rasputin als graue Eminenz, – ›dunkle Mächte‹, die man für einen Sonderfrieden mit Deutschland wirken sah;[10] und endlich der schwache, hohlwangige Kaiser, von den exaltierten Beschwörungen seiner Frau immer wieder zur törichten Demonstration seiner Vollgewalt getrieben; im August 1915 wurde er gar dazu gebracht, den Oberkommandierenden, seinen Onkel Nikolaschka (Nikolaj Nikolaevič), den die Kaiserin nicht mochte, in den Kaukasus zu schicken und den Oberbefehl über die Armee in höchsteigener Person zu übernehmen;[11] ein sonderbarer Herrscher, der der Versuchung niemals widerstanden hat, seinen beschränkten, aber gar nicht bösartigen Verstand vollends fahren zu lassen, wenn es um einen Ausgleich mit der Duma, um Zugeständnisse gegenüber den Forderungen der Gesellschaft ging … All diese Verhältnisse bewirkten eine tiefgehende

Vertrauenskrise, die Eskalation oppositionellen Widerstands, eine immer vollkommenere Isolierung des Monarchen von seiner Umgebung und von den Hebeln der Macht.

Wie die Lage einzuschätzen war, hat sich schon in dem krisenhaften Sommer 1915 gezeigt, als es einer Abgeordnetengruppe gelang, in der Staatsduma eine breite oppositionelle Front zu organisieren und diese kompakte Majorität auf ein formuliertes Programm zu verpflichten. Als ›Progressiver Block‹ wollte sich der neue Sammlungsversuch verstehen. Zu den Kadetten gesellten sich die Oktobristen, die es bisher auf den Fundamenten des Scheinkonstitutionalismus ausgehalten hatten; hinzu kamen Abgeordnete aus dem Unternehmermilieu, die sogenannten ›Progressisten‹, und eine Reihe dezidiert konservativer Köpfe, die sich ›progressive Nationalisten‹ nannten. Auch Mitglieder des Reichsrats, dieser würdevollen Honoratiorenkammer, schlossen sich an. So blieben dem Zusammenschluß lediglich die äußerste Rechte und die kleinen Fraktionen des sozialistischen Lagers fern – kaum ein Viertel aller Abgeordneten. [12] Die Staatsduma, als Gehäuse beflissener Loyalitätsübung erdacht, befand sich seither mehrheitlich in öffentlicher Widerstandshaltung. Freilich war das Programm, das man vertreten wollte, äußerst moderiert, seine Schärfe trug es nicht in sich selber, sondern die bekam es von außen her, kraft der Tatsache, daß die Autokratie auch die schüchternste Reform, auch das nichtssagendste Zugeständnis für prinzipiell unzulässig oder doch für zu gefährlich hielt. Nur »eine harte, starke und tatkräftige Staatsmacht«, so wurde erklärt, könne »das Vaterland zum Siege führen«, eine Macht, die sich »auf das Vertrauen des Volkes stützt und geeignet ist, die Mitarbeit aller Bürger zu gewährleisten.« [13]

Wo diese Voraussetzung konkretisiert wurde, hörte sich das schon weniger entschieden an: Man verlangte die »Schaffung einer Regierung aus Personen, die das Vertrauen des Landes genießen« und die willens wären, in Übereinstimmung mit den gesetzgebenden Körperschaften zu verfahren. Damit war weder gesagt, daß man eine parlamentarische Regierung wollte, die aus den Reihen der Duma zu bilden sei, noch wurde an das Faktum gerührt, daß die Duma in ihrer gegenwärtigen Zusammensetzung, auf der Grundlage des eingeschnürten Kurienwahlrechts von 1907, nur eine höchst fragwürdige Vertretung des Volkes war. Gleichwohl ging der Katalog der Einzelforderungen unverkennbar in eine liberale, rechtsstaatliche Richtung: strenge Bindung der Exekutive an die Grundgesetze, Sicherung der politischen und bürgerlichen Freiheiten, großzügige Amnestie, Lösung der polnischen Frage im Sinne nationaler Autonomie, Wiederherstellung des Autonomiestatuts in Finnland, Aufhebung der rechtlichen Beschränkungen für nichtrussische Nationalitäten, für die Juden und die ›Kleinrussen‹ zumal, rechtliche Gleichstellung der Bauern, Zulassung der Gewerkschaftstätigkeit und der Arbeiterpresse, schließlich Revision des Selbstverwaltungsstatuts und der Städteordnung mit dem Ziel, den Wirkungsbereich der Zemstva und der Kommunen auszudehnen und die reaktionären Wahlordnungen von 1890/92 aufzuheben, um eine angemessenere Repräsentation der Bevölkerung in den gesellschaftlichen Organen sicherzustellen. [14]

Schon kursierte in den Wandelgängen der Duma die Ministerliste eines Verteidigungskabinetts, auf der der betagte, greisenhaft starre Ministerpräsident Goremykin durch den Dumapräsidenten Rodzjanko ersetzt und eine Reihe wichtiger Ministerposten mit prominenten Vertretern des Progressiven Blocks ausgestattet waren. Die großen Namen der Opposition, von denen sich viele im März 1917 in der Provisorischen Regierung wiederfanden, standen hier zusammen: Miljukov, Gučkov, Konovalov, Šingarev, Nekrasov. Auch wurde bereits mit einzelnen Herren der verhaßten Regierung wegen einer Kabinettsumbildung konferiert, mit Ministern, die für progressiv und bündniswürdig galten. Aber der harthörige Goremykin, nun von seinem eigenen Kabinett bedrängt, ging nicht von hinnen. Sein Loyalitätsgefühl gegenüber dem Zaren war dem zuwider. Erst im Januar 1916 wurde er in Gnaden entlassen, abgelöst durch einen Mann mit deutschem Namen, durch Boris Stürmer, den sich nicht der Progressive Block, sondern Rasputin und die Kaiserin als Marionettenpremier erkoren hatten. Die Personalpolitik dieser Hofkamarilla, deren Psychopathologie die Ministerwahl als Produkt höherer Eingebung unerfindlich werden ließ, hat selbst wohlmeinende Beobachter das Entsetzen gelehrt. Mit der Entlassung Sazonovs, des Außenministers, der über der von den Alliierten geforderten polnischen Autonomielösung zu Fall kam, ging im Juli 1916 der letzte, leidlich politisch denkende Kopf vom Schiff. Die leidgeprüften Botschafter Englands und Frankreichs hatten fortan größte Mühe, ihre Regierungen vom guten Willen und von der unverbrüchlichen Bündnistreue des russischen Alliierten zu überzeugen. Um das zu leisten, mußte man in der Kunst, der eigenen Zweifel Herr zu werden, Meister sein. [15]

Trotz der weit aufgebrochenen Vertrauenskrise, die sich von Monat zu Monat vertiefte, blieb die politische Plattform der russischen Opposition bis zur Revolution bei dem Programm vom Sommer 1915 stehen. Was sich steigerte, war nicht die Substanz der Forderungen, sondern die Emotion, mit der sie vorgetragen wurden. Längst hatten sich auch die Sprecher der Zemstvo-Union, des Städteverbandes und des Industriekomitees in wortstarken Erklärungen und beschwörenden Adressen der Motion der Dumamehrheit angeschlossen. Eine kaum noch zu überbietende Steigerung erfuhr die pathetische Verzweiflung der frustrierten Widerständler in den Herbstwochen 1916. Die Kriegsziele, die für Rußland einzuholen diese Männer willens schienen, hatten sich nach dem Fehlschlag der Brusilov-Offensive zu fernen Wolkenbildern verflüchtigt. Der Feind stand weit im Land; nicht die russische Nation, sondern Berlin und Wien schickten sich an, Voraussetzungen einer (wie immer fragwürdigen) Staatlichkeit für das polnische Volk zu schaffen; mit der Niederlage in Serbien und an der rumänischen Front war der slawische Balkan, den man haben und ordnen wollte, dem russischen Zugriff weit entrückt; und das Verlangen, das Doppelkreuz der Rechtgläubigkeit auf der Hagia Sophia und die Zarenadler an den Meerengen montiert zu sehen, ließ sich im Vertrauen auf die Vertragstreue der Alliierten zwar immer wieder memorieren, doch daß dieser köstliche Preis durch die militärische Kraftentfaltung des russischen Imperiums je eingebracht werden könnte, war nur noch ein Traum, der bei Tageslicht niemanden mehr beglücken wollte. In schneidender Anklage formulierte die Opposition die russische Dolchstoßlegende; so Miljukov, der Kadettenführer, im November 1916 auf der Tribüne der Reichsduma mit der berühmten Frage: »Ist es Dummheit oder Verrat?« Eine Antwort hatte Miljukov nicht geben müssen – jeder, der ihn sprechen hörte, wußte, was längst öffentliche Meinung war: Verrat lag vor, eine Verschwörung finsterer Mächte, die sich am Hof, im Kabinett der Zarin, hatten etablieren können, ›deutsches Gift‹ war am Werk, eine deutsche Partei, entschlossen, Rußland ins Verderben zu stürzen. [16] Wie unwirklich solche Verdächtigungen auch gewesen sind – die Wirklichkeit war makaber genug. Im Oktober 1916 hatten Arbeiterstreiks, zumal in Petrograd, zum erstenmal wieder Ausmaße angenommen, die denen der letzten Wochen vor Kriegsausbruch nahekamen, und die politische Agitation, die von den dezimierten Komitees der Sozialdemokraten ausging, verstärkte die Ahnung, daß ein schlimmer Winter zu erwarten sei. Die blutigen Schatten des Jahres 1905 tauchten wieder auf. [17] Manchen Politiker des progressiven Blocks hat die Furcht vor der Entfesselung der ›Straße‹ seither nicht mehr verlassen wollen.

War das Unglück abwendbar? Der bleierne Fatalismus, mit dem der Kaiser die morbide Hysterie seiner Gemahlin ertrug, die auf das Orakel Rasputins eingeschworen blieb, Nikolajs hilflose Ergebenheit, die den Verfall seiner Autorität teilnahmslos und widerstandslos geschehen ließ – all das könnte die Agonie des Regimes als eine Familientragödie des kaiserlichen Hauses erscheinen lassen. Dem entsprach, daß im Spätherbst 1916 in oppositionellen Kreisen der Gedanke aufkam, den Kaiser zugunsten seines Sohnes zur Abdankung zu bringen – durch Überredung oder, wenn nötig, sogar mit Gewalt. Indessen hat der Wille zu handeln, mit der Kühnheit dieser Perspektive nicht Schritt gehalten. [18] Auch ein beträchtlicher Teil der Generalität lebte unter dem Eindruck der allgemeinen Krisenstimmung. Die Armeebefehlshaber meinten nicht, daß eine Katastrophe deshalb drohe, weil ein militärisches Fiasko für die nächste Zukunft zu befürchten sei. Man hielt die Armee noch immer für gefestigt genug, um dem Gegner nicht nur hinhaltenden Widerstand zu leisten, sondern um für das Frühjahr

1917 sogar an neue offensive Operationen denken zu können; [19] auf der interalliierten Militärkonferenz in Petrograd im Januar und Februar wurden den Verbündeten entsprechende Zusicherungen gegeben. Was die hohen Militärs bangen ließ, war die Richtungslosigkeit der obersten politischen Führung, das Bild der Selbstauflösung, das sie bot, ohne daß Zeichen einer Regeneration sich angedeutet hätten. Selbst die Großfürsten beschworen den Souverän, um Rußlands willen sich zu ermannen, die gelähmte Staatsgewalt durch entschlossenes Handeln wieder bewegungsfähig zu machen, das zerstörte Verhältnis zur Nation durch den Entschluß, zur Selbstregierung zurückzukehren, nach Kräften zu heilen. Wie bekannt, war ein junger Verwandter des Herrschers dabei, als eine monarchistische Verschwörung im Dezember 1916 dem Wundermönch ans Leben ging. [20]

Was dann noch kam, war die Paralyse des alten Systems. Während ein kleiner Kreis eher verzweifelter als gewalttätiger Duma-Politiker den Plan einer Palastverschwörung weiterspann und seine Ausführung immer wieder verschob, hatte der Zar, nach allen Seiten hin isoliert, die letzten Brücken zu den politischen Kräften seines Reiches eingezogen. Im Routinebetrieb des kaiserlichen Hauptquartiers lösten sich die letzten Bewegungen dieses Herrschers auf. Als Ende Februar dann der revolutionäre Massenaufruhr der Arbeiterbevölkerung und der Garnisonstruppen Petrograds wie ein Naturereignis losbrach und binnen weniger Tage, gleich einem Steppenbrand, aufs Land und auf die Frontarmeen übergriff, da zeigte es sich, daß der Monarch aktionsunfähig geworden war, nur noch imstande, sinnlose Befehle zu kontrasignieren, hinter denen sich sein Erstaunen über das, was geschah, verbergen mochte. Niemand außer seiner kranken Frau war da, der ihm abgeraten hätte zu kapitulieren. Im Gegenteil: alle jene, die bisher im Namen des Volkes zu ihm geredet hatten, wollten nun die einzige Rettung vor der Gewaltsamkeit der Revolution, vor Anarchie und Untergang darin sehen, daß der Kaiser gehe, daß er den Weg freigebe für eine parlamentarische Regierung aus der Mitte der Duma, für eine Regierung, die das Vertrauen des Volkes hätte. [21] Aber dieses Volk, das jetzt zu reden begann, ohne gefragt zu sein, demonstrierte nun auf allen Straßen, was manchem dieser Politiker in verdrängten Alpträumen wie ein Menetekel gelegentlich schon aufgegangen war: die Tatsache nämlich, daß es an die wohlerzogene Opposition Seiner Majestät des Zaren kein Vertrauen, keine Mandate zu vergeben gedachte.

Immer wieder ist gefragt worden, ob der jähe Untergang der Autokratie nicht hätte vermieden werden können, wenn dem Russischen Imperium ein stärkerer Monarch geschenkt gewesen wäre, als das Nikolaj II. jemals war. Solche Wenn-Fragen lassen sich stellen, aber nicht beantworten. Gewiß ist vorstellbar, daß das Ende *so* nicht gekommen wäre, hätte der Kaiser einen Ausgleich mit der Duma und

mit der Gesellschaft, die in der Selbstverwaltung stand, rechtzeitig zuwege gebracht. Aber gegen diese Perspektive, die die Geschichte der
Revolution zur Personenfrage verkürzt, kommen doch sogleich andere,
gewichtigere Fragen auf. Wer auf die historischen Konfigurationen
sieht, wird bezweifeln, daß das alte Regime unter dem Druck des
Krieges zur politischen Umbildung und Anpassung überhaupt noch
fähig war. Die Autokratie hatte ihre Existenz über die Zeiten hin
nicht auf Veränderung, sondern auf Beharrung gegründet. Im Verhalten des Zaren scheinen sich denn auch nicht Zufälle oder Unfälle
der Geschichte zu spiegeln, sondern allgemeinere Voraussetzungen des
alten Staates. Hier hat sich eine petrifizierte Ordnung offenbart, die
ihre Überlebenschance allein darin sehen konnte, an den überkommenen Grundlagen festzuhalten; jeder Schritt vom Weg mußte Konsequenzen mit sich bringen, deren Dynamik keiner Kontrolle mehr zu
unterwerfen war. Dieser lähmende, kaum noch reflektierte Zwang zur
Unnachgiebigkeit hat sich in verhängnisvoller Weise ausgewirkt, als
der Krieg die politischen Kräfte der Gesellschaft mobilisierte und als
sich ergab, daß das Regime nicht mächtig war, die sogenannten ›staats-
erhaltenden‹ Schichten der Nation zu integrieren.

Und *noch* eine Überlegung kommt hier auf. Sie gilt den Möglichkeiten und Grenzen jener Erneuerung, die von der russischen Opposition in diesen Jahren so energisch und wortgewaltig propagiert
wurde. Es ist fraglich, ob die vielberufene Wiedervereinigung des
Herrschers mit dem Volk in *dem* Sinne, wie das die Duma-Politiker
verstanden, den sozialen Fakten je hätte entrinnen können, die in
Rußland gültig waren. Wer näher zusieht, wird erkennen, daß
zwischen der Autokratie und der Opposition ein Disput im Gange war,
an dem das Volk, mit dem man sich identifizierte, keinen Anteil nahm
und keinen Anteil nehmen konnte. Nicht darum ging es allein, die
Monarchie mit den Liberalen, den Progressisten, ja mit ihren An-
hängern zu versöhnen, sondern darum, Lösungen zu finden, die auch
den breiten sozialen Unterbau des Staates mit der neuen politischen
Ordnung verklammert hätten. Die integrierende Funktion, die von
den russischen Herrschern so lange und im ganzen doch auch erfolgreich versehen worden war, hätte denen angetragen werden müssen, die
die veränderte politische Verfassung nun zu ihrer Sache machen wollten. Das aber waren Kräfte, die das Volk, seine Regungen und Erwartungen nicht kannten oder nicht zur Kenntnis nahmen. Das Volk, das
nach dem Frieden verlangte, wurde von den Politikern belehrt, daß
die Nation sich nach Konstantinopel, nach dem Sieg, nach noch nicht
eingelösten Kriegszielen zu sehnen habe. Gruppen sprachen hier, die
diesem Volk nicht näher standen als jeder kaiserliche Bürokrat oder
hohe Militär, eine Oberschicht, zu der die breite Masse der Bevölkerung
keine innere Beziehung besaß, kein Verhältnis, das selbstverständlich
gewesen wäre, so wie das vordem die Autorität des Zaren gewesen

war. Die Kluft zwischen Oben und Unten, die die russische Sozialgeschichte durchzieht und die auch die orthodoxe Staatskirche [22] nicht
hatte schließen können – dieser tiefe Graben hätte von den flammend-
sten Reden wohlmeinender Advokaten und Professoren schwerlich zu-
geschüttet werden können. Auf ein Gespräch mit denen aber, die im
Schatten standen, war niemand vorbereitet. Die Entfremdung zwischen
dem Herrscher und den gebildeten Klassen darf also nicht vergessen
lassen, daß es in Rußland ein ungleich tiefergehendes ,Fremdsein gab,
ein beziehungsloses Nebeneinander zweier sozialer Welten. Aus der
Sicht von unten rückten alle die klugen wohlgeborenen Herren, die
mit dem Zaren stritten, dichter zusammen, als das ihnen selber je bewußt geworden war. Der Arbeiterschaft, den Bauern, wie dem ge-
meinen Soldatenvolk fehlten die Begriffe, um auf den Gedanken zu
verfallen, sie könnten mit dieser Welt in solidarische Gemeinschaft, in
›Gesellschaft‹ treten. Das Jahr 1917 sollte dafür ein denkwürdiges
Exempel sein.

6

Die Notstandsdemokratie der Revolution

Als das Spiel für den Zaren verloren war, hatten zwei Abgeordnete der Duma, Gučkov und Šulgin, die Abdankungsurkunde aus dem kaiserlichen· Salonwagen in Pleskau nach Petrograd gebracht. [1] In diesem bedeutungsschweren Dokument war zu lesen, daß Nikolaj »die Krone des Russischen Reiches und die oberste Gewalt« für seine Person und für seinen minderjährigen Sohn Aleksej »im Einvernehmen mit der Reichsduma« niederlege und die Erbfolge seinem Bruder, dem Großfürsten Michail Aleksandrovič übertrage. Der aber verzichtete sogleich, denn er saß in der Hauptstadt und konnte hören, wem die Stunde schlug. Den Dumaabgeordneten, die in einem Haus an der Millionnaja mit Michail Gespräche führten, gab er zu Protokoll, daß er den Thron nur anzunehmen gedenke, falls dies der »Wille unseres ganzen Volkes« sei. Eine Konstituierende Versammlung, nach allgemeinem, geheimem, direktem und gleichem Stimmrecht gewählt, werde diesen Willen zu ermitteln haben und über Rußlands künftige Regierungsform befinden müssen. [2] Bekanntlich hat das Volk, das hier apostrophiert war, nach der Monarchie nicht wieder gefragt.

Demgemäß gab es, seit dem 3. (16.) März 1917, in Rußland nicht nur keinen ›Zarismus‹, sondern auch keinen Monarchen mehr. Niemandem von denen, die in den Wochen und Monaten davor nach einer ›Regierung des Vertrauens‹ gerufen hatten, war ein solches Resultat je wünschenswert erschienen. Abschaffung der Monarchie – das hatten die Herren des Progressiven Blocks nicht gewollt; worum sie gestritten hatten, war die Parlamentarisierung der Monarchie, ein Kabinett aus der Mitte der Reichsduma, das fähig wäre, den Krieg gegen die Mittelmächte erfolgreich fortzuführen. Einen Monarchen hatte man schon deshalb nicht entbehren mögen, weil eine solche, über die Parteien hinausgerückte Autorität geeignet schien, für das simple Volk ein Palliativ, eine Art Demokratieersatz zu sein. Nun aber waren, binnen weniger Tage, die turbulenten Ereignisse in Petrograd den konstitutionellen Erwartungen unwiderruflich davongelaufen. Der revolutionäre Aufstand der Petrograder Arbeiter und der Garnisonstruppen hatte die Duma-Politiker sozusagen auf die Schultern genommen. [3] Noch war nicht ausgemacht, wohin die Revolution die Liberalen und die alleingelassenen Monarchisten trug.

Als in den letzten Februartagen eine nach Hunderttausenden zählende Menge die Straßen der Hauptstadt überflutete und sich mit den Regimentern des Petrograder Militärbezirks zusammentat, da hatte der Mehrheitsblock der Reichsduma nach einem Zipfel jener Macht gelangt, die dem alten Regime so unversehens über Nacht entglitten war. Die Duma, das vielfach beschränkte Institut des russischen Parlamentarismus, fand sich ins Freie gesetzt, und ihre prominentesten Vertreter versuchten, neue Autorität zu installieren. Gewisse Voraussetzungen, daß das gelingen könnte, mochten sich schaffen lassen. Bereits am 27. Februar (12. März) hatte der Ältestenrat unter dem Eindruck des Massenaufruhrs einen wichtigen Schritt in diese Richtung getan. Er hatte dem vom Kaiser verfügten Vertagungsbefehl widerstanden und im Taurischen Palais ein sogenanntes ›Provisorisches Dumakomitee‹ gebildet, ein Gremium von Abgeordneten, dem – über den Rahmen des Progressiven Blocks hinaus – auch zwei sozialistische Deputierte angehörten: Alexander Kerenskij von der sozialrevolutionären Fraktion der Trudoviki, und der Georgier Čcheidze, ein menschewistischer Sozialdemokrat. Das unter dem Vorsitz des Dumapräsidenten Rodzjanko stehende Komitee versprach, für die Wiederherstellung der Ordnung verantwortlich zu wirken, und appellierte an die Bevölkerung, ihm »bei der schweren Aufgabe zu helfen, eine neue Regierung zu schaffen«. Stillschweigend ging man davon aus, daß das vom Kaiser berufene Kabinett unter dem farblosen Fürsten Golicyn faktisch wie förmlich außer Dienst getreten sei. Dieser Anspruch kam einem Staatsstreich gleich, den die Lage in der Hauptstadt erzwang. Um von der revolutionären Woge nicht fortgeschwemmt zu werden, trat die Duma in das Machtvakuum hinein. Vergeblich hatte Rodzjanko den Kaiser in beschwörenden Telegrammen darum ersucht, diesen Schritt zu approbieren, denn der Provisorische Ausschuß konnte seine Legitimation weder aus der Geschäftsordnung der Duma noch aus den Staatsgrundgesetzen ziehen. Da die Antwort des Monarchen ausblieb, war das Komitee, wenn es handlungsfähig werden wollte, auf die Akklamation der Massen angewiesen, jener Arbeiter und Soldaten, die jetzt in hellen Scharen ins Taurische Palais gezogen kamen, um hier ihren Sieg über das, was war, bestätigt zu finden. [4]

In der Tat ist die Initiative der Duma von konkurrierenden Ansprüchen nicht verschont geblieben. Von erheblicher Bedeutung wurde, daß es in dieser Situation einer Handvoll sozialistischer Abgeordneter und Arbeiterführer gelang, sich der neuen revolutionären Öffentlichkeit verständlich zu machen und die Erregung der Menge notdürftig zu kanalisieren. Auch sie hatten sich von den Ereignissen zum Handeln gedrängt gesehen; unter dem Gewicht der Revolution wurden die fraktionellen Gegensätze, die diese Männer trennten, klein und unscheinbar. Wenige Stunden bevor das Dumakomitee entstanden war, hatte ein Meeting im Taurischen Palais den spontanen Beschluß gefaßt, nach dem Vorbild des Arbeiterrats von 1905 einen Deputiertensowjet zu bilden. [5] Die Arbeiterschaft Petrograds und die rebellierenden Truppen sollten hier ihre Vertretung erhalten, ein zentrales Revolutionsorgan, das neben den Duma-Ausschuß trat, um zu versuchen, was dieses Komitee kraft seiner Zusammensetzung nicht leisten konnte: das revolutionäre Volk zu repräsentieren und den Willen dieses Volkes zur Sprache zu bringen. Der Sowjet, so hieß es in einem ersten Appell,

»hat es sich zur Aufgabe gemacht, die Volkskräfte zu organisieren und für die Sicherstellung der politischen Freiheit und eine Volksregierung zu kämpfen ... Alle zusammen wollen wir vereint mit unseren Truppen das alte Regime vollständig vernichten und eine Konstituierende Versammlung auf der Grundlage allgemeiner, gleicher, direkter und geheimer Wahlen einberufen.« [6]

Jede Kompanie und jede Fabrik der Hauptstadt sollte einen Deputierten in den Sowjet entsenden, größere Betriebe auf je 1000 Arbeiter einen der ihren. Diese Festlegung hat dem Petrograder Arbeiter- und Soldatenrat sogleich ein überwiegend militärisches Gepräge gegeben, und auf die Gewinnung der Soldatenmassen kam es an. Als in der zweiten Märzhälfte die projektierte Mammutversammlung tatsächlich beieinander war, standen den etwa 2000 Soldatendeputierten nur rund 800 Arbeitervertreter gegenüber. Das Übergewicht des militärischen Elementes ist auch für die nachfolgende ›gesamtrussische Beratung‹ der Rätedeputierten und für den ›Allrussischen Rätekongreß‹ im Juni kennzeichnend geblieben.

Woran dem Sowjet besonders gelegen war, hatte bereits am 1. März, d. h. noch vor der Abdankung des Zaren, der berühmte Prikaz Nr. 1 gezeigt. [7] Es ging darum, der Truppen habhaft zu werden. Noch regte sich die Furcht, daß die »finsteren Mächte« der Reaktion den raschen Sieg alsbald wieder zunichte machen könnten. Noch mußte man darauf bedacht sein, der Revolution nach den Erfolgen in Petrograd auch an der Front und im Lande draußen zum Durchbruch zu verhelfen. Der Befehl des Arbeiterrates war ein wirkungsvolles Instrument dafür. Er sanktionierte die sich im Aufstand vollziehende Demokratisierung der Armee, und obschon davon die Rede war, daß strengste militärische Disziplin im Dienst zu wahren sei, besiegelten die hier verkündeten Normen die faktische Entmachtung des Offizierskorps, das Ende der überkommenen militärischen Autorität. Jeder militärische Befehl sollte sich fortan in revolutionärem Sinn legitimieren müssen: vor den gewählten Mannschaftskomitees, die in allen Truppenteilen sich bildeten, und vor dem Arbeiter- und Soldatenrat, der alle Einheiten dazu aufrief, sich ihm zu unterstellen und keine Weisungen auszuführen, die im Widerspruch stünden zu dem, was der Sowjet beschlossen und befohlen habe. Der Provisorische Dumaausschuß war nicht imstande, diesem Signal zur Zerstörung der alten Armee Einhalt zu gebieten. Mit dem Befehl Nr. 1 gewann der Arbeiter- und Soldatenrat die faktische Macht – und dies weit über Petrograd hinaus.

Binnen kurzem wurde im ganzen Lande nachvollzogen, was in der Hauptstadt schon geschehen war. [8] Die ›Rätebewegung‹ erwies dabei überall ihre organisierende und zusammenschließende Kraft, wo immer sich das Volk in die Ereignisse einzumischen begann. Doch haben die Räte die Institutionen der Gesellschaft, die aus dem alten Staat überkommen waren, weder zerstört noch ersetzt, sondern sind neben diese getreten. Am eindrucksvollsten kam dieses Nebeneinander im Zentrum der Revolution zum Vorschein. Trotz des gewaltigen Übergewichts, das der Sowjet von Beginn an besaß, hatte sich in Petrograd jene sonderbare Konfrontation herausgebildet, die für die russische Notstandsdemokratie nach dem Sturz der Monarchie bezeichnend bleiben sollte: hier das Duma-Komitee, ein Relikt der Zarenzeit, das unter dem Druck der Straße revolutioniert worden war, ein Residuum liberaler Politik; dort der Arbeiter- und Soldatenrat als Organisationsform der Revolutionsbewegung, Forum für die ›revolutionäre Demokratie‹, die zu steuern den Vertretern der sozialistischen Parteien fortan aufgegeben blieb. Aber nicht nur in Petrograd, sondern auch außerhalb, auf lokaler Ebene, in den Städten wie in den ländlichen Bezirken, konnte man das dualistische Verhältnis höchst ungleicher Körperschaften in Gestalt der Räteorgane und der älteren Selbstverwaltung wiederfinden. Das Bauernvolk begann sich in bäuerlichen Räten zu sammeln und alsbald mit den Arbeiter- und Soldatenräten zusammenzugehen. [9] Diese Parallelexistenz zwischen den bürgerlich-demokratischen Institutionen und den Sowjets als Klassenorganen war Ausdruck einer noch unfertigen, improvisierten Demokratie. Hier manifestierte sich noch einmal die überkommene Kluft zwischen den politischen Kräften der alten Gesellschaft und den breiten Schichten der Bevölkerung, die erst jetzt, durch die Revolution, in die politische Gesellschaft eintraten. [10]

Die Provisorische Regierung, die am 3. (16.) März aus langwierigen Verhandlungen zwischen dem Duma-Komitee und den Sowjetsprechern hervorging, war das wichtigste Produkt dieser Konstellation. [11] Bemerkenswert, daß hier kein Koalitionskabinett zustande kam, sondern ein liberales Kollegium aus der Mitte des Progressiven Blocks, präsidiert von dem Vorsitzenden der Zemstvo-Union, dem Fürsten L'vov, mit Miljukov, dem Kadettenführer, als Außenminister, und mit dem Kriegsminister Gučkov, einem Oktobristen, der seit langem gute Verbindungen zur Generalität besaß. Der Textilmagnat Konovalov als Handels- und Industrieminister und der Zuckermillionär Tereščenko als Finanzminister repräsentierten das kapitalistische Interesse. Die einzige personelle Klammer zwischen Regierung und Sowjet stellte Alexander Kerenskij, der Justizminister, dar, ein 36jähriger Advokat, der sein beträchtliches rhetorisches Talent bisher auf der äußersten Linken der Reichsduma erprobt hatte und der nun der Regierung wie dem Sowjet schlechthin unentbehrlich wurde – in einer Zeit, in der die Geschichte theatralisch geworden war und das Pathos großer Agitatoren über Machtfragen entschied. Der Arbeiter- und Soldatenrat hat nach dem Regierungseintritt Kerenskijs, eines seiner Vizepräsidenten, davon abgesehen, sich in Koalition befindlich zu erklären. Und dennoch hafteten dem Kabinett L'vov Züge eines Regierungsbündnisses an; es beruhte auf dem politischen Kredit, den der Sowjet der liberalen Regierung gewährte – den französischen Volksfrontregierungen der dreißiger Jahre vergleichbar, denen die Kommunistische Partei Frankreichs eine Stütze bot, ohne im Kabinett vertreten zu sein. Die Petrograder Allianz, an der die Räteführung von außen her mitwirkte, war kündbar wie jede förmliche Koalition. Daß man draußen blieb, wurde als Zeichen fortbestehenden Mißtrauens gegenüber dem bürgerlichen Partner ausgegeben, als eine besondere Form revolutionärer Kontrolle.

Die erste öffentliche Erklärung der neuen Regierung hat das vorläufige Resultat dieser improvisierten Verständigung zwischen der ›bürgerlichen‹ und der ›revolutionären Demokratie‹ sichtbar gemacht. Gewiß wurden hier wichtige Elemente des liberalen Programms aufgenommen, aber sie waren doch von den radikaldemokratischen Forderungen weithin überdeckt, die der Arbeiter- und Soldatenrat den liberalen Ministern in den überfüllten Sitzungszimmern des Taurischen Palais vorhielt: Vollständige und sofortige Amnestie aller politischen und religiösen Verbrechen einschließlich terroristischer Angriffe, militärischer Revolten usf.; politische Freiheiten im denkbar weitesten Umfang, Abschaffung aller rechtlichen Unterschiede zwischen den Ständen, Religionsgemeinschaften und Nationalitäten; sofortige Vorbereitungen, damit eine frei gewählte Konstituierende Versammlung alsbald zusammentrete; vollständige Demokratisierung der lokalen Selbstverwaltung und Bildung einer Volksmiliz, die die Polizei ersetzen sollte; Befreiung der Soldaten von allen rechtlichen Beschränkungen; schließlich die Zusage, daß die revolutionäre Garnison unter Waffen in Petrograd stationiert bleiben werde. [12]

Dieses, den Liberalen in der Not der Stunde auferlegte Regierungsprogramm mochte viele Fragen offen lassen. Erkennbar aber war, daß die Provisorische Regierung ohne Duldung des Sowjets nicht regieren, nichts verfügen konnte, daß sie dazu verurteilt blieb, als Geschäftsträger einer Revolution zu fungieren, die nicht ihre Schöpfung und Erfindung war. Die Liberalen, die zu Ministerwürden kamen, hatten die Revolution nicht gemacht. Sie waren Produkte dieser Revolution. Sie blieben einer elementaren Bewegung ausgesetzt, die sich vielleicht durch die Sowjetorgane, nicht aber durch Kabinettsbeschlüsse regulieren ließ. Die chronische Konstitutionsschwäche der Provisorischen Regierung hat hier ihren Grund. Ihr Bestreben, zu widerstehen und handlungsfähig zu werden, war indessen nicht von vornherein illusionär. Man konnte Halt an der Erwartung finden, daß auch die sozialistischen Politiker, die im Petrograder Sowjet saßen, sich den Sachzwängen dieser Zeit würden beugen müssen. Solange die neue Freiheit gegen eine Wiederkehr der alten Gewalten nicht versichert war und Rußland noch im Kriege stand, mochte es bei der Abwehr innerer und äußerer Feinde in der Tat gemeinsame Interessen geben.

Es ist oft gefragt worden, warum sich die Räteführung überhaupt auf dieses Spiel einließ und keine Anstalten machte, die liberale Regierung zu ersetzen. Mit der vielzitierten ideologischen Begründung, wonach in der ›bürgerlichen Revolution‹ die Bourgeoisie ans Ruder gehöre, wird diese Enthaltsamkeit wohl nur zu einem Teil erklärt. Offensichtlich waren die Repräsentanten der Rätebewegung der politischen Verwendungsfähigkeit ihrer Mandate und ihrer Macht noch nicht sicher geworden. Aus den Gefängnissen, aus dem Untergrund, aus Verbannung und Isolierung waren sie unversehens in die Politik geraten. Noch hatten sie keine Zeit gefunden, sich zu formieren und sich ihrer Identität zu vergewissern. Dem Staat, der jetzt zu übernehmen war, stand man fremd und beziehungslos gegenüber. Er hatte zwar seine monarchische Spitze verloren und seinen Unterdrückungscharakter und seine Allgewalt nun gänzlich eingebüßt. Aber die institutionelle Maschinerie dieser Staatsanstalt mit ihren Einrichtungen und Prozeduren war doch stehengeblieben, das Gros der Beamtenschaft hatte nicht gewechselt, eine Fülle von Aufgaben und Verpflichtungen ging als Erbe an die Nachfolger über. Mit diesem Staat wollte man nichts zu tun haben. Die Scheu blieb groß, sich einer Apparatur zu bemächtigen, bei der noch fast alles nach alter Façon geschnitten war. Auch hat das Vermögen, die komplizierten Instrumente zu bedienen, sich nicht von selber eingestellt.

So traten die Räte in den Behördenstaat nicht hinein, sondern beschränkten sich darauf, ihn von außen her umklammert zu halten. Sie konnten ihn lähmen, aber sie dachten nicht daran, ihn auf revolutionärem Wege aufzuheben. Der Sowjet blieb bei der Meinung, daß das Regieren, daß die Übernahme staatlicher Verantwortung, nicht seine Sache sei, und gab den Auftrag an die Liberalen weiter. Im übrigen versprach man sich und den anderen, die machtlose Regierung der revolutionären Kontrolle zu unterwerfen, sie zu zwingen, jene ›revolutionäre Demokratie‹ zu sichern, für die die Massen demonstrierten. In Erwartung der Verfassunggebenden Versammlung kam der politische Umgestaltungswille der Revolutionäre zum Stehen. Man sah sich an die Normen einer parlamentarischen Demokratie gebunden, die erst noch zu schaffen und zu erproben war. In der Praxis ergaben sich aus diesem Attentismus gegenüber der staatlichen Macht sehr merkwürdige Formen wechselseitiger Abhängigkeit zwischen Regierung und Sowjet. Der Begriff der ›Doppelherrschaft‹, der dafür geprägt worden ist, trifft den Sachverhalt nur unvollkommen. Die, denen die Akklamation der Massen versagt blieb, sollten regieren, ohne die Macht je wirklich zu besitzen, während die, denen die Revolution die Macht entgegentrug, die Macht nicht haben wollten.

Das gebrochene Verhältnis zur Macht, das die politischen Kräfte charakterisierte, die im Petrograder Sowjet, und alsbald auch im Lande draußen, die absolute Mehrheit repräsentierten, war folgenreich. Es spiegelte sich auch in den Parteien der ›revolutionären Demokratie‹. Die Partei der *Sozialrevolutionäre,* denen das bäuerliche Element in der Armee und große Schichten der ländlichen Bevölkerung entgegenkam, wurde von ihrem neuen Massenanhang förmlich überflutet.[13] In der jähen Konfrontation mit der ungeahnt breiten revolutionären Öffentlichkeit sind ihre Vorstellungen und Zielsetzungen zwar unüberhörbar, aber nicht praktikabel geworden. Die Revolution verhalf nicht zur Klarheit, sondern brachte die Orientierungsschwäche dieser Partei erst recht zutage. Die Sozialrevolutionäre steuerten die Ereignisse nicht, sondern wurden von ihnen getrieben. Auch unter den führenden Genossen gab es große Differenzen über die Frage, was dem eigenen Radikalismus angemessen sei. Der Mangel an Geschlossenheit lief darauf hinaus, daß man das politische Defizit der Partei in Leerformeln aufhob, um wenigstens eine vorläufige Integration der heterogenen Bewegung zu bewirken. Sozialrevolutionäre Varianten des ›Jargons der Eigentlichkeit‹ (Th. W. Adorno) bildeten sich aus und ersetzten die Politik. Denen, die es hören wollten, wurde die Morgenröte einer Demokratie des arbeitenden Volkes angesagt. Das alte agrarrevolutionäre Programm wurde auf die Begriffe ›Land und Freiheit‹ gezogen, ›Vergesellschaftung‹ und ›Sozialisierung‹ sollten dasselbe versprechen, auch patriotische Töne mischten sich ein. Die politische Entschlußkraft einzelner ist in der Polyphonie dröhnender Schlagworte rasch verlorengegangen.

Wie alle, die damals sprachen, versuchten auch die Sozialrevolutionäre, die allgemeinen Erwartungen auf die künftige Allrussische Konstituante zu lenken, auf jenes demokratische Parlament, in dem sich der Wille des Volkes kristallisieren sollte. Dort wollte man vollbringen, was die breiten Massen träumten. Die erstaunliche Breitenwirkung dieser Partei beruhte nicht auf der Überzeugungskraft ihrer sozialistischen Theorie, sondern auf ihrer Fertigkeit, die elementare Massenstimmung mit all ihrem Irrationalismus in Losungen und Parolen zu spiegeln. Die Sozialrevolutionäre haben, wie man sagen kann, die Emotion und das Pathos der Revolution auf den Begriff gebracht, aber keine eigene revolutionäre Politik entwickelt. Das gab ihnen eine Stärke, die ungemein verletzlich blieb und die in sich zusammenfallen konnte, wenn der Kollision mit der politischen Räson nicht länger auszuweichen war.

Die zweite, bedeutende Rätepartei, die *Sozialdemokratie,* war in den Sowjets, aber auch in den Gewerkschaften, mehrheitlich durch Anhänger der menschewistischen Richtung vertreten, Intellektuelle und Arbeiterführer, nach deren Vorstellung mit dem Sturz des Zarismus in Rußland ein langersehntes geschichtliches Zwischenziel erkämpft war.[14] Eine »bürgerliche Revolution« hatte sich ereignet und den

»vollständigen Sieg der Demokratie« gebracht, ein Ergebnis, das nicht allein dem Proletariat, sondern schlechthin »allen lebendigen Kräften des Landes« Freiheit verhieß. Was dem russischen Volk 1905 versagt geblieben war, schien nun erreicht zu sein: Rußland stand in einer Phase seiner Entwicklung, in der mit geschichtsgesetzlicher Notwendigkeit die Bourgeoisie das Ruder der Regierung führe, während das Proletariat seine Aufgabe darin finde, die Bourgeoisie unter die Kontrolle der Massen zu stellen, auf daß sie den Kampf gegen die alte Ordnung vollende, die errungene Freiheit sicher mache und nichts geschehen lasse, was dem proletarischen Klasseninteresse zuwider sei. Der Sozialismus lag vorerst noch weit voraus; in Rußland, das aus seiner vom Despotismus bewirkten Rückständigkeit nun zum erstenmal heraustreten konnte, ließen sich, wie man meinte, »die leuchtenden Ideale des Sozialismus« noch nicht verwirklichen; das ungleich fortgeschrittenere Proletariat Europas werde den Russen auf diesem Weg voranzugehen haben; nur mit den vereinten Kräften des Weltproletariats werde es möglich sein, den Weg zur sozialistischen Zukunft für die ganze Menschheit zu öffnen. Indem die russische Arbeiterklasse für Freiheit und Demokratie einstehe, leiste sie zugleich einen unschätzbaren Beitrag für die Zukunft der Welt.

Fürs erste also sahen die Menschewiki das historisch Mögliche und Notwendige im System der sogenannten ›Doppelherrschaft‹, im *dvoevlastie,* durchaus erfüllt. Das Nebeneinander der bürgerlichen Regierung und der Räte – Arbeiterräte, Gewerkschaften, Fabrikkomitees als Organe proletarischer Selbstverwaltung neben den Institutionen der bürgerlichen Staatsmacht – diese Elemente der neuen russischen Demokratie haben ihrem Gesellschafts- und Entwicklungsdenken vollkommen entsprochen. Man empfand sich als Schutzmauer der Demokratie und der Volksrechte, man feierte den Acht-Stunden-Tag und sang die Marseillaise, und man vertraute darauf, daß sich die neue Freiheit im Parlamentarismus einer demokratischen Republik dauerhaft werde bergen lassen. Die Gegenwart war vernünftig.

Im März 1917 hat sich dieser sozialdemokratische Kurs von den *Bolschewiki* ernstlich noch nicht herausgefordert gesehen.[15] Nur wenige Leute aus Lenins Partei hatten sich, als der Umsturz kam, in Petrograd befunden, und die wußten nicht recht, ob die alten Formeln jetzt noch gelten sollten. War das, was sich in den Räten etablierte, jener »revolutionär-demokratischen Diktatur des Proletariats und der Bauernschaft« gleich zu achten, die auf der Tagesordnung der bolschewistischen Fraktion seit 1905 verzeichnet stand? Wie ließ sich die Stellung zur Provisorischen Regierung bestimmen, wie die Haltung der Partei zum Krieg? War der Bürgerkrieg, zu dem Lenin seit 1914 das Proletariat aller kriegführenden Länder aufrief, mit dem Sturz des Zaren in Rußland bereits ausgestanden? In den Diskussionen der kleinen bolschewistischen Gruppe, die durch zurückkehrende Verbannte noch im März Verstärkung erhielt, wurden dazu die unterschiedlichsten Antworten angeboten. Es schien, als richte man sich darauf ein, in den Sowjetorganisationen eine radikale Minorität, eine linke Opposition, zu formieren, deren Aufgabe es wäre, das Mißtrauen gegenüber der Bourgeoisie und denen, die ihr die Staatsmacht überlassen hatten, größer zu machen, als es ohnedies schon war. Erst im April, mit der Rückkehr Lenins nach Rußland, [16] änderte sich das Bild.

Es ist wichtig zu sehen, daß es im Frühjahr 1917 vor allem *eine* politische Klammer gab, die die liberale Regierung und die Räteparteien beieinanderhielt, und das war der Krieg: am Krieg war das fragile Gebäude der russischen Notstandsdemokratie festgemacht, und am Krieg stürzte es schließlich zusammen. Die Liberalen waren, wie sich zeigte, in der Revolution ja gerade deshalb mitgeschwommen, weil sie unterstellten, daß das Alte Regime unfähig geblieben sei, den Krieg gegen die Mittelmächte kraftvoll und erfolgreich zu bestehen. Seit langem hatten sie sich daran gewöhnt, die Mißerfolge und Niederlagen Rußlands dem Zarismus aufs Konto zu setzen. Jetzt, da sie von den Ereignissen an die Regierung gebracht worden waren, blieb die Fortführung des Krieges ein wirksames Stimulans liberaler Politik. Hier sahen sie ihr eigentliches Mandat, einen Widerhaken gegen die drohende Perpetuierung ihrer innerpolitischen Machtlosigkeit. Miljukov, der Außenminister, hatte dafür einen scharfen Blick. Die Prioritäten, die der Krieg vorschrieb, ließen darauf hoffen, daß es gelingen werde, die entfesselte Gewalt der Revolution zu beschwören und die revolutionäre Demokratie zur Einsicht und Räson zu bringen. Die Allianz mit England und Frankreich, alsbald auch mit Amerika, und das Vertrauen, das die liberalen Politiker dort durch die Demonstration ihrer Bündnistreue zu gewinnen gedachten – das mochte in den inneren Auseinandersetzungen in reale Pfänder umzumünzen sein. [17]

Aber auch über die innerpolitische Räson hinaus, die mit dieser Haltung verschwistert war, haben die maßgebenden Männer der Provisorischen Regierung keinen Anlaß gefunden, die russische Politik im Verband der Entente grundsätzlich zu revidieren. Sie wollten als Sachwalter der nationalen Interessen Rußlands verstanden sein, als Hüter eines Reichs, dessen Integrität durch die revolutionäre Unruhe und durch die Ungunst der militärischen Lage zutiefst gefährdet war. Der Gedanke, aus einer Position der Schwäche Separatverhandlungen mit dem Feind zu suchen, verbot sich von selbst. Nur mit Unterstützung der Alliierten durfte man hoffen, daß sich die Großmachtstellung Rußlands über diesen Krieg hinwegretten ließ. Es kann kein Zweifel sein, daß der Kriegseintritt der Vereinigten Staaten der liberalen Siegeszuversicht kräftigen Auftrieb gegeben hat. In Woodrow Wilsons Kreuzzugsideologie für Freiheit und Demokratie war dem veränderten Rußland ein ehrenvoller Platz im Kreis der freien Nationen ein-

geräumt, ja die Russische Revolution hatte das ideologische Kriegsverständnis, das die Botschaften des Präsidenten nun nach Europa
transportierten, eigentlich erst tragfähig gemacht.[18] Im Blick auf die
große Familie demokratischer Völker, die in der ›preußischen Autokratie‹ die Mächte der Finsternis bekämpfte, richtete sich das beschä-
digte Selbstvertrauen der russischen Liberalen wieder auf. Die Überzeugung fand sich bestätigt, im Kampf gegen den germanischen Militarismus, gegen deutsche Eroberungsgelüste und preußisches Junker-
tum auf der Seite der Freiheit zu stehen.

Bei alledem wollte man die alten Kriegsziele, die von Frankreich
und England vertraglich verbrieft worden waren, ohne Not nicht an-
getastet wissen. Nicht anders als seine europäischen Verbündeten ging
auch der russische Außenminister Miljukov davon aus, daß Deutschland im Rahmen einer Friedensregelung Sanktionen und Garantien
werde leisten müssen, um dem Sicherheitsinteresse Rußlands Genüge
zu tun. Das vertraute Verlangen nach dem Dominium an den Meerengen und das Bestreben, die Wiederherstellung des polnischen Staates
an die russische Politik zu binden, wurden öffentlich zwar nur behutsam formuliert, grundsätzlich aber nicht aufgegeben.[19] Gewisse Mei-
nungsunterschiede betrafen taktische Nuancen, nicht aber die Substanz
des liberalen Programms. Um dem Odium des nun allerorts verfemten
Imperialismus zu entkommen, verkrochen sich auch im Petrograder
Kabinett machtpolitische Ambitionen hinter demokratisch eingefärb-
ten Formeln, die in diesen Wochen diesseits und jenseits der Fronten
aus jedem Boulevardblatt abgeschrieben werden konnten. In hehre
Prinzipien eingekleidet, schienen sich die russischen Kriegsziele läutern
und beibehalten zu lassen, ohne daß man die Richtung ändern mußte.

Der Druck zur Änderung, zur deutlichen Distanzierung von der
Außenpolitik der Zarenzeit, kam von außen auf die Regierung zu.
Die in den Räten vertretenen politischen Parteien und Strömungen
wollten die Stellung Rußlands zum Kriege in die Sprache der ›revolutionären Demokratie‹ übertragen sehen. Zwar hatte sich auch der
Petrograder Arbeiter- und Soldatenrat die Auffassung zu eigen gemacht, daß der Kampf an der Seite der Alliierten zunächst fortzuführen sei, aber man drängte doch zugleich darauf, die Bindung Rußlands an den Krieg durch glaubwürdige Friedensperspektiven auf-
zuklären.[20] Von der Weiterführung des Krieges bis zum Sieg zu
sprechen, wollte den russischen Sozialisten nicht von der Zunge gehen.
Vor den Massen konnte nur eine Politik vertreten werden, die das
Fatum des Krieges in einem Kampfe aufhob, in dem es um den Frieden ging. Ohne Zweifel hatte der Sieg der Revolution es den Räteparteien leichter gemacht, sich vorerst in das Unvermeidliche zu schik-
ken. Auch jene, denen unter der Monarchie die Parole der Vaterlandsverteidigung obsolet geblieben war, bekannten sich nun dazu, daß
das demokratische Rußland, das revolutionäre Vaterland, gegen den

deutschen Imperialismus zu schützen sei. Jetzt verteidigte man nicht mehr das despotisch regierte Reich des Zaren, sondern die Errungenschaften der Revolution, den Sieg der revolutionären Demokratie, die Freiheitsrechte der werktätigen Massen gegen einen Feind, dem reaktionäre, imperialistische, eroberungssüchtige Gelüste zu unterlegen, nicht schwerfallen konnte. Ganz in diesem Sinne sprach am 14. (27.) März ein Manifest des Petrograder Sowjets zu den ›Völkern der Welt‹:

»Wir werden unsere Freiheit gegen jeden reaktionären Angriff von innen und außen energisch verteidigen. Die russische Revolution wird vor den Bajonetten der Eroberer nicht zurückweichen und sich durch fremde Armeen unterwerfen lassen.«[21]

Aber man gab sich nicht mit dieser entschlossenen Versicherung zufrieden; sie wurde eingebettet in revolutionär gestimmte Appelle, die auch und gerade der eigenen Regierung Maßstäbe des Wohlverhaltens vorschreiben wollten. Der Arbeiter- und Soldatenrat rief die »Genossen, Proletarier und Werktätigen aller Länder« nicht zum Krieg, sondern zum Frieden auf; ein Kampf müsse aufgenommen werden, der sich »gegen die räuberischen Bestrebungen der Regierungen aller Länder« richte. Die Völker selbst sollten die Entscheidung über Krieg und Frieden in ihre Hände nehmen. Nicht vom Sieg der Alliierten über die Mittelmächte, sondern vom Sieg der Freiheit und Demokratie auf der ganzen Welt war die Rede, von der Wiederherstellung und Befestigung der internationalen Einheit, von der Solidarität des Proletariats, dessen »endgültigen Sieg« man leben ließ. Wie sich zeigt, hatten sich die Räteparteien auf den Formeln der Zimmerwalder Bewegung niedergelassen. Ein Völkerfriede mit Annexions- und Kontributionsverzicht war das Ziel; die kämpferische Emotion füllte sich mit einem Selbstbewußtsein, das aus dem russischen Revolutionsgeschehen seine Stärke zog. Den »proletarischen Brüdern« jenseits der Schützengräben wurde vorgestellt, daß mit der Niederwerfung des Zarismus, »der Hauptstütze der Weltreaktion«, das Argument entfallen sei, aus dem man in Deutschland bislang den Sinn des Krieges hatte kommen sehen: Den »asiatischen Despotismus«, der Freiheit und Zivilisation bedrohe, gab es nicht mehr. Das deutsche Proletariat wurde aufgefordert, es den russischen Genossen gleichzutun:

»Befreit Euch vom Joch Eueres halbautokratischen Regimes, wie sich das russische Volk von der zaristischen Autokratie befreit hat. Weigert Euch, zum Werkzeug der Eroberung und Gewalttätigkeit in den Händen von Königen, Junkern und Bankiers zu werden ...«

Doch nicht nur den Deutschen allein, sondern auch den anderen Völkern wurde das russische Beispiel zur Nachahmung empfohlen: Das russische Volk, so hieß es, spreche jetzt sein gewichtiges Wort auch in der auswärtigen Politik und sei entschlossen, die Eroberungspolitik der eigenen herrschenden Klasse mit aller Macht zu bekämpfen. Den Völkern Europas komme es zu, sich dieser »Entscheidungsschlacht für den Frieden« anzuschließen. Was hier gemeint war, hat Kerenskij wenig später im Gespräch mit englischen und französischen Sozialisten noch deutlicher gemacht:

»Wir erwarten, daß Ihr auf die übrigen Klassen Euerer Länder den gleichen bestimmenden Einfluß ausüben werdet, wie wir hier auf unsere bürgerlichen Klassen, die jetzt ihre Absage an imperialistische Bestrebungen erklärt haben.« [22]

Man sieht, das Selbstgefühl der Russen war nicht klein. Die Neigung war da, in der beanspruchten Kontrollfunktion des Sowjets gegenüber der Provisorischen Regierung ein Modell von internationaler Verwendungsfähigkeit zu sehen.

Tatsächlich war es Ende März in Petrograd gelungen, im Verband der ›Doppelherrschaft‹ sich so zu arrangieren, daß ein Konsensus in der Kriegsfrage zumindest formulierbar wurde. [23] Der Räteführung, die den Burgfrieden mit der Regierung tagtäglich neu zu rechtfertigen hatte, war an der bindenden Versicherung des Kabinetts gelegen, daß die russische Politik nun jeder imperialistischen Tendenz enthoben sei, einem demokratischen Völkerfrieden gewogen und territorialen Kriegszielen nicht länger zugetan. Man drängte darauf, eine Bestätigung auszuhandeln, in der die Außenpolitik des neuen Rußland im demokratischen Gewand abgebildet war. Die Regierung wiederum wollte die Sprengkraft, die dem Friedensaktivismus der Räte innewohnen mochte, entschärft wissen und sich der Unterstützung des sozialistischen Lagers für die Fortführung des Krieges versichern. Wenn der Arbeiter- und Soldatenrat der Regierung zu Hilfe kam, werde sich, so hoffte der Kriegsminister, auch unter den Truppen ein neuer »Enthusiasmus zum Nutzen der Landesverteidigung« wecken lassen. Da der Sowjet vielleicht, nicht aber die Regierung einen offenen Konflikt riskieren konnte, mußten die Minister auf Zugeständnisse bedacht sein, auf einen Kompromiß, dessen verbalen Charakter schließlich nur der Chef des Außenamtes noch bedenklich fand. So kam es nach langwierigen Verhandlungen zu einer Erklärung, in der die Regierung den Wünschen der Sowjetsprecher, wie es schien, Genüge tat. So hieß es am 27. März:

»Das Ziel des freien Rußland ist nicht die Herrschaft über andere Völker, nicht die Wegnahme ihres nationalen Besitzes, nicht die gewaltsame Aneignung fremden Territoriums, sondern ein dauerhafter Friede auf der Grundlage des Selbstbestimmungsrechts der Völker. Das russische Volk will seine äußere Macht nicht auf Kosten anderer Völker stärken und setzt sich nicht das Ziel, andere zu versklaven und zu erniedrigen . . .« [24]

Annexionsverzicht und Selbstbestimmung – auf diese Prinzipien hatte der Sowjet, wie es schien, die Regierungspolitik nunmehr verpflichtet. Es waren die gleichen Begriffe, mit denen zur selben Zeit Amerika im Verband der Entente um einen ideologischen Konsensus zu werben begann in der Erwartung, die Demokratie in einer zum Frieden gekommenen Welt für die Dauer sicher zu machen. Ob die identisch gewordene Terminologie belastungsfähig war, stand dahin. Es mochte geschehen, daß sich die Kongruenz der Begriffe als schöner Schein erwies, der die fortbestehende Diskrepanz der Interessen nicht aufhob, sondern bloß camouflierte. Die russischen Räteparteien jedenfalls gelobten einander, wachsam zu bleiben und dafür einzustehen, daß die Regierung nicht auf Abwege gerate und die Kriegsziele des Alten Regimes von neuem beschwöre. Das Mißtrauen gegen die bourgeoise Anfälligkeit für imperialistische Neigungen wurde lebendig gehalten.

Indessen ist die Gefährdung des Einvernehmens zunächst nicht von der Regierung, sondern von dritter Seite gekommen. Noch ehe eine rasch kolportierte Erklärung des Außenministers Miljukov den geschlossenen Burgfrieden störte und eine erste Krise der Doppelherrschaft hervorrief,[25] war Lenin mit Unterstützung der deutschen Reichsleitung, am 3. (16.) April nach Petrograd zurückgekehrt, und die Thesen, die er dort verfocht, widersprachen der vom Sowjet approbierten Deutung der Lage ganz und gar. Gewiß, auch Lenin nannte das, was in Rußland nun geschehen war, eine bürgerliche Revolution. Aber durch die Delegation der Macht an eine bürgerliche Regierung, durch den Machtverzicht der Rätedemokratie, hatte für ihn der Krieg, den Rußland führte, den Charakter eines imperialistischen Eroberungskrieges keineswegs verloren. Noch von Zürich aus hatte Lenin in seinen ›Briefen aus der Ferne‹ Positionen markiert, die den Auffassungen der Stützen der Petrograder ›Doppelherrschaft‹ diametral zuwiderliefen. Für ihn konnte es keinen Anlaß geben, zur Unterstützung der Provisorischen Regierung und zur Vaterlandsverteidigung aufzufordern, denn die russische Bourgeoisie führte, so war er überzeugt, nach wie vor den gleichen imperialistischen Krieg, wie sie das schon unter dem Zaren getan hatte. Mithin war diese Regierung, die mit Händen und Füßen an das englisch-französische Kapital gefesselt sei, ihrem Wesen nach außerstande, Rußland einen anderen Frieden zu bringen als einen imperialistischen Raubfrieden. Es sei eine verderbliche Illusion, Verrat an den wirklichen Interessen der werktätigen Massen, wollte man von dieser ›Regierung des Kapitals‹ erwarten, daß sie aufhöre, imperialistisch zu sein. Ohne den Sturz des Kapitals, ohne den Sturz dieser bürgerlichen Regierung, werde ein wahrhaft demokratischer Friede unmöglich bleiben.

Die Folgerung, die sich daraus ergab, hat Lenin in seinen berühmt gewordenen ›April-Thesen‹ kraftvoll formuliert: Für den Frieden kämpfen heiße, gegen die Provisorische Regierung zu kämpfen, der Bourgeoisie die Macht zu entreißen und sie in die Hände des Volkes zu legen – »in die Hände des Proletariats und der armen Schichten der Bauernschaft«. [26] Die Revolution war nicht zu Ende: Es kam darauf an, sie weiterzutreiben. ›Alle Macht den Räten‹ – diese neue bolschewistische Parole folgte daraus; sie ließ erkennen, daß Lenins Kriegserklärung an die Provisorische Regierung mit einer Kriegserklärung an *die* identisch war, die in den Räten auch künftig an der Seite der Regierung bleiben wollten. Plechanov hatte nicht unrecht, wenn er sagte, Lenin habe mit seinen Thesen »die Fahne des Bürgerkriegs« ins Lager der revolutionären Demokratie gebracht. [27] Noch ehe das Jahr zu Ende war, hatten der Bürgerkrieg, der nun begann, und der große Krieg, der weiterlief, die improvisierte Notstandsdemokratie der Februarrevolution zuschanden gemacht.

7

Erosion der Doppelherrschaft

Wie jeder große Entwurf, der praktisch werden will, war Lenins revolutionäre Theorie von bestechender Simplizität. In äußerster Verdichtung des Gedankens hatten die Aprilthesen Gegenwart und Zukunft der Russischen Revolution auf einen neuen Begriff gebracht. [1] Aus der Analyse dessen, was geschehen war, kam Gewißheit über das, was werden sollte: Zielsetzung und Aktionsprogramm als Quintessenz der Einsicht ins Notwendige, revolutionäre Politik als Vollzug eingesehener Notwendigkeit. Von selbst versteht sich, daß jene Wahrheit, die Lenin zu vermitteln hatte, im radikalsten Sinn parteilich war; doch eben das hat ihren Erkenntniswert und ihre politische Wirkung begründet. Ohne Tendenz schließt sich nichts auf.

Lenin war von folgenden Prämissen ausgegangen: Die Februarrevolution sei lediglich als *erste* Etappe der Russischen Revolution anzusehen. Sie habe die Bourgeoisie an die Macht gebracht, eine Regierung der Kapitalisten geschaffen und Rußland »zum freiesten Land von allen kriegführenden Ländern« gemacht. Die Machtübernahme durch die Bourgeoisie sei möglich gewesen, weil das Klassenbewußtsein und die Organisationen des Proletariats nur schwach entwickelt waren. Die proletarischen Massen, eben erst zum politischen Leben erwacht, seien in blinder Vertrauensseligkeit gegenüber der kapitalistischen Regierung befangen geblieben. In den Räten, der kostbarsten Schöpfung der Revolution, dominiere ein Block kleinbürgerlicher, opportunistischer Elemente, die dem Einfluß der Bourgeoisie erlegen seien und diesen Einfluß im Proletariat zur Geltung brächten. Die Partei der Bolschewiki, vorläufig nur eine schwache Minderheit, habe ihre Arbeit diesen besonderen Bedingungen anzupassen. Ihre Waffe sei die Aufklärung der Massen, die Kritik der Fehler, mithin die Aufhebung des falschen Bewußtseins.

Klargemacht werden müsse *erstens,* daß der Krieg, den Rußland führe, geblieben sei, was er vorher war: ein imperialistischer Raubkrieg. Die Provisorische Regierung, eine Regierung des Kapitals, könne nicht aufhören, imperialistisch zu sein. Alle Versprechungen, daß sie keine Annexionen wolle, seien erlogen. Diese Regierung sei »der ärgste Feind des Friedens und des Sozialismus«. Sie könne keinen wahrhaft demokratischen Frieden bringen, denn ein solcher Friede setze den Sturz des Kapitals voraus. Klargemacht werden müsse *zweitens,* daß in diesem Krieg, der imperialistisch sei, von revolutionärer Vaterlandsverteidigung nicht die Rede sein könne. Auch das kleinste Zugeständnis in dieser Richtung sei unzulässig. Revolutionär würde der Krieg erst dann, wenn die Macht der Bourgeoisie entrissen sei und »in die Hände des Proletariats und der sich ihm anschließenden ärmsten Teile der Bauernschaft« übergehe. Erst dann wäre die revolutionäre Vaterlandsverteidigung keine heuchlerische Phrase mehr. Zu beweisen sei *drittens,* daß eben dies: der Übergang der gesamten Staatsgewalt in die Hände des Proletariats und der armen Schichten der Bauernschaft »die *zweite* Etappe der Revolution« bestimmen werde. Die Arbeiterdeputiertenräte seien die einzig mögliche Form der Revolutionsregierung. Da es sie schon gebe, habe Rußland das Stadium der parlamentarischen Republik bereits überwunden; eine parlamentarische Republik zu fordern heiße, einen Schritt rückwärts zu tun. Vorwärtsgehen dagegen heiße, für eine Räterepublik der Arbeiter-, Landarbeiter- und Bauerndeputierten zu kämpfen, für den Übergang zum ›Kommunestaat‹.

Man muß auf den Zusammenhang dieser Gedanken sehen. Das war kein statisches, sondern progressierendes Denken, das die Revolution in Permanenz begriffen sah: »Die alten Formeln stimmen nicht mehr«, schrieb Lenin im April,[2] »im wirklichen Leben hat sich etwas anderes ergeben: eine höchst originelle, neue, noch nie dagewesene Verflechtung« der *Diktatur der Bourgeoisie* in Gestalt der Provisorischen Regierung einerseits und der *Diktatur des Proletariats und der Bauernschaft* in Gestalt der Arbeiter-, Soldaten- und Bauerndeputiertenräte andererseits. Beides bestehe nebeneinander, gleichzeitig, zusammen, beides sei ineinander verfilzt, weil die Mehrheit der politischen Kräfte, die für die *revolutionär-demokratische Diktatur des Proletariats und der Bauernschaft* in den Räten stehen, ihre Macht freiwillig der Bourgeoisie überlassen habe. Dieser Sachverhalt zwinge dazu, die Taktik der Partei zu ändern: Wer jetzt (wie das die Bolschewiki seit 1905 getan haben) »lediglich von der revolutionär-demokratischen Diktatur des Proletariats und der Bauernschaft spricht, der ist hinter dem Leben zurückgeblieben, der ist faktisch zum Kleinbürgertum übergegangen, der gehört in ein Archiv für bolschewistische vorrevolutionäre Raritäten . . .« Denn *diese* Form der Diktatur sei in Rußland bereits verwirklicht, sei in die »Doppelherrschaft« eingeflossen. Jetzt komme es darauf an, darüber hinauszugehen, die proletarischen, die »kommunistischen«, die »internationalistischen« Elemente von den kleinbürgerlichen Elementen zu trennen und jene zu sammeln, die »für den Übergang zur Kommune« eintreten.

Die Kommune: das waren für Lenin, wie man sieht, nicht einfach die Räte in ihrer gegenwärtigen Gestalt, dominiert von Sozialrevolutionären und menschewistischen Sozialdemokraten, den »Ideologen der kleinbürgerlichen Masse«. Er meinte vielmehr, daß die Räte selber umzuformen, vom Einfluß des Kleinbürgertums und des Opportunismus zu befreien seien, damit sie fähig würden, die Funktion der Kommune, einer neuen, revolutionären Staatsmacht zu übernehmen:

»Wir brauchen eine revolutionäre *Staatsmacht,* wir brauchen (für eine bestimmte Übergangsperiode) den *Staat.* Dadurch unterscheiden wir uns von den Anarchisten ... Wir brauchen einen Staat, aber *nicht* einen solchen, wie ihn die Bourgeoisie braucht, mit Machtorganen, die vom Volke getrennt und dem Volk entgegengestellt werden. Alle bürgerlichen Revolutionen haben lediglich *diese* Staatsmaschine vervollkommnet, und sie der einen Partei entrissen und der anderen übergeben. Das Proletariat aber muß, wenn es ... weitergehen will, ... diese fertige ›Staatsmaschine‹, um mit Marx zu sprechen, *zerbrechen* und sie durch eine neue ersetzen, wo Polizei, Armee und Bürokratie mit dem *bis auf den letzten Mann bewaffneten Volk eins sind* ... Das Proletariat muß *alle* armen und ausgebeuteten Schichten des Volkes organisieren und bewaffnen, damit sie die Organe der Staatsmacht *selbst* übernehmen, damit sie *selbst* und unmittelbar die Institutionen dieser Staatsmacht *bilden.«* [3]

Hier griff Lenins Argumentation auf die Geschichte zurück. Allein die Pariser Kommune, so erklärte er, habe bisher einen solchen Staatstyp hervorgebracht, in ihr habe schon Marx jene politische Form erkannt, »unter der sich die ökonomische Befreiung der Arbeit vollziehen« könne; die Keimform dieses Staatstyps sei in Rußland zum erstenmal 1905 in den Arbeiterräten sichtbar geworden. Jetzt, 1917, fand Lenin den Kommunestaat in eben diesen Räten angelegt. Die Kommune, so setzte er voraus, werde in dem Augenblick in Erscheinung treten und die alte Staatsmaschine zerbrechen und ersetzen können, wenn die Räte von den opportunistischen und kleinbürgerlichen Elementen gesäubert seien, wenn die ganze Macht an die so gereinigten Räte übergegangen sei. Der bolschewistische Appell: Alle Macht den Räten! will in diesem zugespitzten Sinn verstanden werden; die Kommune meinte die staatliche Übergangsform vom Kapitalismus zum Sozialismus.

Das Aktionsprogramm, das sich für die Bolschewiki von hier aus ergab, hat den Anschein vermieden, als ziele es darauf, die Provisorische Regierung und die Bourgeoisie *gewaltsam* zu stürzen. Nicht die bolschewistische Partei, sondern die Räte sollten die Machtübernahme vorbereiten. Dies war eine Frage des taktischen Kalküls. Wie die Dinge im Frühjahr 1917 lagen, führte an den Räten nichts vorbei. Der Aufruf zum Aufstand oder zum Bürgerkrieg hätte die Bolschewiki in ihrer Minderheitsstellung einfrieren lassen. Es kam darauf an, die Räte zu durchdringen, nicht sie zu verlassen. Ohne die Mehrheit der proletarischen und der proletarisierten Massen auf seiner Seite zu wissen, hat Lenin niemals an eine Machtergreifung seiner Partei denken wollen: »Wir sind keine Blanquisten, keine Anhänger der Machtergreifung durch eine Minderheit.« [4] Worum es ihm in dieser Zeit ging, das war die Revolutionierung der Räte, die Isolierung und Diskreditierung ihrer Führungsschichten, die Gewinnung einer Massenbasis für die revolutionäre Politik der Partei. Daß viele Gegner Lenins dem bolschewistischen Kurs gleichwohl einen verschwörerischen, blanquistischen

Kern unterstellten, lag daran, daß sich dieser Kampf um die Mehrheit an die Spielregeln der notdürftig etablierten Demokratie nicht gebunden sah.

Jede Forderung, die in der bolschewistischen Agitation zum Ausdruck kam, stand quer zu dem, was den anderen Räteparteien seit März 1917 zur Norm ihrer Politik geworden war. Die Bolschewiki forderten ein sofortiges Angebot der Regierung zur allgemeinen Beendigung des Krieges; sie riefen die Frontarmeen dazu auf, sich mit den Feinden zu verbrüdern; die andere Seite dagegen hatte sich verpflichtet, gemeinsam mit der Regierung und den Ententemächten weiterzukämpfen; sie mußte sich darauf beschränken, in wortreichen Erklärungen ihren Friedenswillen zu demonstrieren, ohne mächtig zu sein, wirksame Schritte in dieser Richtung zu tun. Die Bolschewiki verlangten die Abschaffung der Armee und die allgemeine Volksbewaffnung; die anderen sahen sich gezwungen, der Regierung behilflich zu sein, die radikale Demokratisierung der Armee wieder zurückzunehmen und die Autorität der Offiziere neu zu stabilisieren, auf daß die Truppen kampffähig würden – nicht nur für die Verteidigung, sondern auch für neue Offensiven, wie das die Verbündeten von der russischen Demokratie erwarteten.

Neben der Frage von Krieg und Frieden hat sich namentlich das bolschewistische Agrarprogramm als ein kräftiger Hebel erwiesen, der die Russische Revolution ihrer ›zweiten Etappe‹ entgegentrieb.[5] Die Bolschewiki verlangten die sofortige Enteignung des adligen Landbesitzes, die Nationalisierung des gesamten Grund und Bodens und seine Übergabe in die Verfügungsgewalt der Landarbeiter- und Bauerndeputiertenräte; die anderen Räteparteien konnten an eine so revolutionäre Lösung der Agrarfrage mitten im Kriege nicht denken, weil sie den Zusammenbruch der ohnedies gefährdeten Versorgung befürchten mußten und die weitere Dezimierung der Armee, deren bäuerlicher Grundbestand sich dann wohl in Richtung Heimat vollends verflüchtigt hätte, um bei der Landverteilung an Ort und Stelle zu sein. Das erklärt das hartnäckige Beharren auf der Formel, daß allein die künftige Konstituierende Versammlung über die Landreform beschließen dürfe, daß bis dahin lediglich vorbereitende Maßnahmen eingeleitet werden könnten, die statistische Erfassung des Landes, das dereinst zur Verteilung kommen würde: Allenfalls über die Verwendung des staatlichen Landfonds sollte entschieden werden dürfen.

Nicht minder provozierend wirkte die bolschewistische Agitation in der nationalen Frage.[6] Lenins Partei forderte, den nichtrussischen Nationalitäten das nationale Selbstbestimmungsrecht in weitestgehendem Umfang zuzugestehen – selbst um den Preis, daß es zu einer Loslösung (etwa der Ukraine oder der kaukasischen Völker) von Rußland käme; die andere Seite mußte im Gegenteil darauf sehen, daß jede Dekomposition des Reichsverbandes vermieden würde; ja sie blieb darauf angewiesen, die nationalen Autonomiebewegungen, die mit Ausnahme der Polen ihre nationale Eigenständigkeit zunächst nur im Rahmen eines föderativen Gesamtstaates suchten, von der selbständigen Einrichtung dieser Autonomie zurückzuhalten. Die Regierung mußte auf der Integrität des zentralistischen Verwaltungssystems, so weit es irgend ging, bestehen, weil jede Umordnung Konsequenzen erwarten ließ, die militärisch und wirtschaftlich nicht zu kontrollieren, nicht zu verantworten gewesen wären. Die Übernahme der Verwaltungshoheit über die südrussische Industrie durch die Organe der autonomen Ukrainischen Republik hätte die Probleme, die der Petrograder Regierung aufgegeben waren, ins Unabsehbare gesteigert. Das erklärt den Konflikt, zu dem es zwischen Petrograd und Kiev tatsächlich kam, Gegensätze, in die auch die nichtbolschewistischen Räteparteien hineingezogen wurden. [7] Auch hier, in der nationalen Frage, die seit der Februarrevolution so prekär geworden war, sollte jede grundsätzliche Entscheidung der Allrussischen Konstituante vorbehalten bleiben. Allein im Blick auf das vom Feind besetzte Polen hatte sich die Regierung, vom Petrograder Sowjet und von den Alliierten gedrängt, zur Wiederherstellung eines unabhängigen Staates bekannt, der mit Rußland durch eine ›freie Militärunion‹ verbunden wäre. [8] In der finnischen Frage duldete man die Rückkehr zu den alten Formen der Landesautonomie, ohne den russischen Generalgouverneur zurückzuziehen oder gar Finnland aus dem Reich zu entlassen. [9]

Es verstand sich von selbst, daß die Bolschewiki auch der Wirtschaftspolitik der ›Doppelherrschaft‹ ihre revolutionären Alternativen entgegensetzten. [10] Sie forderten die Nationalisierung des gesamten Bankwesens, dessen Kontrolle die Arbeiterräte übernehmen sollten. Der anderen Seite waren die Hände gebunden, weil ein solcher Schritt den endgültigen Kollaps des erschütterten Finanzsystems bedeutet hätte, das in der Verflechtung mit dem Kapitalmarkt der Alliierten die Kriegsführung trug und unter den Bedingungen einer galoppierenden Inflation die industrielle Produktion notdürftig am Leben hielt. Die Bolschewiki verlangten, daß die Kontrolle über die industrielle Produktion und über die Verteilung der Erzeugnisse an die Arbeiterräte übergehe. Das traf sich mit den Forderungen mancher Gewerkschaftsverbände, vor allem aber mit den Bestrebungen jener Fabrikkomitees, die sich in allen Betrieben seit der Februarrevolution gebildet hatten und die darauf ausgingen, die Arbeiterselbstverwaltung zur Selbstbestimmung der Arbeiter auch in Fragen der Betriebsführung zu erweitern. Die Räteparteien, die im System der Doppelherrschaft standen, sahen sich auch hier zu äußerster Zurückhaltung veranlaßt, weil die Unternehmer gegenüber diesen Versuchen nur *ein* wirksames Mittel kannten: die Aussperrung der Arbeiter und die Stillegung der Betriebe. Sie konnten sich dazu um so leichter entschließen, als die inflationäre Entwicklung die Profite beträchtlich verkürzt hatte und die Produktion in vielen Industriezweigen kaum noch rentabel war. Am Stillstand der Produktion konnte aber denen nicht gelegen sein, die alles daran setzten, Rußland über den Krieg und diese Krisenzeit hinwegzuretten. Ihr Versuch, zu einer strafferen Organisation der Kriegswirtschaft nach deutschem Muster, d. h. durch Ausweitung der Staatsmonopole, zu kommen, zerbrach am Widerstand der Unternehmerverbände. Selbst die Einrichtung des Getreidemonopols, das die Marktablieferung erzwingen sollte, hat sich in der Praxis nicht voll durchsetzen lassen.

Aus alledem ist die Zwangslage zu ermessen, in die die Parteien der ›revolutionären Demokratie‹ hineingeraten mußten. Für die Sozialrevolutionäre wie die Menschewiki hat sich die fortdauernde Bindung an die politische Räson einer Regierung, die Krieg zu führen entschlossen war, in verhängnisvoller Weise ausgewirkt. Sie fanden ihre Bewegungsmöglichkeiten vielfältig eingeschnürt. In fast allen gravierenden Fragen, die die Massen bewegten, waren sie veranlaßt, für Mäßigung, Geduld und Einsicht einzustehen, für Tugenden, deren Anziehungskraft in dieser Zeit der Unruhe und Massenaktivität nicht groß sein konnte. Sie mußten versuchen, als staatserhaltende Kräfte glaubwürdig zu werden, denn sie wollten die neue Demokratie nicht den regierenden Liberalen überlassen oder gar den Generälen, die den Petrograder Ministern in den Ohren lagen und sich anboten, Ordnung zu schaffen und den ganzen revolutionären Spuk hinwegzufegen. Die Gefahr einer Militärdiktatur, der ›Konterrevolution‹, ist ihr beständiger Alptraum gewesen, und die Gefahr war real. Andererseits wurden diese Parteien von denen bedrängt, die sie in den Räteorganen zu repräsentieren versprachen: von der Arbeiterschaft, die sich nicht regieren lassen, sondern selbst verwalten wollte, von den Soldaten, die ihre neue Freiheit in der militärischen Subordination nicht wieder verlieren wollten, von der Kriegsmüdigkeit ausgezehrter Bevölkerungsschichten, die sich weigerten, die Prioritäten der Regierungspolitik als Quintessenz der vielberufenen revolutionären Errungenschaften anzusehen. Und hinzu kam nun noch die bolschewistische Herausforderung, die Agitation einer entschiedenen politischen Kraft, die alles darauf anlegte, in den Fabriken und Kasernen, bei den Frontarmeen und in der Etappe jene Diskrepanz hervorzukehren, die zwischen dem Anspruch und dem Vermögen der Räteführung bestand.

Je weiter die Zeit voranschritt, um so leichter wurde es für die Bolschewiki, ihren Parolen Resonanz zu verschaffen: Diese Regierung kann keinen Frieden bringen, der Boden wird den Grundbesitzern bleiben; die Regierung ist das Unterdrückungsregime des Klassenfeindes, das sich revolutionärer Phrasen bedient, die ihr von den sozialrevolutionären und menschewistischen Opportunisten geliefert werden, eine Regierung des Volksbetrugs, unterstützt von Leuten, die vorgeben, Sozialisten zu sein, und die doch nichts anderes tun, als den

Betrug zu decken, weil sie zu Handlungsgehilfen der Bourgeoisie herabgesunken sind und die Revolution an die Konterrevolutionäre verraten. Solchen Argumenten hatten die Mehrheitsparteien auf die Dauer nur wenig Durchschlagendes entgegenzusetzen. Der Autoritätsschwund, der ihnen drohte, ließ sich nicht aufhalten, wenn die beschwörende Versicherung, man werde die Früchte der Revolution verteidigen, in der Praxis sogleich zurückgenommen werden mußte, wenn nichts eingelöst werden konnte, wovon in den Deklarationen die Rede war. Das hat ihre Politik schwankend und zerfahren, ihr Pathos hohl gemacht und ihre Kräfte aufgerieben. Die Dauerproblematik dieser Sozialisten, sowohl den Einfluß auf die Regierung als auch Autorität gegenüber den Massen wahren zu müssen, war nicht aufzuheben. Es sollte sich zeigen, daß man schließlich beides verlor: die Mitbestimmung der offiziellen Politik und den Konsensus mit der revolutionären Öffentlichkeit. Lenins Partei sah sich eingeladen, in dem Vakuum, das hier blieb, Platz zu nehmen.

Wie rasch es geschehen konnte, daß der Massenanhang der Rätemehrheit sich dem Zugriff entzog, trat noch im Laufe des April zutage.[11] Die großen Demonstrationen zum Maifeiertag am 18. April waren in Petrograd und auch anderwärts nicht bei der Wiederholung gewerkschaftlicher Losungen stehengeblieben. Statt sich der Freude darüber hinzugeben, daß mit der Revolution ein neues Zeitalter angebrochen sei, war die Menge gesonnen, ihren Protest auf den Straßen sozusagen permanent zu machen und die Jubelfeiern in scharfe regierungsfeindliche Manifestationen umschlagen zu lassen. Nieder mit dem Krieg! Fort mit Miljukov (dem Außenminister)! Für einen demokratischen Frieden ohne Annexionen und Kontributionen! – unter diesen Parolen drängten sich Hunderttausende, Arbeiter und Soldaten, vor dem Sitz der Regierung zusammen. Anlaß der Erregung war die bekannte Erklärung, die Miljukov an die alliierten Regierungen gerichtet hatte – Äußerungen, in denen von einem Siegfrieden, von der gewissenhaften Erfüllung der eingegangenen Verträge gesprochen wurde, von »Garantien und Sanktionen«, die nötig seien, um die Grundlagen eines dauerhaften Friedens zu erringen.[12] Obschon die Note des Außenministers nichts enthielt, was nicht in der Konsequenz der Politik gelegen hätte, die ja auch vom Sowjet sanktioniert worden war, so trieb doch die unverdeckte Artikulation des wahren Sachverhalts den Nebel jäh auseinander, mit dem die revolutionäre Phraseologie die Wirklichkeit zu verschleiern pflegte. Nun stellte es sich heraus, wie ungeschickt es war, in der Öffentlichkeit die Wahrheit zu sagen. Die Bolschewiki haben dieser Klärung nach besten Kräften nachgeholfen. Ihre Agitation konnte bei der Exegese dessen, was aus dem diplomatischen Papier herauszulesen war, ihre Wirkungsmöglichkeiten erproben. Taktische Zurückhaltung gebot, auf Parolen zu verzichten, in denen zum Sturz der Regierung aufgefordert wurde. Man beschränkte sich vorerst darauf, den allgemeinen Unwillen und das Mißtrauen zu formulieren, ohne den Massen Ziele vorzuschreiben, die den Horizont der meisten damals noch überschritten hätten.

Diese Kundgebungen und Aufmärsche, die sich bis zum 21. April hingezogen haben, sind für die sozialistischen Politiker nicht weniger peinlich gewesen als für die Regierung. Wenn sie das Feld nicht räumen wollten, um für die Generäle Platz zu schaffen, dann allerdings mußten sie ihre Fähigkeiten glaubwürdiger machen als bisher und neuerlich beweisen, daß die Regierung, wie von jeher zugesagt, unter fester Kontrolle stünde. Mit beruhigenden Versicherungen und mit wohlgesetzter Kritik an Miljukov war nichts getan. [13] Jetzt kam es darauf an, das lädierte System der Doppelherrschaft in eine strapazierfähige Balance zu bringen. Tatsächlich ist die sogenannte ›Aprilkrise‹, die auch in die Reihen der Regierung eingegriffen hatte, durch einen solchen Versuch schließlich abgefangen worden.

Ende April war Kriegsminister Gučkov unter Protest zurückgetreten, weil, wie er meinte, das Ministerium außerstande sei, die allgemeine Destruktion in Heer und Flotte aufzuhalten. Rußlands Existenz stehe auf dem Spiel, er vermöchte die Verantwortung nicht länger zu tragen. Der Rücktritt Gučkovs war eine unmittelbare Reaktion auf die Zustände in der Armee. [14] Die Armeebefehlshaber erklärten, daß ihre Befehlsgewalt illusorisch und die den Alliierten zugesagten militärischen Operationen vorerst unmöglich geworden seien; die Truppe habe sich daran gewöhnt, Anordnungen der militärischen Führung nicht zu befolgen, sondern durch Abstimmungen aufzuheben; selbst das Bitten und Beten der Offiziere könne nicht verhindern, daß sich jede Weisung im Palaver von Kompanieversammlungen verliere. Das waren unverhohlene Anklagen gegen die Demokratisierung der Armee, die der Petrograder Sowjet mit seinem Befehl Nr. 1 eingeleitet hatte und die nun nicht wieder rückgängig zu machen war. Die Aprilkrise hatte eine Kabinettskrise hervorgerufen.

In langwierigen Verhandlungen zwischen der Regierung und der Räteexekutive kam am 5. Mai schließlich eine höchst folgenreiche Kabinettsumbildung zustande: Miljukov schied aus, Kerenskij übernahm das verwaiste Kriegsministerium, zwei weitere Sozialrevolutionäre, ein Volkssozialist und zwei Menschewiki, unter ihnen der Vorsitzende der Räteexekutive Cereteli als Postminister, traten in die Regierung ein. Auf diese Weise kam eine förmliche Koalition zwischen der ›bürgerlichen‹ und der ›revolutionären Demokratie‹ zustande; wichtige Ressorts, wie die für Krieg, Justiz, Landwirtschaft, Arbeit, Ernährung, wurden an sozialistische Minister gegeben. [15]

Man könnte geneigt sein, die Beteiligung führender Männer der Räteparteien an der Regierung für eine angemessene Lösung der Krise zu halten, in einer Zeit, in der alles darauf ankam, jene strukturellen Schwächen zu lindern, an denen das System der Doppelherrschaft bis her gelitten hatte. Auch die Kriegskabinette in London und Paris waren im Zeichen der ›Union sacrée‹ ja ganz ähnlich konstruiert und längst mit ›roten‹ Ministern ausgestattet. Die Spannung zwischen der Regierung und den Räten wurde jetzt, wie es den Anschein hatte, von den Kontaktkommissionen in das Koalitionskabinett verlegt. Das mochte, da beide Seiten in gemeinsamer Verantwortung gebunden waren, viele Gegensätze abschleifen und zu einer Beruhigung der erregten Öffentlichkeit führen. Der liberale Flügel, der in der Koalition noch immer stärker vertreten war als die Sozialisten, hatte das Experiment in der Erwartung gewagt, daß dem Verfall der Staatsautorität nachdrücklicher zu begegnen sei, wenn die Leute, die für die Revolution haftbar waren, gezwungen wären, die Geister, die sie gerufen hatten, selber zu zügeln. Auch die Räteführung mochte in der Koalition manchen Vorteil sehen. Jetzt konnte man sagen, die sozialistischen Minister dokumentierten durch ihre ständige Präsenz, daß die revolutionäre Kontrolle der Staatsgewalt gesichert sei. Die Rätedemokratie pochte nicht länger von außen an die Tür, sondern hatte den Volkswillen fortan im Kabinettssaal und in wichtigen Ministerien etabliert. Ob dies mehr als eine Beschwichtigung bohrender Zweifel war, stand dahin. [16]

Rascher als erwartet, sollte sich die altrussische Volksweisheit bewahrheiten, wonach die Macht eine Bürde und mit Leid verschwistert sei. Nicht jeder von denen, die nun in der Regierung standen, hat sein Amt für die große Mission seines Lebens gehalten oder, wie Kerenskij es tat, die Fiktion sich selber suggeriert, der Retter und Führer Rußlands zu sein. Gewiß, die Erklärungen der neuen Regierung wurden jetzt, stärker noch als vordem, mit revolutionären Emotionen gesäuert; an beschwörenden Affirmationen, an kraftvollen Versicherungen ungebrochener Prinzipienfestigkeit ist kein Mangel gewesen. Aber dieser Verbalradikalismus konnte auf die Dauer nicht verdecken, daß man damit nur die eigene Hilflosigkeit stilisierte und, modern gesprochen, an Profilneurose litt, weil das politische Profil der sozialistischen Parteien in der Koalition nicht länger sichtbar war. Černov, der sozialrevolutionäre Landwirtschaftsminister, ist für die bäuerlichen Massen, die nach wilder Landverteilung drängten, kein überzeugenderer Tröster gewesen als sein liberaler Vorgänger; im Gegenteil, seit es einen so prominenten Genossen wie ihn im Ministerium gab, wurde glaubhaft dargetan, daß auch die Sozialrevolutionäre nicht zu erfüllen vermochten, was in ihren Parteiprogrammen stand. Und die Konstituierende Versammlung lag weit voraus. Im September, hieß es, sollten Wahlen stattfinden. Auch der sozialistische Ernährungsminister konnte die Versorgungskrise nicht lösen, die steigenden Lebensmittelpreise nicht senken, wohl aber mußte er die Krise verantworten. Auch ein menschewistischer Arbeitsminister konnte seine Klassenbrüder in den Fabriken mit der herrschenden Not nicht versöhnen, wohl aber war er es jetzt, der für Mißstände einzustehen hatte. Von Amts wegen waren die sozialistischen Ressortchefs dazu verpflichtet, eine Politik zu praktizieren, deren Bewegungsraum verschwindend gering blieb. Das Risiko des ›Mitgegangen-Mitgehangen‹ hat allemal die Chancen überwogen, eindrucksvolle Erfolge präsentieren zu können. Außerstande, Alternativen zu entwickeln, die sich im Kern von der Politik der bürgerlichen Kollegen unterschieden hätten, haftete man jetzt für das, was geschah. Sich zu distanzieren, war nicht länger möglich.

Ein böses Faktum stand über allem: Die Räson der Koalitionsregierung blieb der Krieg, die Fortführung des Krieges, die Wiederherstellung der Kampffähigkeit der Armee, die Vorbereitung einer Sommeroffensive. Kerenskij, der Kriegsminister, war die treibende Kraft des Kabinetts, ein Volkstribun mit kurzem Atem, Gefangener seiner eigenen, glänzenden Rhetorik, ein Virtuose gespielter Leidenschaft, ein Mann, dessen Faszinationskraft indessen rasch verging, sobald das große Schauspiel seines Auftritts vorüber war. Es sprach für die Pathologie dieser verworrenen und schlimmen Zeit, daß Kerenskij es einige Wochen lang vermochte, das Ende aller Politik im Gestus des berufenen Volksführers noch einmal aufzuheben, durch die Attitüde des glühenden Patrioten das verängstigte bürgerliche Lager zu beschwichtigen, durch hektische Betriebsamkeit vor den Massen zu demonstrieren, daß das Feuer der Revolution nicht verlöschen werde, solange *er* sich für die Revolution, für die Demokratie, für die Freiheit des Volkes verzehre. Aber auch über diesen merkwürdigen Mann hinaus war in der Koalition die Meinung verbreitet, daß man zu Kraftanstrengungen verurteilt sei, an deren Ergebnis sich das Scheitern oder der Sieg der jungen Demokratie entscheiden werde. [17]

Mit der Offensive, die gegen alle militärische Vernunft Ende Juni befohlen wurde, sollte die Fähigkeit Rußlands unterstrichen werden, im Kreis der Alliierten auch weiter Partnerschaft zu halten. Man hoffte, in den verbündeten Hauptstädten Zuversicht zu wecken, die man selber nicht mehr hatte, damit die gedrosselten Hilfslieferungen wieder in Gang kämen. Man wollte vor der Welt beweisen, daß das demokratische Rußland keineswegs in Chaos und Anarchie versunken sei. Aber auch nach innen hin mochte die Koalition von dem Versuch, an der Front zumindest zu bescheidenen Teilerfolgen zu kommen, stimulierende Wirkungen erwarten. Neues Vertrauen sollte gestiftet werden: durch die Aktivierung patriotischen Gefühls, durch die Regeneration gebrochenen Selbstbewußtseins als Gegengewicht gegen die fortschreitenden Auflösungs- und Krisenerscheinungen. Auch manche revolutionäre Energie, der man in der inneren Politik Bremsen anlegen mußte, sollte neuen Auslauf erhalten. Im übrigen wurden die militärischen Vorbereitungen von wortstarken Versicherungen begleitet, wonach der erwünschte demokratische Völkerfriede das unverbrüchliche Ziel der Regierung geblieben sei. [18] Dem radikaldemokratischen

Pazifismus, der in den Räteparteien nach wie vor beachtlich war, wurden keineswegs die Flügel beschnitten, nur wurde Wert darauf gelegt, daß er seine Kraft jetzt auf andere Bahnen leite, nicht gegen die russische Regierung, sondern allenfalls gegen die Regierungen der anderen. An den mit großem propagandistischen Aufwand betriebenen Vorbereitungen zur sozialistischen Friedenskonferenz in Stockholm mochte sich mancher Widerspruch verbrauchen, der dem Kriegsminister hätte in die Quere kommen können. Tatsächlich wurde die Stockholmer Initiative, die von der Räteführung seit den Apriltagen im Geist der eigenen Friedensmanifeste aufgenommen worden war, nun zu einer Art Alibi, auf das sich verweisen ließ, wenn jemand fragte, was denn für den Frieden geschehe, während die Armee ins Feuer ging. [19]

Die Juli-Offensive, die letzte krampfhafte Zusammenfassung aller Energien, die noch verblieben, war das ›hic Rhodos – hic salta‹ dieser Notstandskoalition. Das Unternehmen hat bekanntlich mit einer kompletten militärischen Katastrophe geendet. Der Nachweis der totalen Handlungsunfähigkeit Rußlands stellte sich binnen weniger Tage ein. Die Wirkungen waren verheerend. Die russische Demokratie war weder imstande, Krieg zu führen, noch kam sie zum Frieden. Nach beiden Seiten hin waren die Wege abgeschnitten. Dem Drängen der Petrograder Koalition, die Kriegsziele im Kreis der Alliierten zu überprüfen und damit eine gemeinsame Plattform für den Frieden zu finden, haben sich die verbündeten Regierungen beharrlich entzogen. [20] Auf die ungewisse Stockholmer Sozialistenkonferenz zu setzen, bot keinen Trost. Längst war ausgemacht, daß die Friedensinitiative an den inneren Gegensätzen zerbrechen mußte, die der Krieg auf die Parteien der alten Internationale übertragen hatte. Auch von der englischen und französischen Regierung wurde alles getan, um diesen Versuch zu desavouieren. Die Konferenz verfing sich schon in den Vorverhandlungen, noch ehe man die eigentlichen Probleme hatte berühren können. [21] Hinzu kam der Zerfall der Regierungskoalition, ausgelöst durch die Auseinandersetzungen, die sich aus dem Autonomieanspruch der Ukraine ergaben. Die liberalen Minister, an ihrer Spitze der Premier L'vov, demissionierten. Das System der Doppelherrschaft, diese schöne Fiktion einer improvisierten Demokratie, war zu Ende. [22]

Kerenskij wurde Ministerpräsident. Im Stil eines plebiszitären Diktators ohne demokratisches Mandat versuchte er über dem Chaos zu balancieren – zunächst durch Abwehr der Gefahr, die von seiten derer kam, die als einzige eine revolutionäre Alternative formulierten. In der Tat gingen die Bolschewiki in dieser Krise mit dem Wind. Anfang Juli hatten sie in Petrograd bewaffnete Massendemonstrationen gegen die Regierung auf die Straße gebracht, eine Manifestation, eine Heerschau der eigenen Anhängerschaft, die in einen Aufstand umzuschlagen drohte, den zu kontrollieren die Partei damals noch nicht mächtig war. Lenin ließ den Aufstand proben, aber er wagte es nicht, ihn gegen den

Widerstand der legalen Räteorgane durchzuführen. [23] Die polizeilichen und gerichtlichen Maßnahmen, mit denen die Regierung den sogenannten Juli-Putsch beantwortete, haben der bolschewistischen Organisation großen Schaden zugefügt, aber gegen die Progression des bolschewistischen Einflusses in der Armee und in der Arbeiterschaft nichts vermocht. Die Anklage, Lenins Partei habe deutsches Geld empfangen und sich von den Feinden Rußlands kaufen lassen, konnte zwar einiges Aufsehen machen, doch wurde diese Agententhese, die ein ›deutsch-bolschewistisches Komplott‹ unterstellte, von der Masse der Arbeiter und Soldaten nicht angenommen. Obwohl sich Lenin den Gerichten entzog, hat der Rufmord, der ihn treffen sollte, auf die Dauer nichts gefruchtet. [24] Schon Ende August, als der Oberkommandierende, General Kornilov, durch einen Militärputsch Kerenskij zu ersetzen versuchte, [25] konnten die Bolschewiki demonstrieren, daß sie als einzige geschlossene Kraft in der revolutionären Demokratie bewegungsfähig geblieben waren. Die Krise war permanent geworden. Lenin fand Anlaß, Aufstand und die Machtergreifung auf die Tagesordnung der Partei zu setzen.

8

Aufstand und Machtergreifung

Die Sache, von der zu reden ist, trägt viele Namen, und keiner dieser Namen deckt sie ganz: Coup d'état, Aufstand, Umsturz oder ›Große Sozialistische Oktoberrevolution‹; Verschwörung einer Minderheit oder ›Zehn Tage, die die Welt erschütterten‹; action directe einer Handvoll entschlossener Täter oder der ›Rote Oktober‹ – ein Wendepunkt der Weltgeschichte. Die Differenzen sind groß. Die Nuancen, in denen die Geschichte steckt, fesseln unser Interesse. Die Fragen aber gehen über die blanken Fakten hinaus, die zu erzählen scheinen, ›wie es gewesen‹. Dem wäre wohl nicht so, wenn das, was damals sich begab, auf einen Staatsstreich reduzierbar wäre, auf einen Vorgang, der so simpel schien, daß gesagt werden konnte: »The Bolsheviks did not seize power. They picked it up.« [1] Kein Zweifel, hier war mehr im Spiel. Die Begebenheiten haben Geschichte gemacht. Das mag erklären, weshalb wir das, was daraus wurde, nicht wieder losmachen können von dem, was bloße Chronik ist.

Vielleicht darf man sagen, daß über alle Kontroversen hinweg Einverständnis zumindest in einem Punkt besteht: Niemand wird leugnen, daß der Machtwechsel im Oktober das Ergebnis eines Aufstands war, das Resultat einer gewaltsamen Aktion zum Sturz der Provisorischen Regierung, gestützt auf bewaffnete Kräfte der Petrograder Garnison, der Baltischen Flotte und der Arbeiterschaft, organisiert und gelenkt von der bolschewistischen Partei. Geht man indessen nur einen Schritt über diese schlichte Feststellung hinaus, dann verliert der Vorgang rasch an Eindeutigkeit. Bereits der Begriff des Aufstands ist ambivalent. Keine Deskription ist denkbar, die nicht sogleich zu einer Wertung käme. Die Frage nach der Qualität des Aufstands stellt sich dabei von selber ein. Und an *dieser* Frage scheiden sich die Geister.

Nicht erst die Historiker haben den Streit um den Aufstand hervorgerufen. Zu den ersten, die die Vernunft der Aktion in Zweifel zogen, gehörten die, die den Aufstand schließlich machten. Bekanntlich hat Lenin von Finnland aus, Mitte September 1917, in zwei Briefen an das Zentralkomitee der bolschewistischen Partei [2] das umstrittene Thema zum erstenmal zur Sprache gebracht: »Nachdem die Bolschewiki in den Sowjets der Arbeiter- und Soldatendeputierten beider Hauptstädte die Mehrheit erhalten haben, können und *müssen* sie die Staatsmacht in ihre Hände nehmen«; die einzige Methode, die zum Siege führe, sei »der bewaffnete Aufstand« in Petrograd und Moskau, ein Aufstand, der »als Kunst betrachtet« werden muß. [3] Eine knappe

Protokollnotiz, die von der Sitzung des Zentralkomitees am 15. September überliefert ist, spiegelt die Verlegenheit derer, die sich mit Lenins Forderungen zu befassen hatten: Stalin plädierte dafür, die wichtigsten Parteiorganisationen beraten zu lassen; andere Genossen wollten sicherstellen, daß Kopien der Briefe nicht in Umlauf kämen; Kamenev trat für die Ablehnung der Vorschläge Lenins ein und versuchte, das Zentralkomitee zu einer Resolution zu bewegen, die »alle Straßenaktionen in diesem Augenblick für unzulässig erklären« sollte. Schließlich beschloß das Gremium, Maßnahmen mit dem Ziel zu ergreifen, »jegliche Aktionen in den Kasernen und Betrieben zu verhindern«. [4] Diese kaum verhüllte Zurückweisung hat Lenin zwei Wochen später veranlaßt, seinen Austritt aus dem Zentralkomitee zu beantragen, wobei er sich »die Freiheit der Agitation in den unteren Parteiorganisationen und auf dem Parteitag« vorbehielt. [5] Erst am 10. Oktober, nach der Rückkehr Lenins nach Petrograd, hat sich das Zentralkomitee (gegen die Stimmen Zinov'evs und Kamenevs) dazu verstanden, »den bewaffneten Aufstand auf die Tagesordnung zu setzen«. Jetzt wurde festgestellt, »daß der bewaffnete Aufstand unumgänglich und völlig herangereift ist«. [6] Aber auch dann noch gab es Widerstand im engsten Kreis der Partei. Die Mißverständnisse waren nicht aufgehoben.

Die Revue dieser Fakten, deren Richtigkeit auch sowjetische Historiker nicht bestreiten, führt an den Kern des Problems heran. Bis zum Oktober waren die Vorstellungen von dem, was unter ›bewaffnetem Aufstand‹ zu verstehen sei. auf allen Seiten höchst vage und unreflektiert geblieben. Wer von Aufstand sprach, wer ihn forderte oder verwarf, dem standen die Bilder vor Augen, die die Julitage in Petrograd hinterlassen hatten: Straßendemonstrationen der Arbeiter und Soldaten, Meetings mit Fahnen und Transparenten, Streikunruhen und Zusammenstöße, Aufruhr der zusammenströmenden Massen gegen die legale Autorität. Das waren Früchte einer Agitation gewesen, die durch Organisation und Planung noch nicht ausgezeichnet war. Der elementaren Kraft der Bewegung hatte sich die bolschewistische Führung nicht anvertrauen wollen. Der versuchte Aufstand hatte sich nicht als Präludium der Machtergreifung, sondern einer Niederlage erwiesen. Gleichwohl kam das äußere Bild jenem klassischen Typus des Aufstands nahe, der in der Tradition der europäischen Revolutionen seit 1789 verankert war. Die Barrikadenkämpfe von 1848, die Kämpfe der Kommune von Paris, der Dezemberaufstand von Moskau 1905 entsprachen im Grunde dem gleichen Modell, und die Permanenz des Mißerfolgs hatte diesen Formen der Insurrektion offenbar nichts von ihrer revolutionären Würde genommen.

1905 waren selbst die Menschewiki der Perspektive des Aufstands nicht ausgewichen. [7] In der ›Iskra‹, ihrem Fraktionsorgan, erörterten damals Militärexperten die vorteilhaftesten Methoden des Barrikadenbaus, die Wirkung der Artillerie im Straßenkampf, das Für und Wider der bewaffneten Massendemonstration. Die Formel des Aufstands war freilich unverbindlich geblieben. Sie legte die Partei weder auf einen bestimmten Plan noch gar auf einen konspirativen Aktivismus fest. ›Allgemeiner Volksaufstand‹ *(vseobščee narodnoe vosstanie)* – der Wortgebrauch war 1905, von den terroristischen Kampfgruppen der Sozialrevolutionäre bis zu den liberalen Kadetten hin, zu einem Ersatzbegriff geworden, der alles das umschloß, was den Kulminationspunkt der Revolution zu bezeichnen schien. Ein solcher Aufstand setzte die Aktion der Massen, der übergroßen Mehrheit des Volkes voraus; er wurde als eine Art revolutionäres Plebiszit begriffen, als ein elementares Ereignis im revolutionären Prozeß, das unberechenbar wie das Naturgeschehen war. Die Legitimität des Volksaufstands konnte mithin gar nicht in Frage stehen.

In der Tat hatten sich, solange der Zarismus noch intakt war, die Auseinandersetzungen im sozialistischen Lager an anderer Stelle entzündet. Gestritten wurde nicht darum, ob die Massenerhebung zu begrüßen oder zu verwerfen sei, sondern gestritten wurde um die Rolle der Partei in der Peripetie der Revolution. Hier waren die bekannten Gegensätze zwischen den Menschewiki und den Bolschewiki groß und schließlich unüberbrückbar geworden. Die Menschewiki hatten von jeher den Gedanken verworfen, daß der Aufstand, den sie meinten, von den Sozialdemokraten geplant, organisiert oder gar ›gemacht‹ werden könnte. Nicht die Partei, sondern die Massen selbst würden ihn auszulösen haben. Der Partei und ihrer Agitation kamen dabei nur regulierende Funktionen zu. An Planung oder Leitung dieses Aufstands zu denken, galt als Abenteurertum, als Verschwörermentalität, als Verrat an der Revolution. Gewiß, auch Lenin hatte die bewaffnete Insurrektion stets an gewaltige Massenerhebungen gebunden gesehen, die weite Teile des Volkes, das Proletariat wie die Bauernschaft, erfassen sollten. Aber anders als für seine menschewistischen Gegner war der Aufstand für ihn doch zugleich das Herzstück der revolutionären Strategie der Partei. Seit 1901 hatte Lenin immer wieder gefordert, daß der Volksaufstand vorbereitet werden müsse. Ihn vorzubereiten hieß, die Partei zu organisieren. Es kam darauf an, die Partei instand zu setzen, für die Stunde der Massenerhebung gerüstet zu sein. Die konspirative Organisation der Bolschewiki hatte hier ihren Grund. [8] Die Berufsrevolutionäre sollten die Hegemonie, die Führung der Bewegung übernehmen, sie sollten als ›Avantgarde‹ an der Spitze der aufständischen Massen kämpfen, sie sollten die politischen Ziele des Aufstands bestimmen und den Entscheidungsschlag in eigener Regie vollziehen. Versagte die Partei, wenn das Volk zum Aufstand fähig war, dann verlor sie ihre Existenzberechtigung. Als das Jahr 1905 herankam, hatte Lenin dieses Konzept längst formuliert. Nach dem Petersburger ›Blutsonntag‹ erprobte der Londoner Parteitag der Bolschewiki die praktische Seite des Gedankens. [9] Aber die revolutionäre Situation, die Lenin antizipierte, stellte sich, wie die Ereignisse alsbald zeigten, nicht von selber ein. Die Machtergreifung, der Sieg der ›revolutionären Demokratie‹, hatte sich auf den Barrikaden von Presnja im Dezember 1905 nicht herbeizwingen lassen.

Im September 1917, als Lenin verlangte, den bewaffneten Aufstand *als Kunst* zu behandeln, war die politische Szene total verwandelt. Unverändert aber war die Stellung geblieben, die der Aufstand in seinem Revolutionsdenken einnahm:

»Um erfolgreich zu sein, darf sich der Aufstand nicht auf eine Verschwörung, nicht auf eine Partei stützen, er muß sich auf die fortgeschrittenste Klasse stützen. Dies zum ersten. Der Aufstand muß sich auf den *revolutionären Aufschwung des Volkes* stützen. Dies zum zweiten. Der Aufstand muß sich auf einen solchen *Wendepunkt in der Geschichte der anwachsenden Revolution* stützen, wo die Aktivität der vordersten Reihen des Volkes am größten ist, wo die *Schwankungen* in den Reihen der Feinde und *in den Reihen der schwachen, halben, unentschlossenen Freunde der Revolution* am stärksten sind. Dies zum dritten. Durch eben diese drei Bedingungen unterscheidet sich der *Marxismus* in der Behandlung der Frage des Aufstands vom *Blanquismus*. Sind aber diese Bedingungen einmal gegeben, so ist die Weigerung, den Aufstand *als eine Kunst* zu betrachten, Verrat am Marxismus und an der Revolution.« [10]

Die Kontroversen im bolschewistischen Zentralkomitee kreisten indessen nicht um die Frage, ob diese Definition des Aufstands mit den Prinzipien des Marxismus zu versöhnen sei oder ob sich die Partei des ›Blanquismus‹ schuldig mache, wenn sie sich zu Lenins Definition bekenne. Strittig war etwas anderes: erstens die Analyse der revolutionären Situation, die Lenin gegeben hatte, und zweitens die Frage, ob der politische Kurs der Partei, ihr Kampf um die Macht, tatsächlich auf den Aufstand festgelegt werden sollte. Die Thesen Lenins besagten, daß jetzt, im September 1917, alle die von ihm genannten »objektiven Voraussetzungen für den siegreichen Aufstand« zweifelsfrei gegeben seien: Unterstützung durch die Klasse, durch »die Avantgarde der Revolution«; ein »revolutionärer Aufschwung des Volkes«; »Schwankungen im großen, allgemein politischen Maßstab unter unseren Feinden und in den Reihen des unentschlossenen Kleinbürgertums«; ein Wendepunkt in der Geschichte der Revolution, der der Revolution den Charakter einer »allgemeinen Volksrevolution« verleihe. [11] Für diese Behauptungen gab es freilich keine Garantien, die einklagbar gewesen wären.

Aber Lenin war noch weiter gegangen: »Es wäre naiv«, so hatte er erklärt, »eine ›formelle‹ Mehrheit für die Bolschewiki abzuwarten. Keine Revolution wartet darauf.« Seine Vorstellung von dem, was ›Mehrheit‹ sei, hatte eine eigene Qualität. Sie war an Wahlen oder Abstimmungen nicht gebunden. Aus der Tatsache, daß die Bolschewiki in den Sowjets von Petrograd und Moskau die Mehrheit erhalten hatten, zog er den Schluß: »Hinter uns ist die *Mehrheit* der Klasse, der Avantgarde der Revolution, der Avantgarde des Volkes«; aus der Tatsache, daß die Menschewiki und die Sozialrevolutionäre nach der Kornilov-Revolte eine Koalition mit den Kadetten abgelehnt hatten, folgerte er, daß sie »offenkundig die Mehrheit im Volke eingebüßt haben«; in der Tatsache, daß der Landwirtschaftsminister Černov die Agrarfrage zu lösen nicht mächtig war, wollte er den Satz bestätigt finden: »Hinter uns ist die Mehrheit des Volkes . . . Der Sieg ist uns sicher, denn das Volk ist am Rande der Verzweiflung, wir aber weisen dem Volk den sicheren Ausweg«.[12] Es ist verständlich, daß Lenins Deduktionen (Mehrheit in den Sowjets beider Hauptstädte = Mehrheit der Avantgarde des Volkes = Mehrheit des Volkes = Sieg der Bolschewiki in der Revolution) für seine Genossen nicht sogleich einsichtig waren. Der Realitätsgrad dieser Zuversicht blieb ungewiß. Bis zum Augenblick der bewaffneten Aktion hat sich die Gewißheit, daß der Aufstand siegen werde, in den Führungsgremien der Partei nicht eingestellt. Noch die Sitzung des Zentralkomitees vom 16. Oktober spiegelte die Zweifel.[13]

Neben Lenins Behauptung, daß »die Zeit für den Aufstand völlig reif« sei, waren im September 1917 zweifellos die *politischen* Konsequenzen seiner Thesen auf starken Widerstand gestoßen. Zum ersten Male nach dem Fiasko der Julitage sah sich die Partei in diesen Wochen vor den Augen der »revolutionären Demokratie« wieder rehabilitiert. Im Kampf gegen die Kornilov-Revolte hatte sie ihre Anhängerschaft vervielfachen können, ihr politisches Sofortprogramm, das den Massen Frieden und Land versprach, erhielt wachsende Resonanz in der Armee und in der Arbeiterschaft. Die bolschewistische Mehrheit in den Sowjets von Moskau und Petrograd und die katastrophalen Verluste der Menschewiki bei den Kommunalwahlen waren ein untrügliches Signal für die Dynamik ihres Aufstiegs. Seit Anfang September hatte die Partei mit Lenins Billigung ihre alte Losung wieder aufgenommen: ›Alle Macht den Sowjets‹ – das war der Appell, den die Bolschewiki auch auf der ›Demokratischen Konferenz‹, die auf Initiative Kerenskijs am 18. September in Petrograd zusammentrat, zur Geltung bringen wollten. Die Chancen für eine Radikalisierung der Sowjetdemokratie schienen in diesen Tagen nicht schlecht zu stehen; die Hoffnung war nicht abwegig, daß es unter dem Druck der Massen in absehbarer Zeit zur Ablösung der Provisorischen Regierung durch eine Sowjetregierung kommen könnte, zu einer Koalition, in der den Bolschewiki eine bestimmende Rolle zufallen würde. Dieser Ansicht entsprach, was die Bolschewiki in der Demokratischen Konferenz erklärten: »Unsere Partei . . . hat nie danach gestrebt und strebt nicht danach, die Macht gegen den Willen der organisierten Mehrheit der werktätigen Massen zu ergreifen.«[14] Machtergreifung auf dem Boden der Sowjetdemokratie – damit verglichen mußte der Kurs Lenins als riskant, ja als abenteuerlich erscheinen.

Es verdient Beachtung, daß Lenin in seinen Artikeln im Parteiorgan ›Rabočij Put'‹ während des ganzen September Alternativen zum Bürgerkrieg nicht verworfen wissen wollte. Falls die Macht in die Hände der Sowjets übergehe, sollte »eine friedliche Entwicklung der Revolution«, sollten Kompromisse mit den Menschewiki und den Sozialrevolutionären, sollte eine nichtbolschewistische Räteregierung mit einer bolschewistischen Oppositionspartei nicht ausgeschlossen sein. Am 16. September erschien ein Aufsatz Lenins, in dem es hieß, »daß einzig und allein ein Bündnis der Bolschewiki mit den Sozialrevolutionären und den Menschewiki, einzig und allein der sofortige Übergang der Macht in die Hände der Sowjets einen Bürgerkrieg in Rußland unmöglich machen würde.« [15] Ja, noch am 27. September, zwei Tage bevor Lenin sein Rücktrittsgesuch einreichte, konnte man im Parteiorgan aus seiner Feder lesen:

»Durch die Übernahme der ganzen Macht könnten die Sowjets jetzt noch – und wahrscheinlich ist das die letzte Chance – die friedliche Entwicklung der Revolution sichern, die friedliche Wahl der Deputierten durch das Volk, den friedlichen Kampf der Parteien innerhalb der Sowjets, . . . den friedlichen Übergang der Macht aus den Händen einer Partei in die einer anderen.« [16]

Was hier anklang, stand nur in scheinbarem Widerspruch zu der Forderung, den Aufstand vorzubereiten. Denn die angedeutete Alternative zwischen dem Bürgerkrieg und dem ›friedlichen Weg‹ der Revolution setzte den Sturz der Provisorischen Regierung voraus, sie galt unter der Voraussetzung, daß die Macht an die Sowjets übergehe. Aber die Methode, diese Macht zu gewinnen, blieb für Lenin an den bewaffneten Aufstand gebunden. Insofern hatten die Perspektiven einer Sowjetdemokratie, die Lenin entwarf, vor allem eine agitatorische Funktion im Kampf um die Macht. Nicht zuletzt aber waren Lenins Reflexionen auch darauf gerichtet, die eigene Partei auf seine Linie zu zwingen. Er hatte es mit einer Partei zu tun, deren Führungsgremien sich nicht auf den Aufstand, sondern auf die legale politische Arbeit konzentrierten: Am 21. September beugte sich das Zentralkomitee dem Votum der bolschewistischen Fraktion in der Demokratischen Konferenz, an dem von Kerenskij einberufenen ›Vorparlament‹ teilzunehmen. [17] Diesen ›friedlichen‹, parlamentarischen Weg der Partei attackierte Lenin aufs schärfste. Kein Zweifel, daß ihm Kompromisse unannehmbar geworden waren.

So wird man sagen dürfen, daß Lenins Position seit September 1917 auf der dialektischen Verknüpfung dreier Axiome beruhte:
(1) Wer die bolschewistische Losung ›Alle Macht den Sowjets‹ vertritt, muß mit den Parteien brechen, die bisher die ›revolutionäre Demokratie‹ getragen haben;

(2) Wer die Sowjetmacht in diesem Sinne will, muß sich für den Aufstand entscheiden;

(3) Wer sich für den Aufstand entscheidet, votiert für eine bolschewistische Sowjetmacht.

Schon in seinen ersten Briefen über den Aufstand hatte Lenin verlangt, der Demokratischen Konferenz ein scharfes Ultimatum zu stellen und die bedingungslose Annahme des bolschewistischen Programms zu fordern. Ohne eine Antwort abzuwarten, sollte die Fraktion sodann die Konferenz verlassen und sofort zu den Massen, in die Fabriken und Kasernen gehen:

»Dort ist ihr Platz, dort ist der Lebensnerv, dort ist der rettende Quell der Revolution . . . Dort müssen wir in glühenden, leidenschaftlichen Reden unser Programm auseinandersetzen und die Frage stellen: entweder *restlose* Annahme dieses Programms oder Aufstand. Einen Mittelweg gibt es nicht. Warten darf man nicht. Die Revolution geht zugrunde. Wenn wir die Fragen so stellen . . . werden wir den Zeitpunkt für den Beginn des Aufstandes richtig bestimmen.« [18]

Die Leidenschaft, mit der Lenin seither darum kämpfte, die Partei zur Aktion zu bewegen, ist vielfältig dokumentiert: in brüsken Schreiben an das Zentralkomitee, in energischen Appellen an Parteiorganisationen und Konferenzen. Mit wachsender Aggressivität betrieb er den Boykott des Vorparlaments, verdammte er die »vollendete Idiotie«, den »vollkommenen Verrat« derer, die den Allrussischen Sowjetkongreß abwarten wollten; mit Argumenten, die ins Emotionale umschlugen, forderte er wieder und wieder, den Aufstand als Kunst zu betrachten, als ein Problem der Technik und Organisation. Als Anleitung dafür hat Lenin jene Erfahrungen mobilisiert, die er bei Engels aufgezeichnet fand, in der Broschüre ›Revolution und Konterrevolution in Deutschland‹, und er ist nicht müde geworden, diese knappen Reflexionen über den Aufstand als das große Vermächtnis von Danton und Marx vorzustellen, dem die Partei zu entsprechen habe. [19]

Es ist eindrucksvoll zu sehen, wie unverrückbar Lenins Überzeugung war, daß keine Zeit verloren werden dürfe; jetzt oder nie sei es möglich, die Macht zu erobern und die Macht auch zu behaupten:

»Es ist meine tiefste Überzeugung, daß wir die Revolution *zugrunde richten,* wenn wir den Sowjetkongreß ›abwarten‹ und jetzt den Augenblick verpassen.« [20]

Der Erfolg schien ihm gewiß: Die Analyse der revolutionären Situation und der militärischen Lage signalisierte ihm den Sieg der Aktion. Von drei Plätzen aus, in Moskau, in Petrograd und in Finnland, könne man gleichzeitig losschlagen; die Armee werde diesmal nicht gegen die Aufständischen marschieren; das Schwanken der Regierung, die Zersetzung im Lager der Menschewiki und der Sozialrevolutionäre, die

Agitation für Land und Frieden sichern für die Bolschewiki die Mehrheit im Lande.[21] Alle diese Urteile dürfen indessen nicht isoliert betrachtet werden. Der Streit, den Lenin in den eigenen Reihen auszufechten hatte, wurde zum Motor der Argumentation, die Analyse der Realität zu einer Funktion der Polemik. Das erklärt die exzessive Übersteigerung der politischen Diagnosen, die Lenin gab. Das Faktum der Agrarunruhen verdichtete er zur Prognose, daß ein gewaltiger Bauernaufstand im Anzug sei; die Bolschewiki wären »erbärmliche Verräter« an den Bauern, an der Demokratie, an der Freiheit, wenn sie diesem Massenaufstand durch ihre Aktion nicht zu Hilfe kämen.[22] Durch wiederkehrende Hinweise auf Krisenerscheinungen in den kriegführenden Ländern rückte Lenin den Aufstand in den Kontext der internationalen Revolution. Meldungen über Massenverhaftungen italienischer Genossen, Berichte über den Beginn von Meutereien in der deutschen Flotte wollte Lenin als »unbestreitbare Anzeichen des großen Umschwungs, Anzeichen des Vorabends der Revolution im Weltmaßstab« verstanden wissen. Hier stieg der alte Gedanke wieder auf, daß die Bolschewiki als Avantgarde des internationalen Proletariats zu handeln verpflichtet seien: Durch den Aufstand »retten sie die Weltrevolution . . . wie auch die Russische Revolution . . . und das Leben von Hunderttausenden im Felde.«[23]

Es muß hier offen bleiben, woher Lenin diese erstaunliche Sicherheit bezog, wie es möglich war, daß er ein so rückhaltloses Vertrauen in die Wahrheit seiner Thesen je gewinnen konnte. Die Antworten, die sich anbieten, werden die psychische Struktur dieses Mannes nicht außer acht lassen dürfen, aber auch die Psychologie entbindet nicht davon, über eine rationale Erklärung nachzudenken. Sicher ist, daß Lenin das militärische Problem des Aufstands mit den politischen Problemen der Revolution aufs festeste verbunden sah. »Die Geschichte hat jetzt die *militärische* Frage zur wichtigsten politischen Frage gemacht«[24] (27. September). Die Einsicht, die hier anklang, mochte Lenin bei Clausewitz aufgenommen haben: »Der bewaffnete Aufstand ist eine *besondere* Form des politischen Kampfes«, Politik also »mit anderen Mitteln«; und der Verweis auf Marx kam hinzu: Der bewaffnete Aufstand sei eine Kunst »genau wie der Krieg«.[25] Alles Militärische, alles Technische, jeder Augenblick wurde eingeordnet in die politische Strategie der Revolution. So konnte sich Lenins These, daß jeder Aufschub ein Verbrechen sei, von Tag und Stunde lösen und fortwährend neue Argumente auf sich ziehen, die aus der wechselnden Lage kamen: daß ein Separatfrieden zwischen den Imperialisten drohe, daß Kerenskij das revolutionäre Petrograd den Deutschen ausliefern wolle, daß ein zweiter Kornilov-Putsch bevorstehe, daß »der Erfolg der Russischen wie der Weltrevolution von zwei, drei Tagen des Kampfes« abhängig sei.[26]

Wie bekannt, ist es Lenin bis zum 10. Oktober gelungen, im Führungsgremium der Partei für seine Politik des Aufstands eine Stimmenmehrheit zu finden. Ein wichtiger Zwischenschritt war die Entscheidung der bolschewistischen Fraktion, das Vorparlament am 7. Oktober während der Eröffnungssitzung zu verlassen. Am gleichen Tag nahm Lenin, aus Finnland kommend, Quartier auf der Vasilevskij-Insel in Petrograd. Drei Tage später votierte das Zentralkomitee für seine These, daß die Zeit für den Aufstand gekommen sei. Die Zuspitzung der Lage in Petrograd mochte diesen Beschluß rechtfertigen.[27] Ohne Zweifel ging die Regierung Anfang Oktober einer neuen schweren Krise entgegen. Ihre Autorität zerfiel. Die militärische Situation an der Nordfront war katastrophal. In der Hauptstadt bestand aller Anlaß, die Loyalität der starken Garnison für zweifelhaft zu halten. Der fortdauernde Mangel an Brennmaterial und Lebensmitteln, der die Preise unaufhaltsam hochtrieb, ließ das Ärgste erwarten. Leicht konnte es geschehen, daß in den Vorstädten und Fabriken die Lethargie der Arbeiterschaft in Aufruhr und Unruhen umschlug. Im Rat der Republik vermochte das Pathos der Redner die herrschende Misere nicht zu übertönen. Das von prominenten Menschewiki und Sozialrevolutionären besetzte Exekutivkomitee des Allrussischen Sowjets fand sich nicht weniger isoliert als die Regierung. Es war voraussehbar, daß der zum 20. Oktober einberufene Sowjetkongreß den Machtgewinn der Bolschewiki befestigen werde. Im Petrograder Sowjet dominierte Trotzkij als Exponent der bolschewistischen Mehrheit. Die Linken Sozialrevolutionäre gingen mit den Bolschewiki zusammen. Auf einem Kongreß der Sowjetdeputierten des Nordgebiets, der am 11. Oktober im Smolnyj Institut zusammentrat, steigerte sich die Feindseligkeit gegen die Regierung zu Manifestationen, die einer förmlichen Kriegserklärung nahekamen. Lenin hoffte, daß sich dieser Kongreß in ein Organ des Aufstands würde verwandeln lassen und daß die finnischen Truppen und die Baltische Flotte dazu zu bringen wären, gegen Petrograd zu marschieren. Es schien, als habe das Zentralkomitee mit dem Entschluß, den Aufstand vorzubereiten, den rechten Augenblick getroffen.[28]

Wer genauer zusieht, wird freilich erkennen, daß das bolschewistische Führungsgremium sich am 10. Oktober noch immer einer konkreteren Festlegung entzog. Die Technik des Aufstands und die Strategie der Machteroberung sind unerörtert geblieben. Statt dessen flammten nun, durch eine Protesterklärung Kamenevs und Zinov'evs angestoßen, die alten Kontroversen wieder auf: Ein Aufstand, sagten sie, werde die Niederlage bringen und das Kleinbürgertum in die Arme der Kadetten treiben; eine proletarische Regierung werde nicht fähig sein, den revolutionären Krieg gegen den deutschen Imperialismus zu führen, die Masse der Soldaten werde von den Bolschewiki abfallen; Lenins These treffe nicht zu, daß die Mehrheit des Volkes und des Weltproletariats schon gewonnen sei; die Chancen der Partei lägen nicht im Aufstand, sondern in der Defensive, in der Ausnützung des bevorstehenden Allrussischen Rätekongresses und in der Konzentration der Arbeit auf die Wahlen zur Konstituierenden Versammlung. [29] Lenin sah sich genötigt, den aufreibenden Kampf um die Anerkennung seiner Politik des Aufstands zu forcieren. [30] Die Polemik der Opponenten verfing sich in Argumenten, die zwar historische Dignität, aber nur geringe praktische Relevanz besaßen. Die Kontrahenten hatten Mühe, mit der sich rasch zuspitzenden Lage in Kontakt zu bleiben.

Tatsächlich war dieser Streit für den Gang der Entwicklung in Petrograd von höchst geringem Belang. Es sollte sich zeigen, daß die Parole des Aufstands in *dem* Augenblick entbehrlich wurde, als die Methode für den Sturz der Regierung gefunden war. Vieles deutet darauf hin, daß Trotzkij, der Präsident des Petrograder Sowjets, an der Lösung dieses Problems großen Anteil hatte. Am 6. Oktober war in der Soldatensektion ein Gerücht über ein konterrevolutionäres Komplott aufgegriffen worden. [31] Die Regierung rüste sich zur Flucht aus Petrograd, sie sei willens, die ›Zitadelle der Revolution‹ den anrückenden Deutschen zu überlassen. Es war eine folgenreiche Entscheidung, daß Trotzkij sich entschloß, diese Unterstellung sogleich mit großer Schärfe zu aktualisieren. In der von ihm verfaßten Erklärung zum Boykott des Vorparlaments beschwor er die »tödliche Gefahr«, in der sich die Hauptstadt jetzt befinde: Kerenskij plane die Verlegung der Regierung nach Moskau, um dort ein Bollwerk der Konterrevolution zu errichten und die Konstituante sprengen zu können; die Evakuierung der Garnison stehe bevor, die Preisgabe der Stadt an die deutsche Armee, mithin die Erdrosselung der Revolution. [32] Offenbar hatte Trotzkij die Verwendungsfähigkeit dieser These erkannt. Wenn es gelang, die Gefahr glaubwürdig zu machen, dann besaß der Petrograder Sowjet ein mächtiges Instrument, einen wirkungsvollen Hebel, um eine breite Widerstandsfront zu organisieren. Klar war dann auch, wozu man die Garnison und die Arbeiterschaft aufrufen mußte: nicht zum Aufstand, sondern zur Verteidigung, zum Schutz der Hauptstadt gegen den inneren und äußeren Feind, gegen die Konterrevolution in Gestalt Miljukovs und Kaiser Wilhelms. Auf die Bolschewiki in Petrograd kam damit eine Formel zu, die geeignet war, die Massen in einem sehr elementaren Sinn zu ergreifen. Die Agitation erhielt eine einheitliche Richtung, die praktische Arbeit ein konkretes Ziel. Es mußte erreicht werden, die Befehlsgewalt des Garnisonsstabs zu paralysieren und die Truppen dem Petrograder Sowjet zu unterstellen. Die Arbeiterschaft war instand zu setzen, sich zu bewaffnen und den Widerstand der Garnison zu unterstützen.

Es ist unverkennbar, daß der Petrograder Sowjet sich der Chancen, die hier lagen, rasch bewußt geworden ist. Schon am 9. Oktober wurden die Regimenter aufgefordert, ihre Kampfbereitschaft zu erhöhen. [33] Zwei Tage später gaben die Reden Trotzkijs auf dem Kongreß des Nordgebiets dem Appell zur Verteidigung der Hauptstadt eine weit über Petrograd hinausgreifende Resonanz. [34] Es kam darauf an, die Kräfte an der Peripherie, vor allem aber die Truppen der Nordfront und der Baltischen Flotte in den Aktionsplan einzubeziehen. [35] Den Bolschewiki kam zugute, daß ihre Organisationsbereitschaft durch die Legalität des Sowjets gedeckt blieb. Die Vorbereitungen vollzogen sich diszipliniert und öffentlich. Am 15. Oktober erfuhren die Leser schon aus ihrer Sonntagszeitung, daß die Bolschewiki einen Schlag gegen die Regierung im Schilde führten. [36] Am Tag darauf erklärte Trotzkij vor dem Plenum des Sowjets: »Uns wird gesagt, daß wir einen Stab zur Übernahme der Macht vorbereiten. Wir machen daraus kein Geheimnis . . .« [37] In der Tat war das Revolutionäre Militärkomitee, das am 11. Oktober als operatives Zentrum gegründet wurde, kein konspirativer Verschwörerklub, sondern eine gewählte Institution des Petrograder Sowjets. [38] Das bedeutete zugleich, daß diesem Apparat viele Kanäle offenstanden: eigene Presseorgane, reguläre Kontaktstellen zu den Regimentern, zu den Sowjets in den Rayons des Stadtgebiets, [39] zu den Gewerkschaften und den Fabrikkomitees, zur Arbeitermiliz wie zu den Roten Garden. [40] Die Machtsphäre der Regierung wurde durch diesen Mechanismus systematisch eingedrückt, ohne daß sie fähig war, den Prozeß der Zernierung aufzuhalten.

Es sprach für die Vernunft dieses taktischen Konzepts, daß sich nun auch das bolschewistische Zentralkomitee der praktischen Fragen annahm. Am 16. Oktober wurde beschlossen, eine ständige Vertretung in das Militärkomitee zu entsenden. [41] In langen Diskussionen hatte sich abermals eine Fülle von Bedenken eingestellt. Nach wie vor neigten viele Genossen dazu, an das Fiasko im Juli zu denken, wenn vom Aufstand die Rede war. Aus den Berichten lokaler Vertreter ließ sich ein eindeutiges Urteil über die Erfolgschancen nicht gewinnen. Was schließlich überwog, war der Eindruck, daß die Machtübernahme nur denkbar sei, wenn sie sich aus einer Widerstandshandlung der Garnison entwickelte, als Defensivaktion gegen Maßnahmen der Regierung, die das Schicksal der Truppen unmittelbar betrafen. Das entsprach dem Kurs des Petrograder Sowjets. Trotzkij fand sich gerechtfertigt, noch ehe es zu greifbaren Erfolgen gekommen war. Die Eroberung der Macht mußte mit der Eroberung der Garnison beginnen, mit der sukzessiven Entmachtung des Militärstabs der Hauptstadt durch das Revolutionäre Militärkomitee. In den folgenden Tagen ging es darum, den Gegner zu provozieren, damit der Prozeß der Wachablösung in Gang käme.

Diese Taktik glich so wenig den geläufigen Vorstellungen von dem, was ein Aufstand sei, daß Trotzkij die Verwirrung der Begriffe zur Verschleierung der weiteren Vorbereitungen ausnutzen konnte. Die Regierung, die bürgerliche Presse, ja selbst die Menschewiki erwarteten, daß sich die Aktion der Bolschewiki, wie im Juli, auch diesmal in bewaffneten Massendemonstrationen entladen werde. So schrieb Maxim Gor'kij am 18. Oktober:

»Ein unorganisierter Mob wird sich auf die Straßen ergießen, . . . und Abenteurer, Diebe, berufsmäßige Mörder ... werden damit beginnen, ›die Geschichte der Russischen Revolution zu machen‹.«[42]

Trotzkij antwortete am gleichen Tag, daß nichts beschlossen sei, was sich der öffentlichen Kenntnis entziehe: Wenn es der Sowjet – »dieses revolutionäre Parlament« – für nötig hält, zur Demonstration aufzurufen, dann wird er das tun ... Wir haben noch kein Datum für den Angriff festgesetzt.«[43] Nach wie vor wurden alle Schritte des Militärkomitees, auch die Bewaffnung der Arbeitermiliz, als reine Defensivmaßnahmen erklärt. Nicht der Sowjet, sondern die Bourgeoisie betreibe den Konflikt; die Konterrevolution sei dabei, »alle Kräfte gegen die Arbeiter und Bauern zu mobilisieren«. Trotzkij kündigte an, daß jeder Anschlag gegen den bevorstehenden Allrussischen Sowjetkongreß und jeder Versuch, Petrograd seiner Garnison zu entkleiden, »mit einer Gegenoffensive beantwortet wird, die erbarmungslos sein und zu Ende geführt werden wird«.[44] Solche Erklärungen schienen es dem Gegner zu überlassen, den ersten Schritt zur Auslösung des Kampfes zu tun.

Tatsächlich konzentrierte sich die bolschewistische Agitation jetzt ganz auf die Parole, daß der Allrussische Kongreß in Gefahr sei. Trotzkij konnte auf diese Parole nicht verzichten, wenn sein Konzept der schleichenden Machtübernahme zum Erfolg führen sollte. Um jeden Preis, so erklärte er, müsse sichergestellt werden, daß die Deputierten ihre Bestimmung ungehindert erfüllen könnten, nämlich:

»Resolutionen anzunehmen über die Machtübergabe an den Allrussischen Sowjetkongreß, über den sofortigen Abschluß eines Waffenstillstands an allen Fronten und über die Übergabe allen Grund und Bodens an die Bauern.«[45]

Bis zur Eröffnungssitzung des Kongresses blieb das Verfahren gewahrt, die Organisation des Coup d'état durch die legalen Instanzen des Petrograder Sowjets sanktionieren zu lassen. Das zwang dazu, die dort geltenden Spielregeln nicht zu verletzen. Nicht Pressionen gegen die eigenen Genossen, den Aufstand zu beginnen, sondern die unablässige Steigerung der Autorität des Sowjets verbürgten den Erfolg. ›Aufstand als Kunst‹ bedeutete für Trotzkij, die Legalität des Sowjets als Kunst zu behandeln. Selbst einige Mitglieder des Militärkomitees mochten glauben, daß ihre Arbeit nicht dem Ziel eines Aufstandes diene, sondern allein dem Schutz des Kongresses und der Verteidigung der Garnison gegen konterrevolutionäre Pogrome. Noch am 24. Oktober wurden auf der Grundlage dieser Formel Verhandlungen mit den Sozialrevolutionären aufgenommen.[46]

Es ist bekannt, daß sogar Lenin sich von der Vernunft dieser Operation täuschen ließ. Er hat Trotzkij offenbar in diesen Tagen nicht verstanden. Die Machtergreifung an Beschlüsse des Kongresses zu binden, schien ihm ein unerträglicher Gedanke: »Warten bedeutet den Tod.« Für Lenin war der Kongreß nur dann von Interesse, wenn der Aufstand den Resolutionen zuvorkam, wenn die Funktion der Deputierten sich darauf beschränkte, dem bolschewistischen Sieg zu applaudieren. In äußerster Erregung schrieb er am Abend des 24. Oktober, kurz bevor er mit der Straßenbahn ins Smolnyj fuhr:

»Unter Aufbietung aller Kräfte bemühe ich mich, die Genossen davon zu überzeugen, daß jetzt alles an einem Haar hängt, daß auf der Tagesordnung Fragen stehen, die nicht durch Konferenzen, nicht durch Kongresse . . . entschieden werden, sondern ausschließlich durch die Völker, durch die Masse, durch den Kampf der bewaffneten Massen.«

Und er verlangte kategorisch, die Sache »um jeden Preis heute abend, heute nacht« zu entscheiden. [47] Viel blieb in dieser Hinsicht nicht zu tun. Die Provisorische Regierung führte nur mehr eine Scheinexistenz, faktisch war sie bereits entmachtet. Ihre Sicherheit beruhte auf einigen hundert Gewehren, ihre Hoffnungen auf der Fiktion, daß Hilfe im Anmarsch sei. Schon am 21. Oktober hatte der Petrograder Sowjet den Mechanismus der Wachablösung in Bewegung gebracht: Folgerichtig war damit begonnen worden, dem Militärstab der Regierung unter Oberst Polkovnikov ein Ultimatum zu stellen. Der Sowjet verlangte, die von ihm ernannten Kommissare anzuerkennen und alle militärischen Befehle durch das Revolutionäre Militärkomitee sanktionieren zu lassen. [48] Damit war die Kapitulation im Grunde schon diktiert. Sie wurde ausgelöst, als der Sowjet am 23. Oktober die alleinige Befehlsgewalt über die Garnison für sich in Anspruch nahm. Das Gros der Regimenter unterstellte sich dem Smolnyj, die Kosaken verhielten sich neutral; die Bürger der Hauptstadt wurden aufgefordert, absolute Ruhe und Selbstbeherrschung zu bewahren. [49]

Was nun noch kam, glich einer Polizeiaktion. Der Aufstand wurde nicht proklamiert, das ›bewaffnete Volk‹ nicht auf die Straßen gerufen, die Kampfkraft der Massen nicht auf die Probe gestellt. Das entscheidende Signal zur Machtübernahme gab die Regierung schließlich selbst, als sie am Morgen des 24. Oktober die bolschewistischen Druckereien zu schließen versuchte. Das Ende war trivial. Im Marientheater kam es zu makabren Szenen, als Kerenskij vor dem Rat der Republik berichten mußte, daß die Hauptstadt sich im Aufstand befinde. [50] Noch ehe am folgenden Tag Kronstädter Matrosen an Land gingen und der Kreuzer ›Aurora‹ seine Rohre schußfertig machte, hatten die Sieger ihren Sieg schon plakatiert:

»Die Provisorische Regierung ist gestürzt. Die Staatsmacht ist in die Hände des . . . Revolutionären Militärkomitees übergegangen, das an der Spitze des Petrograder Proletariats und der Petrograder Garnison steht.« [51]

Die martialischen Sujets, die der 25. Oktober hinterließ, werden dem Entschluß des Ministerkabinetts verdankt, auch ohne den Premier im Malachitsaal des Winterpalais sitzen zu bleiben.

Zweifellos war der Sturz Kerenskijs ein glänzender Erfolg der von Trotzkij entwickelten Technik der Machteroberung. Aber gerade die Leichtigkeit, mit der dies geschah, weist über das bloß Technische hinaus. Die Garnisonsregimenter, die den bolschewistischen Parolen folgten, waren kein Potential, das militärische Belastungen auszuhalten fähig gewesen wäre. Auch an der Kampffähigkeit der Arbeitermiliz und der Roten Garden mochte sich zweifeln lassen. Es zeigte sich, daß der Grund des Erfolgs nicht in den militärischen Mitteln lag, die das Revolutionäre Militärkomitee zur Verfügung hatte. Der Machtwechsel in Petrograd war vielmehr Ergebnis eines Sieges, den die Bolschewiki zuvor auf *politischem* Feld errungen hatten, auf dem Boden jener Rätedemokratie, deren Prinzipien sie negierten und deren Apparat sie nicht entbehren konnten. [52] Erst die Eroberung des Petrograder Sowjets hatte die Organisation des Coup d'état möglich gemacht. Der Gegner konnte entwaffnet werden, weil er politisch schon entwaffnet war. Umgekehrt ließ sich die Macht nicht behaupten, wenn sie sich politisch nicht sichern ließ. Die Kunst des Aufstands war das Produkt politischer Kunst, das Resultat einer Politik, deren plebiszitärer Grundzug schwerlich angefochten werden kann. Noch in letzter Stunde hatten selbst die Menschewiki und Sozialrevolutionäre nach bolschewistischen Formeln gegriffen, um dem Fatum zu entkommen, zwischen der Scylla der Konterrevolution und der Charybdis einer bolschewistischen Diktatur erdrückt zu werden. Waffenstillstand und Landaufteilung: Gegenüber diesem Sofortprogramm gab es im Oktober keine politische Alternative mehr, die glaubwürdig hätte werden können. In dieser Tatsache lag eine zwingende Gewalt. Nicht nur die Provisorische Regierung, auch die Rätedemokratie ist an ihr zugrunde gegangen.

9

Demokratie und Revolution

Zur politischen Bilanz der Oktoberrevolution in Rußland gehört das Scheitern der parlamentarischen Demokratie, noch ehe diese Staatsform ihre Institutionen hatte ausbilden können. Was in der Februarrevolution angelegt schien, kam nun nicht mehr auf. Das demokratische Experiment, das in einer Allrussischen Verfassunggebenden Versammlung hätte Halt finden sollen, wurde von der bolschewistischen Parteiherrschaft abgelöst, und die Sieger versprachen, in der neubegründeten Sozialistischen Sowjetrepublik die Diktatur des Proletariats zu exekutieren. Es ist oft gefragt worden, ob dieser Fehlschlag der Demokratie für folgerichtig oder gar für unvermeidlich gelten müsse, ob, anders gesagt, der Erfolg der Bolschewiki dafür spreche, daß Rußland aufgrund seiner sozialen und politischen Unterentwicklung den demokratischen Verfassungsmodellen Westeuropas, die 1917 hatten eingerichtet werden sollen, nicht gewachsen gewesen sei. [1]

Zu einer sicheren Antwort kommt man nicht leicht. Was sich sagen läßt, leidet darunter, daß die Probe aufs Exempel unter den extremen Bedingungen einer Ausnahmesituation angestellt werden mußte, in einer Zeit des Krieges, in der nicht nur die politische Ordnung, sondern die soziale Welt im ganzen in Revolution befindlich war. Nach allem, was wir von der Vorgeschichte wissen, können die Entwicklungschancen für eine Demokratie bürgerlichen Zuschnitts in Rußland nicht groß gewesen sein. Die ›bürgerlichen‹ Kräfte in diesem Land versammelten nur einen kleinen Partikel der Nation. Auch unter normaleren Verhältnissen, als sie nach dem Zusammenbruch des alten Regimes gegeben waren, hätte sich eine demokratisch-parlamentarische Verfassung nicht automatisch funktionsfähig machen lassen. Seit den Februarereignissen aber dominierte die Revolution, das schlechthin Anormale. Die dünnen Schichten der Gesellschaft, deren politische Überzeugungen dem westeuropäischen Demokratiebegriff nahegekommen waren, hatten einen möglichst schmerzlosen, geräuscharmen Kabinettswechsel erhofft, der die Regierung in die Hand der Duma bringen sollte. Statt dessen fanden sie sich nach dem Sturz der Monarchie dazu gedrängt, über ihre eigenen Voraussetzungen hinauszugehen. Was dieser Entwicklung zugrunde lag, war die massive Intervention breitester Bevölkerungsschichten in die Politik. [2] Diese Einmischung hat viele Konzepte zunichte gemacht. Es hatte sich gezeigt, daß die Revolution als Massenerscheinung nicht nur die Selbstherrschaft des Zaren rasch überholte, sondern auch die Möglichkeiten einer konstitutionellen Monarchie zerschlug, jener Zwischenform, in der der russische Liberalismus die politische Freiheit hatte bergen wollen. Die politische Gesellschaft der Zarenzeit wurde unvermittelt gezwungen, demokratische Politik zu praktizieren, deren Maßstäbe und Begriffe nicht die eigenen waren. Ihre soziale Basis war zu schmal, um den gewaltigen Emanzipationsprozeß freigesetzter Bevölkerung politisch zu integrieren und ihn an Institutionen zu binden, die erst noch geschaffen werden mußten. Die Revolution, derer es bedurfte, um mit dem Aufbau demokratisch-parlamentarischer Einrichtungen beginnen zu können, besaß eine Dynamik, die sich jeglicher Konsolidierung entzog. In der Konfrontation zwischen der Provisorischen Regierung und den Räteorganen ist dieses Dilemma von Beginn an abgebildet gewesen.

Man könnte einer so pessimistischen Beurteilung widersprechen und darauf verweisen, daß doch auch beträchtliche Kräfte der Rätebewegung, Sozialrevolutionäre und menschewistische Sozialdemokraten, die Integration der Demokratie in einer parlamentarischen Republik bejahten. Die Mehrzahl der politisch organisierten Sozialisten wollte im Frühjahr und Sommer 1917 die Republik – das gleiche, was den Liberalen seit der Februarrevolution zu wünschen übrig geblieben war. Die Forderung, die großen Entscheidungen der Revolution nicht auf der Straße, sondern in der Allrussischen Konstituante zu suchen, wurde von der Regierung und von der Rätemehrheit, vom liberalen und vom sozialistischen Lager, wie es schien, in gleicher Weise geteilt. In der Tat hat der allgemeine Ruf nach der Verfassunggebenden Versammlung zur Hoffnung Anlaß gegeben, daß hier, über alle Gegensätze hinweg, eine Plattform gefunden sei, auf der die russische Demokratie dauerhaft gegründet werden könne. Man wird indessen nicht übersehen dürfen, daß die Motive derer, die da riefen, höchst unterschiedlich waren. Der demokratische Konsens, der hier angelegt sein mochte, war nicht belastungsfähig. Die Provisorische Regierung – in allen Phasen ihrer Existenz und wechselnden Zusammensetzung – sah sich, indem sie auf die kommende Konstituante verwies, in ihrer Vorläufigkeit einstweilen legitimiert. Sie hatte indessen von sich aus wenig Anlaß, diese Versammlung herbeizuwünschen. Solange das gewählte Parlament noch nicht verfügbar war, konnte die Regierung ihre begrenzte Handlungsfähigkeit immer wieder mit dem Argument verdecken, daß die Lebensfragen der Nation vertagt bleiben müßten, bis der künftige Souverän, die Konstituierende Versammlung, darüber befinde. [3]

Nicht nur mangelnde Entschlußkraft war es, die sich dergestalt ein Alibi schuf, auch das schiere Unvermögen, umfassende Reformen unter dem Gesetz des Krieges durchzuführen, wurde auf diese Weise tabuisiert. Solange die Kriegführung Priorität besaß, konnte der Regierung an der Konstituante nicht viel gelegen sein. Die wiederholte Verschiebung des Wahltermins mag von hier aus verständlich werden. Keine Notstandsregierung sehnt sich nach einem demokratischen Parlament. Vor allem Kerenskij mußte darauf sehen, die ihm zugewachsenen Vollmachten der parlamentarischen Legitimitätsprüfung tunlichst zu entziehen. Was ihm, der Rußland in der Kriegsallianz festhalten wollte, vonnöten schien, war öffentliche Akklamation, nicht parlamentarische Kontrolle. So hat der Ministerpräsident, um die sich verschlimmernde Krise zu stabilisieren, sein akklamierendes Publikum nicht in der demokratisch gewählten Nationalversammlung, sondern in pseudoparlamentarischen Veranstaltungen gesucht, von der Erwartung erfüllt, den Anhang, der ihm in den Räten verlorengegangen war, auf solche Weise wiederherzustellen. Zwischen August und Oktober wurde dieses Verfahren vielfältig ausprobiert: in der Moskauer Staatskonferenz, in der Demokratischen Konferenz, im sogenannten Vorparlament, im Rat der Republik. Auch die förmliche Auflösung der alten Reichsduma am 1. September, deren Komitee bisher an dem Rechtsanspruch festgehalten hatte, bis zur Einberufung der Konstituante die oberste Instanz im Reiche zu sein, und die nachfolgende Proklamation der Republik Rußland standen in diesem Zusammenhang.[4] Es ging darum, sich auf Zwischenschritte zu beschränken und dem entscheidenden letzten Schritt vorerst noch zu entkommen. Die Mehrheit der Sozialrevolutionäre und der Menschewiki ist auf diesem Weg mitgegangen. Der Krieg, der blieb, erklärt das Zögern.

Wer der Meinung ist, daß die Verzögerung der Wahlen ein verhängnisvoller Fehler war, der am Scheitern des demokratischen Experiments in Rußland großen Anteil hat, darf die politische Zwangslage der Regierung nicht übersehen. Wie die Dinge lagen, hätte die Verfassunggebende Versammlung, wäre sie zustande gekommen, eine Fülle schwierigster Fragen nicht vor sich herschieben können, sondern sie unverzüglich beantworten müssen: Die verfassungsrechtliche Einordnung der Räteorgane in den neuen Staatszusammenhang gehörte dazu, vor allem aber die große Landreform und die föderative Umbildung des Russischen Reichs in einen multinationalen Bundesstaat. Namentlich von den beiden letztgenannten Entscheidungen waren weitergehende Folgen zu erwarten. Was Rußland ohnedies kaum noch vermochte, nämlich: in der Kriegsallianz gegen Deutschland festzustehen, wäre dann vollends fragwürdig geworden. Es mußte damit gerechnet werden, daß der Preis für die Reform gleichbedeutend sein würde mit dem separaten Ausscheiden Rußlands aus dem Krieg, mit der Aussicht, weite Gebiete des Reiches einschließlich Polens dem Feind überlassen zu müssen. In dieser Perspektive lag eine Konsequenz, die niemand, außer den Bolschewiki, verantworten wollte. Als Kerenskij schließlich von der Bühne abtrat, war als vorläufig letzter Termin für die mehrfach angekündigten Wahlen der 12. (25.) November 1917 genannt. Bekanntlich hat die bolschewistische Machtergreifung in Petrograd dieses Datum eingeholt.

Von jeher hatte die Agitation der Bolschewiki in dem Attentismus der Regierung, der ebenso verständlich wie gefährlich war, einen wirkungsvollen Ansatz gefunden, um die offizielle Politik der bewußten Täuschung und Unterdrückung des Volkswillens zu zeihen. Damit ergab sich die paradoxe Situation, daß gerade *die* Partei, die den Parlamentarismus aus prinzipiellen Gründen als reaktionär verwarf, Anklage gegen jene Republikaner erhob, die es nicht auf sich nehmen wollten, das Schicksal Rußlands in die Hände eines demokratischen Parlaments zu legen, solange die Kriegs- und Krisenzeit nicht überwunden war.

Es versteht sich, daß Lenin nach dem Sturz der Provisorischen Regierung die Konstitutionelle Versammlung nicht länger haben wollte. Aber auch er hat, im Augenblick des bolschewistischen Sieges in Petrograd, dem Umstand Rechnung tragen müssen, daß, gegen das bisher ausgebliebene Parlament zu sprechen, vorderhand nicht ratsam war. So ließ er am Tage nach der Machtergreifung öffentlich erklären, daß die neue Regierung ein Provisorium sei. Auch das gestürzte Regime hatte diese Formel gebraucht. Der Rat der Volkskommissare sei – so hieß es – eine »Provisorische Arbeiter- und Bauernregierung«, er habe die Verwaltung des Landes lediglich »bis zur Einberufung der Konstituierenden Versammlung« übernommen, die endgültige Beschlußfassung über die Dekrete der neuen Regierung werde eben dieser Versammlung vorbehalten sein. [5] Gewiß war diese Zusage nicht dafür gemacht, je eingelöst zu werden. Aber die taktische Camouflage der bolschewistischen Revolutionspolitik zeigte doch an, daß die demokratischen und parlamentarischen Sympathien in weiten Teilen der Bevölkerung noch immer als beträchtlich galten. Auch die Bolschewiki scheuten jede Belastung ihrer noch ungefestigten Machtposition. Dieses Faktum ist schließlich durch die Entscheidung des bolschewistischen Zentralkomitees bekräftigt worden, den von Kerenskij benannten Wahltermin nicht nochmals aufzuschieben.

So wurden denn, auch im Machtbereich der Bolschewiki, drei Wochen nach dem Roten Oktober die Wahlen zur Konstituante im wesentlichen unbehindert durchgeführt, die ersten (und letzten) allgemeinen, gleichen, direkten und geheimen Wahlen, die es in Rußland je gegeben hat. Kein Zweifel, daß der ganze Kasus denen, die die Wahl geschehen ließen, zutiefst zuwider war. Schon am 17. (30.) November hieß es in der ›Pravda‹, daß die Konstituante nur eine Aufgabe hätte: die Republik der Arbeiter-, Soldaten- und Bauerndeputierten zu proklamieren und sich dann selber aufzulösen. Im Laufe des Propagandafeldzugs, der nun folgte, kündigte Lenin »die allerenergischsten, raschesten, festesten und entschiedensten Maßnahmen« an, falls die Konstituante »die Sowjetmacht, die Sowjetrevolution« nicht vorbehaltlos anerkenne. [6] In der Tat hatte das Bekanntwerden der Wahlresultate den Widerwillen der Bolschewiki beträchtlich gesteigert. Wer die Zahlen betrachtet, mag das verständlich finden.

Das Ergebnis sprach dafür, daß der Volkswille, der sich hier kund-
tat, für die parlamentarische Republik votierte oder jedenfalls doch
gegen die Alleinherrschaft der Sieger von Petrograd. Rechnet man die
ukrainischen Wahldistrikte hinzu, dann hatte mehr als die Hälfte
aller Wähler, hatten mehr als 20 Millionen, ihre Stimme den Sozialrevolutionären gegeben, nur etwa 1,3 Millionen unterschrieben die
Liste der Menschewiki, fast 2 Millionen die der Konstitutionellen
Demokraten. [7] Die Bolschewiki, die ungemein kräftig geworden waren,
boten demgegenüber zwar nahezu 10 Millionen Wähler auf, doch
zeigte auch die Verteilung der Sitze, daß eine Regierung aus der Mitte
der Verfassunggebenden Versammlung eine breite Majorität gegen
die starke parlamentarische Opposition der bolschewistischen Partei
hätte finden können. 370 Sozialrevolutionäre, mit den kleinen Fraktionen der Menschewiki und der Kadetten verbunden und von den
nichtrussischen Abgeordneten unterstützt, mochten imstande sein, einen
stattlichen Mehrheitsblock von etwa 480 Abgeordneten gegen die 175
bolschewistischen Vertreter und gegen die mit ihnen gehenden Linken
Sozialrevolutionäre zu bilden. Hat Lenin also, indem er am 6. (19.)
Januar 1918 die im Taurischen Palais tagende Konstituante durch ein
Matrosendetachement nach Hause schicken ließ, [8] sich über den Volkswillen, wie es hieß, brutal hinweggesetzt?

Die Bolschewiki beantworteten diese Frage, wie sich denken läßt,
mit einem glatten Nein. Sie unterstellten, daß die Versammlung die
wahre Stimmung der Massen nicht spiegele: Die Wahlergebnisse, aufgrund von Listen erzielt, die noch vor der Oktoberrevolution aufge-
stellt worden waren, ergäben ein verzerrtes Bild. Im übrigen sei die
Geschichte, so wurde erklärt, mit dem Sieg der Sowjetmacht über diese
Zahlen längst hinweggegangen. Ganz unfundiert waren diese Behauptungen nicht, was nicht heißen soll, Lenin hätte je danach gestrebt, sich
einer neuen Wahl zu stellen. Der Versuch, zu einer Bewertung der Ergebnisse zu kommen, muß in Betracht ziehen, daß Rußland sich zu
diesem Zeitpunkt in vollem Umbruch, in heller Auflösung und Um-
orientierung befunden hat. Die neuen Fronten, die sich nach dem
bolschewistischen Staatsstreich bilden sollten, hatten sich im Lande
draußen noch kaum formiert. Die Masse der bäuerlichen Wähler, die
den Sozialrevolutionären ihre Stimme gab, entschied sich für eine
Partei, deren aktivistischer Teil, die Linken Sozialrevolutionäre, inzwischen zur Sowjetregierung übergegangen war, ohne daß dies im
Abstimmungsergebnis oder in der Mandatsverteilung entsprechend
zum Ausdruck hätte kommen können. Keinesfalls wird man sagen
dürfen, daß sich die ländliche Bevölkerung mit ihrer Stimme *gegen* die
im Oktober geschaffenen Fakten entschied. Noch weniger war das
Ergebnis ein Plädoyer für Kerenskij zu nennen. Auch für oder gegen
eine Räterepublik war nichts gesagt. Für solche Entscheidungen fehlten
in vielen bäuerlichen Gebieten die elementarsten Voraussetzungen. Die

sich überstürzenden Ereignisse, die agitatorische Verschleierung der politischen Ziele auf allen Seiten, schließlich: die herrschende Apathie und Orientierungslosigkeit, in der sich das Land damals befand – all das hat es zu politischen Voten nicht kommen lassen, die in mehr als formalem Sinn verwendbar gewesen wären. Die Wahl blieb eine Momentaufnahme ohne Konsistenz.

Aussagekraft hatten die Resultate allenfalls in den Städten und in der Armee. Hier waren die politischen Fronten am deutlichsten zu sehen: In der bemerkenswerten Anhängerschaft der liberalen Kadettenpartei, die nun auch konservative Schichten an sich zog, offenbarte sich die Konsolidierung des bürgerlichen Lagers, das seit der Kornilov-Revolte an Kerenskij kein Gefallen mehr gefunden hatte. Zugleich aber wurde sichtbar, daß die Bolschewiki die Masse der Arbeiterschaft und des Soldatenvolks für sich gewonnen hatten und daß andererseits die Wählerschaft der sozialdemokratischen Menschewiki auf ihren traditionellen Anhang zusammengeschmolzen war, ohne daß begründete Aussicht bestand, gegenüber den Bolschewiki jemals wieder konkurrenzfähig zu werden. Die detaillierte Wahlanalyse des amerikanischen Historikers O. H. Radkey hat eindrücklich belegt, daß sich der bolschewistische Einfluß mit den von der Front zurückkehrenden Soldaten auch auf die ländlichen Bezirke rasch übertrug. Gegen die Wirkung, die von den verkündeten Sofortmaßnahmen ausging, von dem bolschewistischen Friedensdekret und der allgemeinen Landverteilung, wollte offenbar kein Kraut mehr wachsen. Die Sozialrevolutionäre zogen nach wie vor die größten Massen auf ihren Listen zusammen, doch das war ein fluktuierender Anhang, der sich gegen ein ebenso massenhaftes Auseinanderfließen nicht versichern ließ. [9] Der Kernbestand dieser Richtung, der nicht nur auf Wahlzetteln, sondern auch im politischen Kampf mobilisierbar war, mochte ungleich geringer sein als bei den Bolschewiki.

Tatsächlich hat sich, als Lenin die Konstituierende Versammlung zu sprengen befahl, außer papierenen Protesten kein aktiver Widerstand gesammelt, um das demokratische Parlament gegen seine Feinde zu schützen. Die Polizeiaktion der Bolschewiki gegen die Konstituante eröffnete nicht den Bürgerkrieg, den manche für diesen Fall schon prognostiziert hatten. Offensichtlich war, als es zum Schwur kam, der Ruf nach der parlamentarischen Repräsentanz des Volkes für die große Mehrheit der Bevölkerung bereits zu einer Leerformel geworden. Der Kampf um die politische Macht konnte durch Stimmscheine und komplizierte Wahlverfahren nicht mehr entschieden werden. Die revolutionäre Situation, in der sich Rußland damals befand, bot dem parlamentarischen Demokratieverständnis keine Chance mehr. Wer weitergehende Folgerungen ziehen will, wird gut tun, mit Werturteilen behutsam zu sein. Bekanntlich sind die Modelle des Parlamentarismus in der Nachkriegszeit weit über Rußland hinaus, ja über Europa hin, problematisch geworden, überall dort zumal, wo der Ausgang des Krieges die parlamentarische Demokratie erstmals etabliert hatte.

Zur Bilanz der Oktoberrevolution gehört aber noch ein zweites, wichtiges Faktum verfassungspolitischer Art: nicht nur der Fehlschlag der bürgerlich-demokratischen Ansätze, sondern auch der Zerfall jenes eigentümlichen Parlamentarismus, der sich seit den Februartagen in der Rätebewegung ausgebildet hatte. Die Rätedemokratie, in der die politischen Parteien des sozialistischen Lagers beieinander waren, hat die bolschewistische Machtergreifung nicht überlebt. Freilich wird man auch hier den Sachverhalt genauer prüfen müssen. Nach dem Sturz des Zaren waren, wie schon berichtet, die Arbeiter- und Soldatenräte, wenig später dann auch spezifische Bauernräte *neben* die überkommenen staatlichen Institutionen getreten. Sie repräsentierten eine Form proletarischer, militärischer und kleinbäuerlicher Selbstverwaltung, zu der allein die bürgerlichen Klassen keinen Zutritt haben sollten. Als organisierter Ausdruck der ›revolutionären Demokratie‹, einer direkten Demokratie des arbeitenden Volkes, wollten die Räteorgane verstanden sein. In Zentralen Exekutivkomitees und in den Allrussischen Rätekongressen hatten sich über die lokale Sphäre hinaus gesamtstaatliche Repräsentativorgane ausgebildet, Deputiertenversammlungen, deren Funktionsweise durchaus parlamentarischen Charakter hatte. Es war kennzeichnend für die Haltung der Sozialrevolutionäre und der Menschewiki gewesen, daß sie keineswegs daran dachten, den Räteorganismus an die Stelle des Staates zu setzen, es kam ihnen vielmehr darauf an, die Selbstverwaltung der arbeitenden Klassen in die Verfassung der erstrebten parlamentarischen Demokratie einzubauen, auf daß die Masse des Volkes eine feste, auch institutionell verankerte Gesamtvertretung hätte, abgetrennt von der Bourgeoisie und mit der Aufgabe befaßt, die Staatsregierung von den Räten her zusätzlich zu kontrollieren. [10]

Lenin war schon in seinen Aprilthesen über dieses Modell hinausgegangen. Die bolschewistische Losung ›Alle Macht den Räten‹ implizierte, daß hier kein Nebenstaat, sondern eine *neue* Staatsform vorgebildet sei, die im Weitertreiben der Revolution den bürgerlichen Klassenstaat zerschlagen und ersetzen müsse. Der Sowjetstaat, ein Kommunestaat, wie Lenin ihn nannte, verwirkliche die Diktatur des Proletariats und jener ärmsten Schichten der Bauernschaft, die es an die Seite der Arbeiterklasse zu ziehen gelte. Um das zuwege zu bringen, mußten diese bäuerlichen Massen dem Einfluß der kleinbürgerlichen Pseudosozialisten und damit dem Einfluß der Bourgeoisie entrissen werden. Indem die Sowjetmacht an die Stelle der bürgerlichen Staatsmacht trete, bilde sich aus, was Lenin als staatliche Übergangsform auf dem Weg vom Kapitalismus zum Sozialismus bezeichnet hat. Es kam darauf an, die Räte in diesem Sinne ›umzufunktionieren‹, und das hieß zugleich, daß sie von jenen Kräften freigemacht, gesäubert werden mußten, die – wie das Gros der Sozialrevolutionäre und der Menschewiki – am Modell der parlamentarischen Demokratie festhielten und sich weigerten, für Rußland an Stelle einer demokratischen Republik die sozialistische Räterepublik zu akzeptieren. Insofern hat Lenin in der Tat den demokratischen Konsensus der in den Räten wirkenden Parteien aufgesprengt. Die Sowjetrepublik war für ihn nur sinnvoll, wenn sich in dieser staatlichen Form proletarischer Diktatur die politische Führung der bolschewistischen Partei aussprach.

Wie man weiß, hat es in der bolschewistischen Partei Kräfte gegeben, die mit der von Lenin geforderten Sowjetmacht andere Vorstellungen verbanden. Hier wurde, etwa von Kamenev und Zinov'ev, der Übergang der Staatsmacht an die Räte zwar nicht abgelehnt, wohl aber ließ man davon ab, die Rätedemokratie, von der auch Lenin sprach, durch die politische Diktatur einer Partei substituiert zu sehen. Auch diese Gruppe war natürlich darauf aus, die eigene Partei an die Macht zu bringen. Aber die Macht sollte nicht aus der direkten Aktion, nicht aus dem bewaffneten Aufstand kommen, sie sollte auch nicht den Räten auferlegt werden, sondern in ihrer Legitimation an die Mehrheitsentscheidungen der Rätedemokratie gebunden sein. Politische Opposition, vertreten durch politische Parteien, wurde für ein integrierendes Element dieser Rätedemokratie gehalten. [11]

Freilich, auch dem Leninschen Modell war der Gedanke nicht fremd, daß in der Sowjetrepublik der politische Kampf nicht schlechterdings schon aufgehoben sei. Doch sollte ein solcher Widerstand sich in den Räten, in den neuen Staatsorganen, nicht organisieren oder jedenfalls doch nicht halten dürfen. Da die Räte mit dem neuen Staat identisch waren, da mithin jede Trennung der Gewalten aufgehoben blieb, mochte es tatsächlich schwer sein, politische Opposition hier noch unterzubringen. Wer sich nicht bekehrte, sich nicht auf den Standpunkt des Proletariats bringen ließ, der in der bolschewistischen Partei als der Avantgarde dieser Klasse inkarniert war, der hatte auszuscheiden, der wurde den Klassenfeinden zugezählt. Und Klassenfeinde zu tolerieren, durfte nicht gestattet sein. Die Schärfe dieser Meinungsdifferenz war in den Diskussionen des bolschewistischen Zentralkomitees um die Räson des bewaffneten Aufstands zum Ausdruck gekommen. Lenins Opponenten wollten das Mandat der Rätedemokratie als Quelle für die politische Macht ihrer Partei; für Lenin dagegen war es die faktische Macht der Partei, die die Räteorgane in ihrer neuen staatlichen Funktion mit dem Willen der Massen in Einklang zu bringen hatte.

Der bolschewistische Coup d'état in Petrograd hat dieses Problem nicht aufgehoben, sondern aktualisiert. Der Zweite Allrussische Rätekongreß der Arbeiter- und Soldatendeputierten wurde bekanntlich nicht damit befaßt, die Absetzung der Provisorischen Regierung zu beschließen, sondern er wurde um die Billigung von Tatsachen ersucht, die der Aufstand des Petrograder Sowjets unter Leitung der Bolschewiki bereits geschaffen hatte. Angesichts der Kräfteverhältnisse auf diesem gesamtrussischen Kongreß ging es in erster Linie nicht mehr darum, für die Anträge der Bolschewiki eine Mehrheit zu finden, die das, was zuvor geschehen war, durch Abstimmung sanktionieren würde. Zusammen mit den Linken Sozialrevolutionären besaß die Partei Lenins in der Tat die dafür erforderliche Majorität; die alte Räteexekutive hatte von den rund 650 Deputierten kaum noch 100 Leute hinter sich. Die heillose Zersplitterung und Schrumpfung des menschewistischen und des sozialrevolutionären Lagers wurde evident. Worum es ging, war die Frage, ob diese politischen Minderheiten in der neuen Sowjetrepublik toleriert werden sollten, oder ob für sie zutreffe, was Trotzkij ihnen entgegenrief: ».. . armselige Einzelgänger und Bankrotteure«, deren Platz »der Kehrichthaufen der Geschichte« sei. [12]

Die dezimierten Fraktionen der Menschewiki und Sozialrevolutionäre, an ihrer Spitze die prominenten Politiker der alten Rätedemokratie, hatten den Kongreß unter schärfstem Protest verlassen; mit Entschiedenheit wandten sie sich gegen die bolschewistische Machtergreifung, die »hinter dem Rücken aller anderen, in den Räten repräsentierten Parteien angezettelt« worden sei: ein »Verbrechen gegen das Vaterland und gegen die Revolution«, das darauf hinauslaufe, die gesamte Sowjetorganisation zu zerschlagen, eine militärische Verschwörung, die den Plan einer Konstituierenden Versammlung vereitele, die Gefahr einer militärischen Katastrophe heraufbeschwöre, der Konterrevolution zum Sieg verhelfe. Die Gegensätze hatten sich, wie man sieht, längst zu prinzipieller Feindschaft gesteigert. Im Kongreßsaal blieben die Bolschewiki und die Linken Sozialrevolutionäre zurück, um die ihnen vorgelegten Dekrete des Rats der Volkskommissare diskussionslos zu konfirmieren. Am 27. Oktober (9. November) hieß es in der von Maxim Gor'kij herausgegebenen Zeitung ›Novaja Žizn'‹, daß der bolschewistische Staatsstreich das »Parlament der revolutionären Demokratie« in einen Apparat verwandelt habe, »der mechanisch mit seinem Stempel den Direktiven des bolschewistischen Zentralkomitees die allgemeine Billigung verlieh.« [13] Nicht nur die sogenannten Rechten Sozialrevolutionäre und die Menschewiki, die nun ein »Allrussisches Komitee zur Rettung des Vaterlands und der Revolution« begründeten – eine Art Gegenregierung, die kraftlos blieb – hatten sich dem bolschewistischen Ansinnen widersetzt, den Siegern von Petrograd zu applaudieren. [14] Auch zu jenen sozialistischen Fraktionen und Gruppen, die für eine Sowjetregierung zu gewinnen gewesen wären, wurden nun die Brücken abgebrochen.

Ohne Zweifel hätte die Bereitschaft Lenins, statt des rein bolschewistischen Rats der Volkskommissare eine sozialistische Koalitionsregierung zu bilden und die Rätedemokratie unversehrt zu lassen, manche Empörung abgebaut. Auch im bolschewistischen Zentralkomitee erhoben sich Stimmen, denen aus politischer Opportunität, aber auch aus prinzipiellen Gründen, an einer Verbreiterung der politischen Basis des neuen Regimes gelegen war. Nur widerstrebend haben Lenin und Trotzkij dieser Richtung nachgegeben und Verhandlungen mit nichtbolschewistischen Gruppen, vor allem mit dem starken Allrussischen Eisenbahnerverband, um eine Mehrparteienregierung zugelassen. [15] Was dabei herauskam, beschränkte sich, Ende November, schließlich auf einen Koalitionsversuch mit den Linken Sozialrevolutionären, die schon auf dem Rätekongreß mit den Bolschewiki zusammengegangen waren. Aber selbst dieses Experiment, das einige sozialrevolutionäre Volkskommissare in die Regierung brachte und der bolschewistischen Partei die Möglichkeit gab, die ihr noch immer feindliche Front der Bauernräte endgültig aufzubrechen – selbst dieser begrenzte Versuch, die Rätedemokratie in der politischen Partnerschaft gleichberechtigter Parteien fortzuführen, hat das Frühjahr 1918, konkret: den Friedensschluß von Brest-Litovsk, nicht überlebt. [16] Dann wurden selbst die, die mit den Bolschewiki ein gutes Stück zusammengegangen waren, als sowjetfeindliche, als konterrevolutionäre Kräfte aus der neuen Sowjetrepublik ausgestoßen. Überall zeigte es sich, daß die im Oktober etablierte Diktatur darauf aus war, jegliche politische Opposition auf dem Boden der zu Staatsorganen umgestülpten Räte als Verrat an der Revolution zu disqualifizieren und, sobald es irgend ging, diese »Herde der Konterrevolution« gewaltsam auszutreten.

Man muß fragen, worauf Lenin und sein Kreis in dieser Zeit des Umbruchs die eigene Macht gegründet haben, unter Verhältnissen, die doch nur zu einem höchst geringen Teil von den Bolschewiki selbst geschaffen worden waren. Es wäre zweifellos zu kurz gedacht, wenn man sagen wollte, die Oktoberrevolutionäre hätten sich allein durch Bajonette, durch handgreiflichen Zwang, durch ein System des nackten Terrors an der Macht gehalten und diese Macht von Petrograd aus in kurzer Zeit auf weite Gebiete des Landes ausgedehnt. Ohne Zweifel hat die brachiale Gewaltsamkeit, die wegzureden ganz absurd wäre, die Behauptung und Durchsetzung der bolschewistischen Revolution gefördert. [17] Aber sie erklärt das Faktum ihres Sieges nicht. Das Geheimnis des Erfolgs lag vielmehr in einer Politik, die es verstand, organisierte Gegnerschaft zu isolieren, ihr den Weg zu den breiten Schichten der Bevölkerung abzuschneiden und die Erwartungen nicht nur der Arbeiterschaft und der Soldaten, sondern auch und gerade die der bäuerlichen Massen an das zu binden, was diese Politik tatsächlich unternahm. Bezeichnend war, daß sich Lenin nicht damit aufhielt, die breite Öffentlichkeit mit einem Programm zu konfrontieren, das spezifisch bolschewistische Züge getragen hätte. Die großen politischen Entscheidungen des Rats der Volkskommissare hatten keine parteigebundene, sondern plebiszitäre Qualität. Man setzte nun sofort in Kraft, was die Parteien der Rätedemokratie seit Februar 1917 in ihren

Manifesten und Programmen vor sich hergetragen hatten, ohne mächtig gewesen zu sein, diese Vorhaben und Versprechungen einzulösen. Das berühmte Dekret über Grund und Boden,[18] das der Rätekongreß am 26. Oktober bestätigt hatte, legalisierte im buchstäblichen Sinn eine Instruktion des sozialrevolutionären Bauernkongresses vom August 1917, ein Projekt, das damals auf dem Papier geblieben war: die große Agrarreform, die Enteignung des privaten Grundbesitzes einschließlich des Kloster- und Kirchenlandes, die große, faktisch schon in Gang gekommene Umverteilung des Bodens an die Dorfgemeinden und Bauernwirtschaften. Für das bolschewistische Dekret über den Frieden, das wirkungskräftigste Dokument dieser Zeit, galt das gleiche.[18] Es nahm die alten Formeln des demokratischen Völkerfriedens auf: Friede ohne Annexionen und Kontributionen, Abschaffung der Geheimdiplomatie, Selbstbestimmungsrecht für alle Nationen und Völkerschaften – nichts widersprach hier dem, was zwischen Februar und Oktober nicht wieder und wieder in den Friedenserklärungen der Räteexekutive gestanden hätte, was nicht geeignet gewesen wäre, überall eine breite Resonanz zu finden. Von Demokratie, nicht von proletarischer Diktatur, nicht von Bolschewismus war hier die Rede; spezifisch bolschewistische Postulate fehlten ganz und gar, die Begriffe Sozialismus, Weltrevolution, ›Bürgerkrieg gegen den Imperialismus‹ und so fort, fanden sich nicht. Neu allerdings war der Vorschlag, mit Waffenstillstands- und Friedensverhandlungen *sofort* zu beginnen, und neu war, daß hinter diesem Vorschlag der feste Wille stand, Rußland tatsächlich aus dem Krieg zu ziehen. Lenin konnte, wie man sieht, den Konsensus mit den politisch organisierten Kräften der alten Rätedemokratie entbehren, weil er zu tun wagte, was in dieser Zeit notwendig geworden war.

10

Die Anfänge der Sowjetmacht

Die Macht der bolschewistischen Partei im Spätherbst und Winter 1917 war nicht groß.[1] Ihre Stärke beruhte darauf, daß es keine anderen organisierten Kräfte gab, die mit ihr hätten konkurrieren können. Niemand wußte indessen besser als Lenin und sein Kreis, daß mit dem Sturz der Provisorischen Regierung, mit der Auflösung der Konstituante, mit der Umfunktionierung der überkommenen Rätedemokratie noch nichts gewonnen war. Der den Bolschewiki zugefallene Sieg mußte auf politischem Feld gesichert werden. Das war leichter gesagt als getan. Es liegt auf der Hand, daß der Handlungsspielraum dieser Politik anfänglich überaus gering gewesen ist. Da alles darauf ankam, die errungene Macht zu stabilisieren, gab es für die Entscheidungen, die zu treffen waren, keine Alternativen von Gewicht. Die ersten Dekrete der neuen Sowjetregierung zeigten an, daß die Partei dem Lande nichts verordnen konnte und wollte, was den breiten Massen der Bevölkerung zuwider gewesen wäre. Im Gegenteil, hier wurde jener radikaldemokratischen Spontaneität nachgegeben, mit der die Arbeiterschaft, das Soldatenvolk und die bäuerlichen Unterschichten in die Revolution eingetreten waren, ohne ihre Erwartungen bisher erfüllt zu finden. Die bolschewistische Regierung ließ diesem weithin richtungslosen Drängen nach Veränderung freien Lauf. Es scheint, daß dies überhaupt die einzige Möglichkeit gewesen ist, um Resonanz zu finden und Gegnerschaft zu neutralisieren. So wurde die Landaufteilung legalisiert, in praxi eine wilde Agrarrevolution, die zu regulieren oder zu kontrollieren kein Volkskommissar in diesen Wochen fähig war. Das flache Land wurde einer Umwälzung überlassen, in deren Verlauf die letzten Reste der seit dem Februarumschwung noch verbliebenen Staatsautorität von selbst zum Einsturz kamen.[2] Ob in diesem ungeordneten, weithin chaotischen Prozeß die Autorität des neuen Sowjetstaates in Geltung zu bringen war, mußte vorerst eine offene Frage bleiben. Man konnte bestenfalls darauf dringen, die Umgestaltung Schritt für Schritt in eine bestimmte Richtung zu lenken und die lokalen Räte als Instrumente der Disziplinierung verwendungsfähig zu machen.

Ein ganz ähnlicher Ansatz wie auf dem Lande ist im industriellen Bereich gegenüber der Arbeiterschaft erkennbar geworden.[3] Auch hier ging die Freisetzung revolutionärer Spontaneität allem anderen voran. In der Industrie hat das Dekret über die Arbeiterkontrolle vom 14. (27.) November den seit Februar bestehenden Fabrikkomitees uneingeschränkte Selbstverwaltung zugestanden: die unmittelbare Kontrolle der Betriebsführung, die Festsetzung der Produktion, die Aufsicht über Kauf und Verkauf, u. a., Rechte also, die vor dem Oktober von den Arbeitern immer wieder gegen die Unternehmer und gegen die Regierung vergeblich beansprucht worden waren.[4] Hier stürzten zwar noch nicht – wie auf dem Land – die alten Eigentumsverhältnisse sofort ein, wohl aber die alten Obrigkeiten. Faktisch wurde durch Einführung der Arbeiterkontrolle die Kontrolle der Betriebe durch die Partei noch keineswegs installiert. Als erste Folge ergab sich, daß in weiten Teilen der Industrie die Produktion vollends zum Stillstand kam. Die sich selbstverwaltenden Arbeiter entwickelten in den von ihnen kontrollierten Fabriken bestenfalls eine Art Eigenbedarfswirtschaft, die den Warenaustausch über den Markt durch ein primitives System direkter Verteilung ersetzte. Ob dieser Umordnungsprozeß sich an die Räteorgane binden und den zentralen Staatsorganen verfügbar machen ließ, stand dahin. Selbst bescheidene Formen einer sozialistischen Wirtschaftspolitik konnten von hier aus nur sehr behutsam entwickelt werden. Dem Obersten Volkswirtschaftsrat, der das leisten sollte, wuchs die Macht, sich durchzusetzen, ja nicht von selber zu.

Der dritte große Bereich, der bedacht werden mußte, war der militärische. Auch hier zeigte das Verhalten der Bolschewiki jene Grundrichtung an, die für die Behandlung der Bauernfrage und für die Industriepolitik dieser Frühzeit kennzeichnend war.[5] Die Anordnungen für die Armee und Flotte, die der Rat der Volkskommissare in den ersten Wochen nach der Oktoberrevolution erließ, waren nicht auf Stabilisierung aus, sondern auf ein Weitertreiben der Destruktion, die ohnedies im Gange war – nicht zuletzt angestoßen durch das Bodendekret, das die bäuerlichen Soldaten in die Dörfer zog. Der allgemeinen Zersetzung der Armee hat die Sowjetregierung nicht widerstanden, schon deshalb nicht, weil jeder Versuch der Eindämmung ein hoffnungsloses Unterfangen gewesen wäre. So wurde die radikale Demokratisierung aller militärischen Beziehungen durch offizielle Dekrete sanktioniert – in Fortführung dessen, was schon einmal, im Februar 1917, der Petrograder Sowjet mit seinem Befehl Nr. 1 initiiert hatte und was sodann von der Provisorischen Regierung Schritt für Schritt wieder zurückgenommen worden war. So verfügte ein Dekret am 16. (29.) Dezember:

»Die ganze Fülle der Gewalt steht in jedem Truppenteil dem entsprechenden Soldatenkomitee und Sowjet zu . . . Es wird die Wahl des Kommandobestandes und aller Dienstgrade eingeführt. Die Kommandeure bis zum Regiment einschließlich werden durch allgemeine Abstimmung von ihren Einheiten gewählt.«[6]

Wie die Dinge lagen, bedeutete das die faktische Liquidation der

Armeeorganisation in ihrer bisherigen Form. Die Demobilisierungs-
maßnahmen, die den Dekreten folgten, bestätigten, daß den Bolschewiki an dem alten Heeresaufbau nichts gelegen war. Die Dringlich-
keit, an der Front zu einer vertraglich gesicherten Waffenruhe und
schließlich zum Frieden zu kommen, ergab sich daraus. In der traditionellen Formel von der allgemeinen Bewaffnung des Volkes, der
werktätigen Massen, war die Armee jener Staatsmacht, die man zerschlug, fürs erste aufgehoben. Mit dem Schlagwort der Volksbewaffnung wurde ein Vorgang rationalisiert, den die Bolschewiki duldeten
und förderten, ohne ihn zu machen. Ob sich aber dieses ›bewaffnete
Volk‹ zur Verteidigung der Sowjetrepublik würde mobilisieren und
einsetzen lassen, wußte vermutlich noch niemand zu sagen. Die Rote
Arbeiter- und Bauernarmee, die Trotzkij 1918 aufzubauen begann,
trug ein durchaus anderes Gesicht; statt des revolutionären Milizsystems
erhielt Rußland das klassische militärische Instrumentarium zurück. [7]
   Es ist offensichtlich, daß die Ende 1917 in allen Bereichen angesetzte
Politik – auch wenn der Begriff Politik hier schlecht zu taugen scheint –
ihre eigene Methode hatte. Die Leninsche These, wonach das Proletariat die alte Staatsmaschine zerschlagen müsse, wurde in den ersten
Wochen nach dem Roten Oktober in die Praxis umgesetzt. Ja, man
könnte sagen, daß diese Theorie sich gleichsam nun von selber reali-
sierte. Die bolschewistische Partei war nur in beschränktem Maß die
dirigierende und treibende Kraft. Einen ausgebauten Apparat besaß
die Partei noch nicht. Man wird den Massenanhang der Bolschewiki
mit einer straffen und funktionsfähigen Organisation nicht verwechseln dürfen. Bis ins Jahr 1919 hinein wurde die Partei von einem Büro
aus gesteuert, dessen personelle Ausstattung nicht größer war als die
einer mittleren Rechtsanwaltskanzlei. [8] Was geschah und was die Bolschewiki geschehen ließen, beruhte nicht auf einer regulierten Lenkung
und Leitung von oben her, sondern vorerst auf der Abwesenheit jeder
zentralen Führung und Kontrolle. Es war der elementare Vollzug
einer Dekomposition, die Aufhebung des alten Staats, die von der
Februarrevolution nicht vollbracht und nicht gewollt worden war.
Die Gegner Lenins haben diesen Prozeß als Entfesselung der Anarchie,
der niedrigsten Masseninstinkte, als bewußte Herbeiführung des Chaos
bezeichnet, auch als Ausdruck einer deutsch-bolschewistischen Verschwörung, bei der Lenin, der bestochene Agent des Kaisers, den
Auftrag erfülle, Rußland zu zerstören. So absurd diese Unterstellungen auch gewesen sind, – damals war durchaus nicht ausgemacht, ob
nicht auch die noch ganz unbefestigte Machtposition der Bolschewiki
dabei verlorengehe. Die Gefahr der Selbstzerstörung der Revolution
blieb ein schweres Risiko, und auch die Leninisten wußten nicht zu
sagen, ob dieses Risiko hinreichend kalkulierbar war.
   In der Tat sah sich die bolschewistische Staatsstreichregierung der
Gewalt dieses Umbruchs nicht weniger ausgesetzt als alle die, die sich

jetzt aus der Politik vertrieben und entwaffnet fanden. Die Partei-führung war darauf verwiesen, die fehlenden Möglichkeiten der Steuerung durch die Zugkraft gezielter Agitation und situationsgerechter Losungen wettzumachen. Sie dekretierte über den ›direkten Draht‹, in Aufrufen, Appellen und Anordnungen, die sich »an alle, alle, alle« wandten, und niemand stand dafür ein, daß diese Politik, die in bisher ungekannter Weise öffentlich geworden war, sich nicht letzten Endes doch als Donquichotterie erweisen werde. Aber auch die Chancen gilt es zu sehen. Zweifellos wurden durch die bewußte Entbindung anarchischer Massenaktivität jedem Widerstand, der sich gegen die Bolschewiki zu sammeln versuchte, die Grundlagen entzogen. In der Aufhebung aller Autorität lag ein Element der Machtsicherung, freilich ein sehr provisorisches, das nicht aus der Stärke, sondern aus der Schwäche der neuen Herren kam. Bei alledem war abzusehen, daß die Partei in dieser Phase nicht stehenbleiben konnte. Es kam darauf an, die Spontaneität des Revolutionsgeschehens aufzufangen und zu kanalisieren, sobald die Energien der Zerstörung sich verbraucht hatten.

Wie gezeigt wurde, hatte Lenin, noch ehe er an die Macht gekommen war, in den Sowjetorganen, dieser Hinterlassenschaft des Februar, jene Instrumente angelegt gefunden, die der Revolution Halt geben sollten. Als neue Staatsform, als Kontrapunkt der Unordnung, als Element der Stabilisierung, bot die Apparatur der Rätebewegung den Bolschewiki die große Alternative an. Im Modell der Sowjetrepublik war die neue und, wie es hieß, ›demokratische‹ Staatsmaschine abgebildet, eine Maschine, die den Rahmen der bürgerlichen Gesellschaft sprengen und mit der sozialistischen Umgestaltung beginnen sollte. In seiner berühmten Schrift ›Staat und Revolution‹ hatte Lenin, wenige Wochen vor dem Oktoberumsturz, von diesem Staat gesagt, daß es die bewaffneten Arbeiter seien, die ihn bilden würden:

»*Alle* Bürger verwandeln sich hier in entlohnte Angestellte des Staates, . . . *alle* Bürger werden Angestellte und Arbeiter eines das ganze Volk umfassenden Staats-Syndikats«, alle sollten hier »in gleicher Weise arbeiten« müssen, »das Maß ihrer Arbeit richtig einhalten und gleichmäßigen Lohn bekommen . . . Die gesamte Gesellschaft wird ein Büro und eine Fabrik mit gleicher Arbeit und gleichem Lohn sein.« [9]

Die unter dem Kapitalismus entwickelte »Fabrikdisziplin« der Arbeiter werde auf die gesamte Gesellschaft ausgedehnt. Auch an der Leitung dieses Staatssyndikats wollte Lenin, die Klassenfeinde ausgenommen, alle, wirklich alle mitbeteiligt sehen. Das schien ihm möglich, weil sich, wie er schrieb, die Funktionen des neuen Staats auf ›Registrierung und Kontrolle‹ beschränkten, und die Wahrnehmung dieser Aufgaben (schon unter dem Kapitalismus) aufs äußerste sich vereinfacht hätte. Es handele sich um »außergewöhnlich einfache Operationen . . ., die zu verrichten jeder des Lesens und Schreibens Kundige imstande ist, er braucht nur zu beaufsichtigen und zu notieren, es genügt, daß er die vier Grundrechnungsarten beherrscht und entsprechende Quittungen ausstellen kann«. [10]

Schon aus diesem Entwurf des Übergangsstaates, der die Voraussetzungen schaffen sollte, daß der Staat schließlich überhaupt zum Sterben komme – schon hier wird deutlich, daß die Sowjetrepublik, in der die Revolution aufgehen sollte, das genaue Gegenteil von anarchischer Bindungslosigkeit bedeuten mußte. In der neuen revolutionären Ordnung sollte auf allen Ebenen und Stufen die Mitwirkung des ganzen werktätigen Volkes verbürgt sein. Aber die *politische* Bestimmung dieser Staatsorgane hatte Lenin doch von vornherein auf die Unterdrückung der Klassenfeinde beschränkt gesehen. Das Ziel war die Verwandlung der politischen Funktionen der Räte in einfache administrative Funktionen, in die bloße »Verwaltung von Sachen«. Für die Praxis mußte das erhebliche Konsequenzen haben. Die ersten Dekrete, die den neuen Sowjetmechanismus beschrieben, bestätigten, daß die Theorie, jedenfalls in dieser Hinsicht, nichts Utopisches bezweckte, sondern Anleitung zum Handeln war: Die Selbsttätigkeit des bewaffneten Volkes sollte in ein vielfach gestuftes Kontroll- und Organisationssystem versetzt und an die Transmission und Exekution politischer Entscheidungen verwiesen sein, die die jeweils höheren Machtorgane an die niederen weitergaben. Das demokratische Element in diesem Rätemodell blieb auf die Dienstleistungen einer subordinierten Administration eingegrenzt. Eine Instruktion des Volkskommissariats des Innern vom 22. Dezember (4. Januar) hat diese Zweckbestimmung verdeutlicht:

»Die Sowjets der Arbeiter-, Soldaten-, Bauern- und Landarmendeputierten sind die örtlichen Organe und in allen Fragen lokalen Charakters selbständig, aber sie handeln stets entsprechend den Dekreten und Verordnungen sowohl der zentralen Sowjetmacht als auch der größeren Verbände, zu denen sie gehören . . . Auf dem Verwaltungsweg führen die Sowjets alle Dekrete und Verordnungen der Zentralgewalt durch, ergreifen Maßnahmen, um die Bevölkerung von diesen Verordnungen in Kenntnis zu setzen, geben entsprechende Verfügungen heraus, führen Requisitionen und Konfiskationen durch, erlegen Strafen auf, verbieten konterrevolutionäre Presseorgane, nehmen Verhaftungen vor, und lösen gesellschaftliche Organisationen auf, die zum aktiven Widerstand oder zum Kampf gegen die Sowjetmacht aufrufen . . .« [11]

Was hier beabsichtigt war, setzte die Entpolitisierung der Räte voraus, die Verlagerung der Politik aus der Rätedemokratie in die bolschewistische Partei. [12] Aber nicht nur die Sowjetorgane als demokratische Repräsentation des arbeitenden Volkes wurden von dieser Reduktion auf administrative Funktionen betroffen, sondern, wie sich zeigen sollte, nicht minder auch die politische Qualität der nach der Oktoberrevolution rasch wachsenden bolschewistischen Partei. Ohne

Zweifel mußten sich aus der Aufgabe, die politische Macht von den Räten auf die Partei zu übertragen, für die Bolschewiki schwere Probleme ergeben. Solange die Partei keinen eigenen, mächtigen Apparat besaß, der die Tätigkeit der Staatsorgane von außen her hätte steuern können, mußten die Räte selbst in Steuerungsmechanismen der Parteigewalt verwandelt werden. Die Partei trat mithin den Sowjetorganen nicht gegenüber, sondern in diese hinein. Man kann für diese Frühzeit geradezu von einer Verschmelzung der Partei mit den Räteorganen sprechen; nur so: durch die Konzentration aller verfügbaren Kräfte auf die Arbeit in den zentralen und lokalen Sowjets konnte es gelingen und gelang es denn auch, die neue Staatsorganisation leidlich funktionsfähig zu machen, den in Gang gesetzten Auflösungsprozeß aufzufangen und umzuleiten in die verwaltete Welt der jungen Sowjetrepublik. [13]

Das Gros der Parteigenossen hat sich in der Hingabe an administrative Tätigkeiten verbraucht. Die Kehrseite dieser Erscheinung war, daß die Partei als Gesamtorganismus eine eigene politische Physiognomie nicht gewinnen konnte, ja daß die Partei selbst zu einem Teil der verwalteten Staatsmaschine wurde, ohne Möglichkeiten zu finden, die Diktatur ihrer Führungsgruppen in freier Auseinandersetzung, in der innerparteilichen Demokratie zu balancieren. Das vom administrativen System des Sowjetstaates aufgesogene Parteivolk war in der Verwaltung, in gesellschaftlichen Organisationen aller Art, schließlich auch in der Roten Arbeiter- und Bauernarmee voll in Anspruch genommen. Es erschöpfte seine Energien in subordinierten Bereichen und vermochte von hier aus keine Hebel anzusetzen, um dem Fatum zu entgehen, selber entpolitisiert, als eigenständige politische Kraft entmündigt und in ein Instrument der zentralen Leitung verwandelt zu werden.

Hier war einer der Gründe dafür, daß die bolschewistische Partei, die ›Avantgarde der proletarischen Diktatur‹, faktisch unter der Diktatur ihrer Führungsgremien verblieb, daß der von Lenin für die Zeit der konspirativen Untergrundsarbeit gegen den Zarismus entworfene Organisationszentralismus über das Jahr 1917 hinweg in die nachrevolutionäre Periode überführt werden konnte, daß die Organisationsstruktur des berufsrevolutionären Geheimbundes nicht einem demokratisch verfaßten Parteileben wich, sondern dem administrativ-bürokratischen System oligarchischer Herrschaft, gebunden an Rechnungslegung und Kontrolle. Das Gros der Mitglieder fand sich aus der politischen Welt in ein Beamtenverhältnis versetzt. An der Formulierung der Politik ist diese verwaltete und verwaltende Partei nicht beteiligt worden. Die Entscheidungen diskutierte und fällte das Zentralkomitee, das den Willen der Volksmassen, den Willen des Proletariats, den Willen der Partei in den eigenen Entschlüssen abzubilden suchte.

Es war dieser Vorgang der Machttransmission, die Zurücknahme der Diktatur des Proletariats auf die von oben gesteuerte Parteiinitiative, was Rosa Luxemburg von der ›Tragödie‹ der Russischen Revolution hat sprechen lassen, von einer Fehlentwicklung, die das, was das Demokratische war am marxistischen Diktaturbegriff, zu paralysieren schien:

»Lenin und Trotzkij haben an Stelle der aus allgemeinen Volkswahlen hervorgegangenen Vertretungskörperschaften die Sowjets als einzige wahre Vertretung der arbeitenden Massen hingestellt. Aber mit dem Erdrücken des politischen Lebens im ganzen Lande muß auch das Leben in den Sowjets immer mehr erlahmen. Ohne allgemeine Wahlen, ungehemmte Presse- und Versammlungsfreiheit, freien Meinungskampf erstirbt das Leben in jeder öffentlichen Institution, wird zum Scheinleben, in dem die Bürokratie allein das tätige Element bleibt. Das öffentliche Leben schläft allmählich ein, einige Dutzend Parteiführer von unerschöpflicher Energie und grenzenlosem Idealismus dirigieren und regieren, . . . und eine Elite der Arbeiterschaft wird von Zeit zu Zeit aufgeboten, um den Reden der Führer Beifall zu klatschen, vorgelegten Resolutionen einstimmig zuzustimmen, im Grunde also eine Cliquenwirtschaft – eine Diktatur allerdings, aber nicht die Diktatur des Proletariats, sondern die Diktatur einer Handvoll Politiker . . .«[14]

Rosa Luxemburgs Phänomenologie der bolschewistischen Diktatur, die auf der Grundlage eines entpolitisierten Rätesystems errichtet worden war, wird nicht in Zweifel zu ziehen sein. Aber die bloße Beschreibung der oligarchischen Machtstruktur darf nicht vergessen lassen, daß solche Verhältnisse nicht allein auf die freie Entscheidung eines engen Führungszirkels zurückzuführen waren. Die junge Sowjetrepublik wurde nicht im freien Raum, nicht in einer Art Naturschutzpark errichtet, sondern in einer Ausnahme- und Krisensituation, für die die innere Umwälzung und Neugestaltung keineswegs das einzige, alles andere überschattende Faktum war. Das andere Faktum, das keine geringere Priorität besaß, hat sich aus der schlichten Tatsache ergeben, daß Rußland noch immer in den Krieg verwickelt war, daß intakte deutsche Armeen weit im Lande standen, daß die bolschewistische Revolution nicht nur im Chaos innerer Auflösung und an inneren Gegnern zugrunde gehen konnte, sondern daß sie dem Zugriff des äußeren Feindes offenlag. Es ist schwer vorstellbar, wie sich das bolschewistische Regime hätte sichern und stabilisieren lassen, wenn die Leninisten auf jene Normen eingegangen wären, die Rosa Luxemburg von ganz anderen Voraussetzungen her mit der Diktatur des Proletariats untrennbar verbunden sah. Die »sozialistische Demokratie«, die sie empfahl, die, wie sie meinte, »aus der aktiven Teilnahme der Massen hervorgehen« müsse, unter ihrer unmittelbaren Beeinflussung und unter Kontrolle der gesamten Öffentlichkeit[15] – diese sozialistische Demokratie hatte sich im agrarischen Rußland nach dem Sieg im Oktober als blanke Massenanarchie dargestellt, als die eruptive Gewalt einer Umwälzung, aus der eine politische Ordnung von selber nicht hervorgehen wollte. Auf die Spontaneität dieser Massen zu setzen, hätte bedeutet, die Macht in bürgerkriegsähnlichen Zuständen wieder zu verlieren, und wäre dem Verzicht auf jegliche Politik gleichgekommen, einer Selbstentwaffnung, die sich durch revolutionäre und radikaldemokratische Gelöbnisse nicht wieder hätte wettmachen lassen. Und die Bolschewiki waren in der Tat von Beginn an zu sehr realen politischen Entscheidungen gezwungen, nicht nur zur Abfassung von Resolutionen, sondern zur Durchsetzung weittragender politischer Entschlüsse in die Praxis.

Nirgends wird dieser Zwang zum Handeln deutlicher als dort, wo die in den Sowjets notdürftig etablierte Macht sich der Außenwelt gegenübersah, die sich bekanntlich nicht verwandelt hatte, einer Welt, die sich nach wie vor im Krieg befand und die keine Anzeichen dafür gab, daß sie ein Machtvakuum, wie es das revolutionäre Rußland war, seiner eigenen Spontaneität überlassen werde. Die Bolschewiki sahen sich gezwungen, die junge Sowjetrepublik aus dem Krieg herauszubringen. Das war ein imperatives Mandat, das nicht nur um der inneren Machtsicherung willen einzulösen war, sondern nicht minder auch zur Abwendung der Bedrohung, die von außen kam. Es zeigte sich rasch, daß man der Konfrontation mit den im Osten stehenden Mittelmächten nicht dadurch entkommen konnte, daß man dieses Sicherheitsproblem in Manifeste und Botschaften, in revolutionäre Proklamationen kleidete und im übrigen darauf hoffte, die Regierungen und Völker der kriegführenden Staaten würden Rußland einen raschen Frieden schenken, sie würden die Bedrohung der Sowjetrepublik durch einen allgemeinen Völkerfrieden abzuwehren helfen.[16] Weder das deutsche Proletariat, an dessen verblichene Kraft man appellierte, noch die Kabinette und Völker der bisher mit Rußland verbündeten Staaten sind im Winter 1917/18 den Bolschewiki zu Hilfe gekommen. Die Revolution hat sich in der vielberufenen »Verbrüderung der vom Imperialismus unterdrückten Massen« nicht über die Grenzen Rußlands hinaus auf den Westen übertragen lassen.

Wer den Bolschewiki rasch entgegenkam, war einzig die kaiserlich-deutsche Regierung, die sich von der russischen Revolutionsregierung die eigene Kriegszielpolitik in einem Ostfrieden bestätigen lassen wollte und die sich Entlastung erhoffte für den Krieg, den Ludendorff im Westen fortzuführen versprach. Der deutschen Politik bot sich dafür eine einmalige Chance an, da in Petrograd nun ein Regime am Ruder war, dessen Existenzfähigkeit zwar ungewiß, dessen Friedensbereitschaft aber offensichtlich war.[17] Am Verhandlungstisch in Brest-Litovsk wurden die sowjetischen Unterhändler freilich mit den harten Realitäten schnell bekannt gemacht; die deutsche Seite forderte den Verzicht Sowjetrußlands auf die Ukraine, auf das Baltikum, auf Litauen und Polen und verlangte den Abzug der russischen Truppen aus

Finnland.[18] Das hat es den Bolschewiki äußerst schwer gemacht, ihr Gesicht als Vertreter einer revolutionären Macht zu wahren. Zwar hatten sie Ende Dezember 1917 die staatliche Unabhängigkeit Finnlands offiziell schon anerkannt und ›den Völkern Rußlands‹ in feierlichen Dekreten wieder und wieder versichert, daß ihr Recht auf Selbstbestimmung – selbst um den Preis der Lostrennung – nicht zu schmälern sei.[19] Aber so, wie die Dekomposition des Russischen Reiches jetzt vor sich ging, hatten sie sich die Realisierung dieses Rechts nicht vorgestellt. Gegen die unabhängige Ukrainische Volksrepublik, deren Regime mit den Deutschen in Brest zu einem separaten Abschluß kam, hatte der Rat der Volkskommissare seit Jahresbeginn Truppen einer Ukrainischen Sowjetregierung in Marsch gesetzt,[20] und um der Gefahr zu wehren, daß Finnland der Revolution verlorengehe, wurde noch in letzter Stunde (1. März) der Versuch gemacht, Vertreter einer Finnischen Sozialistischen Arbeiterrepublik vertraglich an Sowjetrußland zu binden.[21] Es versteht sich, daß der Entschluß, auf den diktierten Frieden der Deutschen schließlich dennoch einzugehen, den Bolschewiki nicht leichtfallen konnte; das Zentralkomitee der Partei hat dieses Dilemma in langen und erbitterten Auseinandersetzungen ausgetragen.

Eine ansehnliche Gruppe dieses Führungsgremiums hatte sich dafür verwandt, die deutschen Friedensbedingungen mit dem ›revolutionären Krieg‹ zu beantworten, ein Plädoyer war das, das nicht aus der Selbstsicherheit, sondern aus der blanken Verzweiflung dieser Männer kam. Das Konzept einer *levée en masse,* das hier vertreten wurde, mochte die revolutionäre Würde für sich haben, in der rauhen Wirklichkeit konnte man damit nicht bestehen.[22] Schon der riskante Kompromiß, den das Zentralkomitee nach der ersten Verhandlungsphase zustande brachte, nämlich den Krieg weder fortzusetzen, noch den Frieden abzuschließen, hielt der Realität nicht stand. Trotzkij hatte in Brest-Litovsk erklärt:

»In Erwartung der nicht mehr fernen Stunde, in der die arbeitenden Klassen aller Länder die Macht ergreifen werden . . ., ziehen wir unsere Armee und unser Volk aus dem Krieg zurück . . . Wir weigern uns, Bedingungen zu unterzeichnen, die der deutsche und österreichisch-ungarische Imperialismus mit dem Schwert auf den lebenden Körper der Völker schreibt. Wir können nicht die Unterschrift der Russischen Revolution unter einen Friedensvertrag setzen, der für Millionen menschlicher Wesen Unterdrückung, Leid und Unglück bringt.«[23]

Als die deutsche Heeresleitung daraufhin die Offensive eröffnete, wurde offenbar, daß sich Widerstand nicht mehr mobilisieren ließ. Der Aufruf, das ›sozialistische Vaterland‹ zu verteidigen, bot Vaterlandsverteidiger nicht mehr auf.

Die Härte der Entscheidung, die nun zu treffen war, läßt sich schon daraus ermessen, daß das neue deutsche Ultimatum am 23. Februar im Zentralkomitee nur mit einer einzigen Stimme Mehrheit, man kann sagen: mit der Stimme Lenins, schließlich akzeptiert worden ist. Wieder waren die Fronten scharf aufeinandergestoßen. Lenin klagte Trotzkij und Bucharin an und erklärte, daß die, die den Diktatfrieden verweigerten, die Revolution faktisch dem Feinde ausliefern würden. Und Trotzkij, der selbst die Aufgabe Petrograds und Moskaus in Kauf nehmen wollte, weil er glaubte, durch Verweigerung eines Vertrags die ganze Welt in Atem halten zu können, – replizierte mit Argumenten, die nicht weniger gewichtig waren:

»Wenn wir heute das deutsche Ultimatum annehmen, kann man uns morgen ein neues stellen. Wir mögen den Frieden gewinnen, aber die Unterstützung der fortgeschrittenen Elemente des Proletariats verlieren.« [24]

In solchen Stimmen, im Widerstand gegen den Friedensvertrag, sprach sich die Einsicht aus, daß das bolschewistische System um seiner Selbsterhaltung willen gezwungen war, Sicherheit in einem Frieden zu suchen, der den Klassenfeind, den man im internationalen Zusammenhang vernichten wollte, nicht schwächte, sondern stärken mußte.

Tatsächlich ist der Vertrag von Brest-Litovsk, den der Rat der Volkskommissare am 3. März 1918 unterzeichnen ließ, zumal für die revolutionären Flügel des europäischen Sozialismus, und namentlich für die deutsche Linke, eine herbe Enttäuschung gewesen. Rosa Luxemburg hat diesen Vertrag eine »Kapitulation des russischen revolutionären Proletariats vor dem deutschen Imperialismus« genannt. [25] Die lachenden Dritten, so hieß es schon im Januar 1918 in den Spartakusbriefen, seien allein die deutschen Imperialisten, – Hindenburg und die Alldeutschen. Der Sonderfriede werde den allgemeinen Frieden nicht beschleunigen, sondern das Völkermorden, den imperialistischen Krieg verlängern. [26] Noch im September 1918 kämpfte Rosa Luxemburg gegen den Alptraum an, es könne, unter dem Druck der beginnenden alliierten Intervention in Rußland, nun gar zu einer »grotesken Paarung zwischen Lenin und Hindenburg« kommen, zu einer »proletarischen Diktatur auf deutschen Bajonetten« – »unter der Schirmvogtei des deutschen Imperialismus«. Und sie hat die Auffassung klargemacht, daß sich diese Tragödie nur lösen lasse durch die Massenerhebung in Deutschland, dadurch allein, daß das deutsche Proletariat »die Ehre der russischen Revolution« und seine eigene Ehre rette, indem es im Rücken des deutschen Imperialismus den revolutionären Aufstand beginne. [27] Nicht wesentlich anders haben die bolschewistischen Führer in dieser Zeit gedacht. Nichts war ihnen deutlicher als die Gefahr, daß die revolutionäre Qualität und die weltrevolutionäre Bedeutung der Russischen Revolution verkümmern müßten, wenn die Revolution im Herzen Europas nicht zu Hilfe kam.

Wer von hier aus auf die nun folgende Geschichte sieht, kann in dieser frühen Periode der Sowjetrepublik ein fortgehendes Dilemma mit großer Deutlichkeit schon wirksam sehen. Solange es nicht möglich wurde, das neue Rußland aus seiner Isolierung herauszuführen und in den größeren Zusammenhang einer revolutionär verwandelten Welt einzufügen, solange wurde auch der Sozialismus dort nicht frei. Das Interesse der Selbsterhaltung war mit den menschheitlichen Prinzipien, die in die Russische Revolution eingeflossen waren, nicht auszusöhnen, ja dieses Interesse schlug, wie sich zeigte, mit zunehmender Gewalt immer wieder gegen die eigenen Prinzipien zurück.

Es ist kaum vorstellbar, daß es reale Alternativen gab, die Aussicht boten, dieser Fatalität zu entgehen. Der Spartakusbund hatte 1918 an die Bolschewiki appelliert, lieber den Tod, den Untergang zu wählen, als eine fragwürdige Sicherheit, die den Sozialismus selber diskreditieren müsse. Aber die Selbstaufgabe, die hier empfohlen wurde, um die Ehre der Revolution reinzuhalten, war den Bolschewiki schlechterdings nicht abzuverlangen. Niemand von denen, die draußen standen, hatte ein Recht, von den russischen Genossen zu verlangen, aus der Geschichte sozusagen wieder auszutreten. Auch der Untergang hätte eine Flucht bedeutet, die Kapitulation vor den Problemen, die in Rußland nun von allen Seiten auf die Oktoberrevolutionäre zukamen.

Das Ende des Ersten Weltkriegs und die folgende europäische Bürgerkriegssituation schienen die Hoffnung noch einmal zu rechtfertigen, daß es glücken könnte, die Russische Revolution und ihre Folgen in einer internationalen Revolution aufgehen zu lassen. Aber die hochfliegenden Prognosen, die ein kommunistisches Europa und ein kommunistisches Asien schon greifbar vor sich sahen,[28] sind im grauen und notvollen Alltag russischer Wirklichkeit binnen weniger Jahre untergegangen. Die Bolschewiki gewannen im Kampf gegen Bürgerkriegsarmeen und Interventionstruppen einen Großteil des alten Reiches zurück und schlossen ihren Machtbereich in die Grenzen eines Bundesstaates, in die ›Union Sozialistischer Sowjetrepubliken‹, ein.[29] Mit ihrer Revolution aber sind sie allein geblieben, und die Zeit, die nun kam, hat ihnen Wege gewiesen, auf denen der internationale Horizont ihrer Anfänge mehr und mehr aus den Augen geriet. Umgeben von einer feindlichen Welt wollte es nicht gelingen, das Notstandsregime der bolschewistischen Parteiherrschaft abzubauen und die Ideen der sozialistischen Demokratie in *einem* Lande einzulösen. So geschah es denn, daß nicht die Demokratisierung, sondern die progressierende Verfestigung des bürokratischen Herrschaftssystems zur Signatur der sowjetischen Geschichte geworden ist. Die Verheißungen des Jahres 1917 wurden in der von Stalin etablierten Erziehungsdiktatur petrifiziert. Der ›Sozialismus von oben‹ beraubte die Revolution ihrer Identität; ihre internationalen Zukunftsziele wurden im Machtzuwachs und in der Machterweiterung der Sowjetunion aufgesogen.[30]

So mag es nach fünfzig Jahren wenig Anlaß geben, in der sowjetischen Geschichte eine Fehlentwicklung zu sehen, die *allein* den Bolschewiki zugeschrieben werden könnte. Fruchtbarer dürfte die Überlegung sein, inwieweit in dieser Entwicklung nicht zugleich die Tatsache sich spiegelt, daß die Welt im ganzen an Machtstrukturen gebunden blieb, die jegliche Prinzipien pervertiert haben – sozialistische wie demokratische. In unserer Gegenwart ist das Problem der Emanzipation, das die Revolution von 1917 nicht zu lösen vermochte, zu einem Weltproblem geworden, zu einem Imperativ, von dem sich, über alle politischen Fronten und ideologischen Barrieren hin, niemand mehr dispensieren kann.

11

Die Russische Revolution als zeitgeschichtliches Problem

Die historische Wissenschaft hat in den vergangenen Jahrzehnten, und namentlich in letzter Zeit, große Anstrengungen daran gewendet, die Vorgeschichte der Russischen Revolution, ihre Ereignisgeschichte im Ablauf des Jahres 1917 und schließlich die Konsequenzen der Revolution für die folgende Umformung Rußlands zu erforschen und eingehend zu beschreiben. Der gedruckte Ertrag dieser Arbeiten ist inzwischen fast unübersehbar geworden, und der Satz, wonach diese Revolution einen nicht wieder umkehrbaren Wendepunkt in der Geschichte Rußlands markiert, bedarf längst keiner gelehrsamen Fußnote mehr. Es versteht sich, daß hinter all diesen Bemühungen ein weitergehendes Interesse stand und steht, die Frage nämlich, wie dieser Wendepunkt russischer Geschichte in größere, über Rußland hinausgreifende Zusammenhänge historisch einzuordnen sei. Wer von den Begebenheiten nicht nur berichten, sondern zu Maßstäben und Urteilen kommen will, wird nach der Bedeutung dieser Revolution für die Weltgeschichte unserer Zeit zu fragen haben. Das freilich ist ein weites Feld, und eine Antwort, derer man tatsächlich sicher bleiben dürfte, findet sich nicht leicht. Was die folgenden Erörterungen anbieten, ist denn auch nicht als Thesenkatalog gedacht, sondern als ein Versuch, die Probleme zu beschreiben.

Nun läßt sich gewiß nicht übersehen, daß diese Frage keineswegs jedermann problematisch erscheinen muß. Denn wer die Botschaft der Revolutionäre akzeptiert, für die die weltgeschichtliche Bestimmung ihres Sieges nie in Frage stand, oder wer sich zu jenen Axiomen bekennt, an denen die Zukunftsgewißheit der Erben dieser Revolutionäre Halt gefunden hat, der wird mit seinem Urteil wenig Mühe haben: Nach sowjetischer Auffassung hat die Revolution, der Sieg der Bolschewiki im Roten Oktober, nicht nur eine neue Epoche für die Völker Rußlands eröffnet, sondern eine neue Epoche der Menschheitsgeschichte überhaupt, und diese soll, wie bekannt, als Ouvertüre eines kommunistischen Weltzeitalters begriffen und erfahren werden. Dem entspricht denn auch, daß hier die Neigung groß geblieben ist, die Verheißung von Karl Marx nicht fahren zu lassen, wonach alle voraufgegangene Geschichte seither in bloßer Vorgeschichte aufgehoben sei.

»Der Sieg der Großen Sozialistischen Oktoberrevolution war der Anfang vom Ende aller bisherigen, auf Ausbeutung von Menschen durch Menschen gegründeten Gesellschaftsordnungen. Die Vorgeschichte der Menschheit war abgeschlossen, die wahre Menschwerdung, die Epoche des Sozialismus und

Kommunismus, begann ihren Siegeslauf. Ihr das Tor aufgestoßen zu haben – darin liegt die weltgeschichtliche Bedeutung der Großen Sozialistischen Oktoberrevolution, und das macht sie zur bedeutendsten Revolution der Menschheit.«[1]

Das sind große Worte. Noch am 40. Jahrestag der Revolution hatte Mao Tse-tung gesagt, daß die Errungenschaften, die die Sowjetunion seither erkämpft habe, »der Stolz der ganzen Menschheit« seien.[2] Heute weiß die Welt, daß unterdessen die Kinder der Revolution einander die Erbschaftsrechte streitig machen. Wer nach Peking sieht, wird gewahr, daß das Vermächtnis des Roten Oktober hier nicht im sowjetisch geprägten Wohlstandssozialismus, sondern in der ›Großen Proletarischen Kulturrevolution‹ bewahrt werden soll; der mächtige Ostwind, der gegen den Westen weht, trägt es fort, und in der Einkreisung der Weltstädte durch die Dörfer, die ländlichen Zonen der Welt, im revolutionären Aufbruch Asiens, Afrikas, Lateinamerikas, im Sturm auf die Metropolen der Reichen erfülle sich, was 1917 begann. Die Dissonanz, die sich hier zeigt, mag andeuten, daß auch dort, wo der weltgeschichtliche Rang der Oktoberrevolution ganz außer Frage steht, die Qualität dieses Umbruchs undeutlich zu werden beginnt.

Wenn wir die Horizonte derer verlassen, die mit dem Sieg der Bolschewiki ›die wahre Menschwerdung‹ anheben sehen, dann freilich wird es um vieles schwieriger, zu einer Bestandsaufnahme der Urteilsweisen zu gelangen. Abseits der kommunistischen Perspektiven treffen, wie man weiß, höchst unterschiedliche Auffassungen aufeinander, und bei den gelernten Historikern überwiegt die behutsame Reflexion, die professionale Zurückhaltung. Tatsächlich kann an raschen Antworten niemand gelegen sein, und mancher mag darauf verweisen, daß die Distanz eines halben Jahrhunderts nicht ausreiche, um wissenschaftlich darüber Auskunft zu geben, was das weltgeschichtlich Bedeutsame an der Russischen Revolution gewesen sei. Hat es nach 1789 nicht auch erst eines weiteren Abstandes und Überblicks bedurft, um dann mit Jakob Burckhardt sagen zu können, daß seither »eigentlich alles Revolutionszeitalter« sei? Und hat nicht die Forschung erst in unseren Tagen, mit Robert Palmer etwa, die weltgeschichtliche, will sagen: die »atlantische« Dimension dieses »Age of Democratic Revolution« in neuer Weise bewußt gemacht?[3] Fünfzig Jahre nach dem Sturm auf die Bastille war außer Adolphe Thiers' ›Histoire‹ noch nicht viel getan; man fand sich angerührt von der schönen Moralität Carlyle's und von den farbenprächtigen Genreszenen seiner Revolution. Und dennoch war, wie wir heute sehen, Tocquevilles berühmtes Amerikabuch dem Kern der Sache schon recht nahe gekommen.

Wie immer man über Nutzen und Nachteil historischer Entfernung denken mag: Im Blick auf die Russische Revolution herrscht, bei aller Divergenz im einzelnen und ganzen, in vieler Hinsicht doch auch manche Übereinstimmung. Solches Einvernehmen dürfte vorauszusetzen sein, wenn man sagt, daß die Oktoberrevolution nicht bloß für ein innerrussisches Ereignis gelten kann, daß sie in Ursache und Wirkung vielmehr in großen, in weiten historischen Zusammenhängen steht, daß ihr, mit anderen Worten, historische Tiefe, internationale Spannweite, weltgeschichtliche Bezüge eigen sind. Dem schließt sich die wiederkehrende Erfahrung an, daß unser gegenwärtiges Zeitalter im ganzen von dieser Revolution betroffen und gezeichnet ist. Wie dieses Betroffensein indes auf den historischen Begriff zu bringen sei – in dieser Frage stecken die Probleme.

Mit Wortschöpfungen, wie sie auf Titelblättern gerne stehen, ist, wie bekannt, nur wenig auszurichten; sie verdecken eher, was erst aufzudecken wäre, oder sind doch nur Signale allgemeinster Art, in denen tieferliegende Schichten des geschichtlichen Bewußtseins sich einen ersten Ausdruck suchen. ›Wendepunkt der Geschichte‹ (history's turning point) – so hat der hochbetagte Kerenskij sein jüngstes Alterswerk über das Jahr şeines Aufstiegs und Elends genannt. [4] Und kürzlich ist es geschehen, daß deutsche Teilnehmer an der Großen Sozialistischen Oktoberrevolution, mit dem Selbstvertrauen derer, die dabei gewesen, ihre Erinnerungen publizierten und daß andererseits die westdeutsche Ranke-Gesellschaft die Vorträge ihrer Jahrestagung über Monarchie, Weltrevolution und Demokratie unter dem gleichen Titel hinausgehen ließ wie jene ehrwürdigen Veteranen: ›Weltenwende‹, ›Weltwende 1917‹; erst ein Blick auf den Inhalt hebt den Eindruck auf, daß sich mit der Identität der Benennung auch die Positionen angenähert hätten. [5] Daß der Wahl solcher Begriffe, die das universale Ausmaß der Wende andeuten, nichts Zufälliges anhaften muß, mag aus dem Programm des von Theodor Schieder vorbereiteten ›Handbuchs der Europäischen Geschichte‹ sichtbar werden: der 7. Band dieses Werks, der 1917/18 beginnen soll, wird unter dem Leitthema ›Europa im Zeitalter der Weltrevolution‹ stehen, [6] und dergestalt mit einer Formulierung ausgestattet sein, zu der sich, aus vergleichbarem Anlaß, selbst unsere Moskauer Kollegen nicht leicht entschließen dürften. Gleichwohl läßt sich von hier aus sehen, daß bei allen prinzipiellen Unterscheidungen dennoch sogar ein gewisses Einvernehmen zwischen den Historikern in ›Ost und West‹ besteht, das man für die wissenschaftliche Diskussion über die Barriere hinweg nicht gering achten sollte. Auf beiden Seiten geht man offensichtlich davon aus, daß eine tiefe weltgeschichtliche Zäsur dort anzusetzen sei, wo die Russische Revolution – wie immer motiviert – aus der großen Krise des Ersten Weltkriegs hervorbricht.

Wie erinnerlich, hat Hans Rothfels erstmals 1951, soweit ich sehe, in seinen Tübinger Vorlesungen über ›Gesellschaftsform und auswärtige Politik‹ den Versuch einer grundsätzlichen Begründung der Epochenwende von 1917 unternommen. [7] Er verwies auf »die beiden so beziehungsreich koordinierten Ereignisse vom Frühjahr 1917«, auf den

Sturz des Zarenregimes und den Eintritt der Vereinigten Staaten in den Krieg – Ereignisse, die, wie er andeutete, den ideologischen und sozialen Frontbildungen der Zeit nun einen *universalen* Charakter gaben; hier wurde ernst gemacht »mit dem westlichen so sehr vom Gesellschaftlichen her gesehenen Kreuzzugsgedanken«, mit dem Aufbau einer Weltanschauungsfront, bei der es darum ging, die Welt – gegen die Mächte der Finsternis, der Reaktion, der Autokratie – für die Demokratie sicherzumachen. Das neue Rußland, von Wilson begrüßt, gehört in diesen ideologischen Zusammenhang eines demokratischen Bundes der Völker. Mit dem Oktoberumsturz sieht Rothfels dann neue Tiefenprobleme wirksam werden, und der Zeitpunkt gilt ihm – wie 1789 – als ein Meilenstein, hinter den die Geschichte nicht mehr zurückgehen werde. Im Aufkommen einer neuen, von Rußland her geprägten klassenkämpferischen Front, die das Wilsonsche Konzept der Weltdemokratie mit der Idee der Weltrevolution konfrontiert, habe sich »die grundsätzliche Antithese auf der Linie Moskau–Washington« erstmals dargetan. So bleibe es für den geschichtlichen Betrachter immer ein Grundphänomen, »daß seit 1918 und nicht erst seit 1945 zwei prinzipiell verschiedene gesellschaftliche Systeme in der Welt der großen Mächte nebeneinander bestehen«, die Welt mithin durchzogen ist von großen sozialen und ideologischen Querströmungen, von Horizontalen, die an Staaten- und Völkergrenzen nicht stehenbleiben. Damit – so sagt er – »hat unsere Gegenwart erst eigentlich begonnen«.

In diesem Sinne hat Rothfels wenig später dem Begriff der ›Zeitgeschichte‹ wie der sich anschließenden Forschung einen nicht bloß formal-chronologischen Rahmen, sondern ein programmatisch-inhaltliches, eben ein historisches Fundament gegeben. [8] Daß diese Sehweise seit den fünfziger Jahren bei uns weit über die Zunftbezirke hinaus als geschichtsbezogene Gegenwartsorientierung zu großer Wirkung kam, muß hier nicht eigens noch verdeutlicht werden. In der Geschichtswissenschaft haben die Anregungen, die aus dieser auf 1917 gerichteten Perspektive kamen, sich da und dort auch verselbständigen können, und andere Deutungen sind hinzugetreten – so etwa in den Arbeiten von Erwin Hölzle, der – beschränkt auf ideengeschichtliche Stilfiguren der Macht- und Mächtepolitik –, von der Begegnung *zweier* Weltrevolutionen hat sprechen wollen: von einer russischen und einer amerikanischen, beide ›Weltrevolutionen‹ in der Geschichte dieser Flügelmächte der alten Welt schon angelegt, beide auf Weltveränderung zielend, seit sie im Weltkrieg aufeinandertrafen. [9] Bei Fernerstehenden bildeten sich mitunter auch Vorurteile oder doch Mißverständnisse aus; manchem kam es vor, als ob ›Zeitgeschichte‹ nunmehr gleichsam institutionalisierbar wäre, so daß im Umkreis von Lehrstühlen dieses Namens die Geschichte, die dem Epochenjahr 1917 vorangegangen ist, im Grunde nichts als Vorgeschichte sei.

Wichtiger aber ist geblieben, daß die Russische Revolution vom

Begriff der Zeitgeschichte her nun doch in einem universalhistorischen Horizont erschien, daß sie als säkularer Vorgang sichtbar wurde, der gegen das vom Westen geprägte Gesellschaftsdenken, gegen dessen Normen und Institutionen steht, daß der russische Umbruch mithin auch von traditionalen und konservativen Positionen aus als eine der großen Revolutionen der Weltgeschichte sich begreifen ließ. Dabei mochte die Polarität von bürgerlicher Demokratie und proletarischer Diktatur, von Wilson und Lenin, demokratischem Sozialismus und Sowjetkommunismus, von Völkerbund und Komintern, Demokratie und totalitärem System, Ostblock und freier Welt in der Tat als die große, übermächtige Signatur der mit 1917 beginnenden Zeitgeschichte erscheinen, einer Epoche, die ›Grenzsituationen‹ menschlicher Existenz und grenzüberschreitende Bürgerkriegssituationen zur Gegenwartserfahrung der Mitlebenden hat werden lassen. Kein Zweifel, daß die deutsche Mittellage im Schnittpunkt des Weltdualismus der fünfziger Jahre solche Akzentsetzungen allenthalben veranschaulicht hat. Im populär gefaßten und amtlich geförderten Verständnis konnten Faschismus und Kommunismus im Modell des Totalitarismus mitunter dicht zusammenrücken und von dem, was man sein und wofür man einstehen wollte, prinzipiell geschieden werden.

Daß bei solcher Betonung der Bipolarität der Blick auf die fortwirkende Vielfalt des gegenwärtigen Zeitalters keineswegs verlorenging, darf nicht übergangen werden. So hat Hermann Heimpel im Todesjahr Stalins, kurz nach dem 17. Juni, in einer Göttinger Rektoratsrede gefragt, ob die von Hans Rothfels formulierte universale und horizontale Tendenz nicht durch kräftige vertikale und nationale Gegeninstanzen aufgehoben werde, durch jenen gesteigerten Nationalismus zumal, der in den Emanzipationsbewegungen der außereuropäischen Welt vom kolonialen oder hegemonialen Imperialismus der Großen Mächte sich zu erkennen gebe. [10] Heute wird man sagen dürfen, daß die sechziger Jahre diesen Hinweis in der Tat aufs eindrücklichste bestätigt haben. In unseren Tagen kommt heraus, daß das Zeitalter des Nationalstaats und der Nationalismen weder 1917 noch 1945 zu Ende ging, sondern daß sich seine Tendenz, die in Europa schon erloschen schien, nun auf die Welt im ganzen erweitert hat und zu einem der großen universalen Themen unserer Zeit geworden ist. Die Dynamik dieser Vertikalen, für die sich Wortbildungen wie ›Pluralismus‹ oder ›Polyzentrismus‹ gefunden haben, scheint die großen Weltblöcke nicht nur zu unterlaufen, sondern zu verwandeln, wenn nicht zu sprengen. Neue Solidaritäten bilden sich aus, ältere gewinnen ihre Kraft zurück. Entschlüsse zur Zukunft, prinzipielle Orientierungen, politische Interessen haben sich von der Bipolarität der Weltmächte zu emanzipieren begonnen; Bürgerkriegssituationen haben sich nicht nur multipliziert, sondern auch verselbständigt, ohne nach dem Bild des Menschen zu fragen, das im Moskauer Parteiprogramm oder in der

Idee der atlantischen Gesellschaft aufgehoben ist. In Vietnam, in Bolivien, in den jemenitischen Bergen, in den Stammeskämpfen Schwarzafrikas, ja in den Slums der amerikanischen Metropolen hat das westliche Demokratiemodell sein Gesicht verloren oder nie eines getragen, ohne daß man deshalb sagen könnte, daß nun das sowjetkommunistische Modell Aussicht hätte, auf den leer gebliebenen Plätzen Fuß zu fassen. Auch ist bekannt geworden, daß das sozialistische System den Anspruch seiner eigenen Begriffe bisher nicht ausgehalten hat; die Anziehungskraft, die von ihm ausgeht, ist nicht groß. Für viele Menschen, mit denen wir in Zeitgenossenschaft stehen, sind Dollar und Rubel, Waffen und Napalm, aus welchen Zentren sie auch kommen mögen, austauschbar geworden, und wo immer rebelliert oder protestiert werden mag gegen das, was mächtig ist und drückt, da fordern Botschaften aus dem Kreml oder dem Weißen Haus niemanden mehr zu prinzipieller Entscheidung auf. Selbst jene Instruktionen, die aus Pekinger Zentralen kommen, treffen nicht überall Adressaten an, und die rote Fibel des ›Großen Steuermanns‹ Mao Tse-tung wurde wohl kaum dafür gemacht, um dem love-in der Hippies, den Happenings der Provos und Kommunarden als dekoratives Stimulans für eine eher neurotische Selbstdarstellung zu dienen.

So mag es scheinen, als ob dem letzten Drittel des 20. Jahrhunderts der Blick für die Epochenbedeutung des Jahres 1917 mehr und mehr abhanden komme, als ob denn auch die Russische Revolution nicht mehr ein Problem der Zeitgeschichte sei, sondern ein Vorgang, der den Problemen abgeschlossener Vergangenheit zugehöre. Auch denen, die von der Oktoberrevolution in unmittelbarstem Sinn betroffen wurden, hat das halbe Jahrhundert zwischen damals und jetzt neue Katastrophen gebracht und neue Wunden geschlagen. Die Beobachtung hat an Eindrücklichkeit gewonnen, daß die Menschen in den Generationen und über die Erde hin höchst verschiedene Begriffe davon haben, wann ihre Gegenwart begonnen hat. Der Vorschlag, nun doch das Jahr 1945 als die große Epochenscheide anzusehen,[11] wird, wie ich denke, die Konstitutionsschwäche universaler Gegenwartsbegriffe nicht beheben helfen. Indessen muß an der Aporie, an die wir hier geraten, unsere Frage nach der zeitgeschichtlichen Qualität der Russischen Revolution keineswegs verlorengehen. Es ist daran zu erinnern, daß uns namentlich die moderne sozialgeschichtliche Forschung gerade hinsichtlich des Revolutionsproblems vor neue Horizonte und zu neuen Epochenbegriffen geführt hat. Das Interesse gilt hier nicht so sehr den Knoten- und Wendepunkten der Geschichte, sondern historischen Prozessen und Strukturen, die ihrem Wesen nach von langer Dauer sind. Unter Aufnahme soziologischer Theoreme, wie sie etwa von Hans Freyer kommen, und in enger Kommunikation mit der in die Breite gewachsenen Methodendiskussion hat in Deutschland vor allem Werner Conze die Frage neu gestellt. Er hat auf den Vorgang jener erdumfassenden Revolution aufmerksam gemacht, die mit der Ausbildung und Expansion der industriellen Welt seit dem ausgehenden 18. Jahrhundert verbunden ist.[12] Dabei werden, was grundsätzlich wichtig bleibt, die Wirkungen, die von ihr ausgehen, keineswegs nur auf die bloß technischökonomische Phänomene hin geprüft. Vielmehr wird gesagt, daß dieser weltumspannende Prozeß als ›praktisch angewandte Aufklärung‹ zu verstehen sei, daß er im Zug seiner Ausbreitung überall die traditionellen Ordnungen durchstoße und in Wirtschaft und Technik, wie in der Demokratisierung der politischen und gesellschaftlichen Verfassung in Erscheinung komme. In diesem Sinn spricht Conze von ›Weltrevolution‹, von ›moderner Weltrevolution‹, und man könnte hinzufügen, daß die Sachzwänge, unter denen dieser Vorgang steht, diesen als ›Revolution in Permanenz‹ erscheinen lassen. Ideengeschichte, Sozial- und Verfassungsgeschichte, politische und Wirtschaftsgeschichte finden in dieser strukturgeschichtlichen Methode wieder zueinander. Die großen Vorzüge liegen auf der Hand, und ein Blick über die deutsche Geschichtswissenschaft hinaus zeigt zugleich, daß die Fragestellung, die hier vorliegt, auch im westlichen Ausland sehr verwandten Ansätzen der Forschung begegnet. So meint der amerikanische Terminus ›modernization‹ (bis zu den Entwicklungs- und Infrastrukturtheorien hin) im Grunde das gleiche Modell. Es bliebe zu fragen, ob diese neutralere Wortbildung dem befrachteten und vielfach überanstrengten Begriff der ›Weltrevolution‹ nicht vorzuziehen sei. Die Definition von Modernisierung mag verwendungsfähiger sein als die der Revolution.

Jedenfalls geht es nun namentlich für die Historiker darum, den großen Zusammenhang dessen zu begreifen, was in der von Palmer beschriebenen ›atlantischen Revolutionsbewegung‹ im ausgehenden 18. Jahrhundert seinen Ursprung hat und seither als politisch-soziale wie als technisch-industrielle Revolution über die Erde hin wirksam geblieben ist. Die Russische Revolution, auf die es uns ankommt, hat im Kontext dieses Gesamtprozesses ihren Ort. Als Kuriosum sei im Vorübergehen angemerkt, daß unsere SED-Historiker diese, wie sie sagen, »imperialistische Lehre vom Industriezeitalter«, die zur »formierten Gesellschaft« führe, durchaus nicht mögen. Nur als ein Zeichen der Schwäche des Imperialismus, so schreibt der Direktor des Marxismus-Leninismus-Instituts der Greifswalder Universität Werner Imig, könne es gewertet werden, wenn seine Ideologen unter den Bedingungen des wachsenden Friedenskampfes in der kapitalistischen Welt »sehr schnell die Rothfelssche, vom Eintritt der USA in den Ersten Weltkrieg und der Verknüpfung dieses Eintritts mit der Revolution in Rußland ausgehende Datierung des Beginns der modernen Epoche auf 1917 wieder fallen ließen.«[13]

Die Russische Revolution von 1917 im Sinn- und Strukturzusammenhang der modernen Weltrevolution, im Prozeß, im Stufengang universaler Modernisierung! Tatsächlich hat diese Perspektive in den letzten 20 Jahren vor allem in der amerikanischen Forschung zunehmende Bedeutung erlangt. Das russische Revolutionsproblem, die Transformation der russischen Sozialordnung wie der politischen Verfassung, wird seither immer wieder mit anderen Modernisierungsvorgängen konfrontiert: nicht nur mit zeitlich früheren im Westen Europas, sondern auch mit gleichzeitigen, mit Japan beispielsweise, und mit späteren, wie jenen in der jetzt im Umbruch befindlichen ›dritten Welt‹. So hat der aus Deutschland stammende Historiker Theodor von Laue Rußland als das erste große Beispiel eines Entwicklungslandes beschrieben: die russische Revolution als »Revolution von außen«, als »eine neue Kategorie der modernen Revolution«, als Revolution in einem rückständigen Land. [14] Den Vorgang selbst wie die politische Konsequenz seit 1917 will von Laue in diesem Sinn auch strukturell unterschieden sehen von den westlichen Revolutionen, von der Französischen zumal, die zwar nicht gänzlich ohne äußere Anregung gewesen sei, die sich aber dennoch im gesellschaftlichen wie im ideologischen Anstoß aus einer genuin französischen Krise entwickelt habe. Von Rußland dagegen sei die Einwirkung von außen schlechterdings nicht fortzudenken, der Westen wirkt als »die primäre revolutionäre Kraft«. Wie man sieht, berührt sich diese Sicht mit dem von Hans Freyer gezeichneten Bild der ›Weltgeschichte Europas‹, während sie von jenen dünn gebohrten Formeln, wie sie uns unter dem Leitsatz ›Ost minus West gleich Null‹ gelegentlich angeboten wurden, schon aufgrund der Ernsthaftigkeit des Problembewußtseins einen denkbar weiten Abstand hält.

Es ist verständlich, daß von hier aus der Epocheneinschnitt 1917 ein verändertes Gesicht bekommt. Er wird eingeordnet nicht nur in eine nach Osten hin expandierende Revolutionsbewegung, vielmehr rückt die Oktoberrevolution nun auch im engeren russischen Bezug in einen weiter gespannten Zeitbogen revolutionärer Umformung hinein. Statt der herkömmlichen Stufenfolge: 1905, Februar 1917, Oktober 1917, bzw. bürgerliche, demokratische und sozialistische Revolution, – kommt jetzt eine größere in sich verbundene Periode heraus, und auf diese wird der strukturgeschichtliche Revolutionsbegriff bezogen. Die zaristischen Minister Sergej Witte und Petr Stolypin wie die Stalinschen Plankommissare sind mit einem gemeinsamen Problem befaßt gewesen, mit einer Aufgabe, die zwischen 1890 und 1930 absolute Priorität besaß und mithin die Zäsur von 1917 übergreift: Es kam darauf an, die Industrialisierung und Modernisierung eines rückständigen, zurückgebliebenen Agrarlandes in kurzer Zeit, mit äußerster Beschleunigung, zuwege zu bringen. Der protektionistische, der marktwirtschaftliche und der sozialistische Weg technisch-ökonomischer Umformung wurden in dieser Zeit nacheinander erprobt; es ist in unserem Zusammenhang nicht näher auszuführen, mit welcher Problematik, mit welchen

Methoden und Opfern die schließlich erfolgreiche ›Revolution von oben‹ unter dem Gesetz der Stalinschen Produktionspläne verbunden war.

Bei der Erörterung unseres Forschungsproblems sei dagegen nicht übergangen, daß der eben skizzierte Ansatz mit höchst aktuellen Gegenwartsbezügen ausgestattet ist. Die Perspektive, Rußland als Entwicklungsland zu sehen, geht mit der Frage nach den politischen und wirtschaftlichen Alternativen zusammen, die für die unterentwickelten Länder heute bestehen. So ist die Neigung mitunter groß, Wünsche und Hoffnungen, die man heute für diese Länder hegen mag, durch historische Exempel nicht schon zerstört zu finden, und es scheint mir nützlich zu sein, sich davon Rechenschaft zu geben, daß im Streit um die Beurteilung, etwa der Stolypinschen Reformen, sehr gegenwartsbezogene Interessen ausgetragen werden, oft genug auf der Stufe eines Bewußtseins, das zur Aufklärung über sich selbst noch nicht gekommen ist. Walt Rostows Stadientheorie des wirtschaftlichen Wachstums ist dafür ein lehrreiches, aber keineswegs beherzigenswertes Beispiel. [15] Auch aus methodischen Gründen mag angeraten sein, bei der Einbettung des russischen Revolutionsproblems in die Entwicklungsländerforschung das historische Augenmaß nicht zu verlieren. Die Grenzen und Möglichkeiten vergleichender Untersuchung sind auf diesem weiten Feld noch wenig ausprobiert, und so werden auch Anregungen, wie sie jetzt vor allem von ökonomischen Entwicklungstheorien kommen, erst noch den Prüfstand der Historiker zu durchlaufen haben. Um moderne Einsichten in makroökonomische Größenbeziehungen, wie Hans Raupach vorschlägt, auch auf vergangene Wirtschaftsprozesse anzuwenden, fehlt uns, das sei gern eingestanden, nicht selten einfach noch das Handwerkszeug.

Nach alledem könnte es den Anschein haben, als sei im Forschungsinteresse unserer Zeit die Zäsur von 1917 in jenem weitausholenden Prozeß moderner Weltrevolution und Modernisierung aufgegangen. Deshalb mag es angebracht sein, den Gegenstand selbst, die Russische Revolution als zeitgeschichtliches Problem, aus dem strukturgeschichtlichen Modell noch einmal herauszuholen und zurückzulenken auf die Ausgangsfrage, ob und inwiefern jene Tage im Oktober, die, wie John Reed schrieb, die Welt erschüttert haben, im historischen Begriff als weltgeschichtliche Epoche einsichtig bleiben.

In diesem Sinne regt, wie mir scheint, vor allem die erwähnte Deutung der Russischen Revolution als einer ›Revolution von außen‹ zu weiterführenden Betrachtungen an. Bei der Zuweisung Rußlands zum Revolutionskomplex der rückständigen Länder wird ja doch vorausgesetzt, daß im Jahre 1917 ein *neuer* Typus moderner Revolution in Erscheinung trete, ein Modernisierungsvorgang, bei dem die vom 18. Jahrhundert ausgehende westliche Revolutionsbewegung an ihre Grenzen gerate. Diese zuerst in Rußland erfolgte Formverwandlung des ursprünglichen Modells läßt sich denn auch verdeutlichen und konkretisieren: Sie zeigt sich im Scheitern des parlamentarischen Experiments der liberalen Regierung wie in der raschen Erosion der sozialistischen Rätedemokratie. Sie offenbart sich darin, daß die klassischen Begriffe der bürgerlichen wie der proletarischen Revolution sich hier verkehren – in jenem weiten Raum agrarischer Gesellschaft, der ohne konsistentes Bürgertum wie überhaupt ohne moderne gesellschaftliche Klassen geblieben war. Der soziale Kern des revolutionären Umschlags äußert sich, wie das russische Beispiel erweist, als Agrarrevolution kleinbäuerlicher Massen, sein politischer Kern in der Aktion elitärer Minderheiten. Das fehlende gesellschaftliche Mandat wird durch den Anspruch der Revolutionäre ersetzt, die Interessen der übergroßen Mehrheit des Volkes zu vertreten; die Diktatur der Partei substituiert den Willen einer Bevölkerung, die zu eigener Organisation und Orientierung noch nicht gekommen ist. Die politische Macht etabliert sich mit Hilfe plebiszitär motivierter Notstandsmaßnahmen; sie beginnt ihre eigenen bürokratischen Herrschaftsinstrumente und Steuerungsmechanismen herzustellen und sich ihrer zu bedienen. Dabei kommt es ihr darauf an, die entbundenen Massenbewegungen durch den Apparat, den Funktionär, durch Erziehung und Arbeitszwang zu erfassen und sie den programmierten Entwicklungs- und Modernisierungszielen verfügbar zu machen. Die neue Gesellschaft, die entsteht, entsteht als Dienstleistungsbetrieb, dessen Räson in den mitwachsenden Macht- und Sicherheitsinteressen und im Modell der geplanten Zukunft aufgehoben ist.

Man könnte also sagen, daß die Anstöße, die vom Westen, die ›von außen‹ kamen, sich in den großen eurasischen Entwicklungsräumen Rußlands gebrochen haben; daß die ›moderne Weltrevolution‹ seither eine neue Qualität gewinne; daß mit dem russischen Oktober die Gegenwart der anderen, der non-Western civilization beginnt – Zeitgeschichte, die insofern unsere eigene ist, als die revolutionären Konvulsionen nun ihrerseits ›von außen‹ her auf die alte Welt zurückschlagen. Mithin bestätigt sich, daß auch die moderne strukturgeschichtliche Forschung die Epochenwende von 1917 als eingreifende Zäsur im Vorgang der ›modernen Weltrevolution‹ versteht. Der Gedanke, daß in der Oktoberrevolution die bipolare Spannung unserer Gegenwart bereits enthalten sei, klingt hier wieder auf, nun allerdings nicht mehr allein auf machtpolitische und ideologische Gravitationszentren bezogen, sondern auf die großen Strukturtypen des *einen* universalen Vorgangs moderner Weltveränderung. In historischer Perspektive wird die Russische Revolution – die Revolution in einem kontinentalen Raum, der Europäisches und Außereuropäisches in sich schließt, demnach als eine Übergangsphase und Transmissionszone zwischen diesen beiden Grundtypen aufzufassen sein, – mit Wirkungen nach ›Westen‹ wie nach ›Osten‹ hin. Das heißt zugleich, daß die Russische Revolution mit beiden hier skizzierten Revolutionszusammenhängen in engster Fühlung steht.

Das außerrussische Europa ist, wie wir wissen, in den politischen und sozialen Strukturkrisen der Nachkriegszeit mit vielen Problemen befaßt geblieben, die Rußland seit der Oktoberrevolution in sich austrug. Es genügt, sich daran zu erinnern, daß das Scheitern der parlamentarischen Demokratie, das zur Bilanz des Jahres 1917 in Rußland gehört, sich wenig später als ein weit über Rußland hinausgreifendes Phänomen unserer Zeitgeschichte, auch der deutschen Geschichte, erwiesen hat. In der Tat war ja schon 1917, mitten in einem verheerenden Krieg, auch dieses Europa in unmittelbarstem Sinn von dem revolutionären Umschlag betroffen worden. Der Ruf der Bolschewiki, den imperialistischen Krieg in einen Bürgerkrieg *gegen* den Imperialismus zu verwandeln, meinte nicht nur die Massen an der osteuropäischen Peripherie, nicht nur die Völker in den europäischen Ausbeutungsgebieten und Kolonien, sondern dieser Appell galt vor allem und zuerst der Revolution im Westen, der Befreiungsaktion der proletarischen Klassen in den Industrieländern. Ohne diese europäische Revolution werde, wie man glaubte, die russische verloren sein. So wurde denn auch in Lenins Theorie ein gewaltiger, im Wortsinn weltweiter Zusammenhang revolutionärer Emanzipation mit prognostischer Sicherheit schon dargetan: der Aufstand der Arbeiter und Bauern in Rußland sollte die Weltrevolution in Bewegung setzen, die proletarische Revolution im Westen und der Aufbruch der Völker Asiens sollten damit zusammenschlagen und gegen den einen gemeinsamen Feind gerichtet sein: gegen das Verbundsystem von bürgerlicher Klassenherrschaft, kapitalistischer Weltwirtschaft und imperialistischer Weltpolitik. Die chinesische Perspektive von heute orientiert sich noch immer an diesem weiten Horizont, doch gehört das Produkt der Russischen Revolution, das gegenwärtige Sowjetsystem, in Pekinger Sicht nun schon an die Seite derer, die gegen die Emanzipation der armen, der ausgebeuteten Masse der Menschheit stehen.

Zusammenfassend läßt sich sagen: Seit 1917 hat der von 1776/89 ausgehende Modernisierungsprozeß, im Zeichen bürgerlich-demokratischer Emanzipation und kapitalistischer Rationalität, an den Rändern Europas und in den kolonialen Durchdringungsräumen der alten Mächte eine neue Kategorie der Revolution hervorgebracht: die zuerst in Rußland ausgebildete Form der Weltveränderung nach programmierten Zukunftsentwürfen elitärer Kleingruppen. Dieser zweite und jüngere Typus hat Denkmuster, Methoden und Zielvorstellungen aufgenommen, die aus der älteren atlantisch-westlichen Revolutionsbewegung kommen: sozialistische, marxistische, kommunistische vor allem, und er hat unter den besonderen Bedingungen der sich ihm öffnenden neuen Welt jeweils seine eigene Praxis ausgebildet. Dazu gehört, daß er sich ganz wesentlich als Aufstand gegen die herrschenden Mächte der alten Welt versteht, ja daß er in dieser Frontstellung seine eigentliche Methode findet: Revolution als Befreiungsbewegung der vom imperialistischen System geknechteten Massen. Zugleich aber hat dieser Prozeß im Zuge seiner Ausbreitung in die Welt hinaus alle Gleichförmigkeit verloren. Nationale Traditionen, kulturelles und geistiges Erbe, machtpolitische Ambitionen, wirtschaftliche Faktoren mischen sich ein und zeigen Möglichkeiten auf, die der zeitgenössischen Weltrevolution eine eher noch größere Vielfalt gegeben haben, als sie der westlich-atlantischen Revolution seit dem 18. Jahrhundert jemals eigen war. Diese neue Vielfalt wird zur Signatur unserer Zeitgeschichte zu zählen sein.

1850 hatten Marx und Engels gemeint, daß der chinesische Sozialismus sich dereinst zum europäischen verhalten werde wie die chinesische Philosophie zur Hegelschen.[16] Heute hat sich zwischen Havanna und Rangoon eine Fülle anderer Varianten aufgetan. »Wenn unsere europäischen Reaktionäre«, schrieb Marx, »auf ihrer demnächst bevorstehenden Flucht durch Asien endlich an der chinesischen Mauer ankommen . . ., wer weiß, ob sie nicht darauf die Überschrift lesen: République chinoise – Liberté, Égalité, Fraternité.« Heute ergibt sich, daß dieser ›reaktionäre‹ Westen, ja daß nun sogar Rußland, an der chinesischen Mauer, aber doch auch anderwärts, ihre eigenen Kinder nicht wiederfinden. Die Identitätskrise, in der wir stehen, mag eng damit zusammenhängen.

Anmerkungen

1. Das Alte Regime und die Revolution

1 W. *Markert,* Rußland und die abendländische Welt. Zum Problem der Kontinuität in der russischen Geschichte, in: Deutschland und Europa. Historische Studien zur Völker- und Staatenordnung des Abendlandes. Festschrift für Hans Rothfels. Düsseldorf 1951, S. 293–312; vgl. die Sammlung der Aufsätze und Vorträge Markerts: Osteuropa und die abendländische Welt. Göttingen 1966, S. 61–77. Beste Gesamtdarstellung: G. *Stökl,* Russische Geschichte. 2. Aufl. Stuttgart 1965.

2 Dazu vom Verfasser: Gegenwartsfragen der sowjetischen Geschichtswissenschaft, in: Wissenschaft in kommunistischen Ländern (Tübinger Ringvorlesung). Hrsg. von D. *Geyer.* Tübingen 1967, S. 259–277. J. H. *Billington* hat jüngst die einschlägige Literatur zu klassifizieren versucht: Six Views of the Russian Revolution, in: World Politics XVIII. 1966, S. 452–473. Vgl. den Forschungsbericht von R. D. *Warth,* On the Historiography of the Russian Revolution, in: Slavic Review XXVI. 1967, S. 247–264.

3 L. *Trotzkij,* Geschichte der Russischen Revolution. Frankfurt 1931, 2 Bde., gekürzte Neuauflage ebenda 1967. Vgl. den Abschnitt ›Der Revolutionär als Historiker‹ in Bd. 3 der Trotzkij-Biographie von Isaac *Deutscher:* Der verstoßene Prophet. Stuttgart 1963, S. 211–245.

4 So *Tocqueville* im Vorwort zu seinem Buch: L'Ancien Régime et la Révolution (1856), hier nach der deutschen Ausgabe: Sammlung Dieterich, Bd. 232, S. 1.

5 Der Gedanke vom Ende der ›Vorgeschichte der menschlichen Gesellschaft‹ im Vorwort zur ›Kritik der politischen Ökonomie‹ (1859), in: K. *Marx/ F. Engels,* Werke, Bd. 13. Berlin 1961, S. 7–11.

6 Die ›Thesen‹ der Partei zum 50. Jahrestag der ›Großen Sozialistischen Oktoberrevolution‹: Pravda, Nr. 187, 25. Juni 1967. Vgl. G. N. *Golikov,* Geschichte der Großen Sozialistischen Oktoberrevolution. (Aus dem Russ.) Berlin 1962.

7 Vgl. *Lenins* letzte publizistische Arbeit, die am 4. März 1923 in der ›Pravda‹ erschien: Lieber weniger, aber besser, Werke, Bd. 33. Berlin 1963, S. 474–490.

8 Beste Untersuchung der oppositionellen Kritik: E. H. *Carr,* The Interregnum 1923–1924. London 1954, Socialism in One Country, Vol. 2. London 1959; zu Trotzkij neben Deutschers Biographie (Anm. 3) vor allem Heinz *Brahm,* Trotzkijs Kampf um die Nachfolge Lenins. Köln 1964. Vgl. auch R. V. *Daniels,* Das Gewissen der Revolution. Kommunistische Opposition in Sowjetrußland (dt. Ausg.) Köln-Berlin 1962.

9 Eine vorzügliche Dokumentation des Materials und der Probleme gibt: E. *Oberländer,* Sowjetpatriotismus und Geschichte. Köln 1967.

10 J. *Stalin* an den Schriftsteller D. *Bednyj*, 12. Dez. 1930, in: Stalin, Werke, Bd. 13. Berlin 1955, S. 21–25.

11 Vgl. den Beitrag von L. *Yaresh* in dem von C. E. *Black* hrsg. Sammelband: Rewriting Russian history. Soviet Interpretations of Russia's Past. (2. rev. Aufl.) Vintage Russian Library V. 738. New York 1962, S. 216 bis 232.

12 Ansprache Stalins an das Volk, 2. Sept. 1945, in: J. *Stalin*, Über den Großen Vaterländischen Krieg der Sowjetunion. Moskau 1946, S. 229 bis 233.

13 W. *Jens* in der Besprechung einer Schrift von Wolfgang Kraus (Der fünfte Stand. Aufbruch der Intellektuellen in West und Ost. 1966) in: Die Zeit, Nr. 18, 8. Mai 1967, S. 25.

14 Beispiele: Maßloses Rußland. Selbstbezichtigungen und Bezichtigungen. Hrsg. von Harry *Harvest*. Zürich 1949; Dieter *Friede,* Das russische Perpetuum Mobile. Würzburg 1959, vgl. auch W. *Keller,* Ost minus West = Null. Stuttgart 1960.

15 Bei F. *Heer* schreiben sich Deutungen solcher Art inzwischen fast von selber fort; siehe das Rußland-Kapitel seines Buches: Europa – Mutter der Revolutionen. Stuttgart 1964, S. 730–831. An derlei öffentlicher Meinungsbildung haben russische Philosophen in der Emigration (man denke an Berdjaev oder Stepun) keinen geringen Anteil genommen. Eine genaue Untersuchung der Stereotypen und ihrer Wirkung auf populäre Rußlandvorstellungen dürfte ebenso lohnend wie methodisch schwierig sein. Ansätze in dieser Richtung bei W. *Laqueur,* Deutschland und Rußland. Berlin 1965; Mythos der Revolution. Deutungen und Fehldeutungen der Sowjetgeschichte. Frankfurt 1967, dazu G. *Stökl,* Osteuropa und die Deutschen. Oldenburg 1967.

16 In der Forschung hat der Begriff ›Modernisierung‹ die überkommene Neigung, von der ›Europäisierung Rußlands‹ zu sprechen, zurückgedrängt, ein Reflex des gewachsenen Interesses an der Sozialgeschichte und der Institutionengeschichte. Vgl. C. E. *Black*, The Dynamics of Modernization. New York 1966.

17 Zum Folgenden vgl. die Kapitel 2 und 3 dieses Bandes.

18 Max *Weber*, Rußlands Übergang zum Scheinkonstitutionalismus. Tübingen 1906 (Arch. für Sozialw. und Sozialpolitik. N. F. XXIII, Beilage).

19 Vgl. S. 49 ff. dieses Buches.

20 Zur Genesis dieser Auffassung vgl. maßgebende Urteile der deutschen Rußlandforschung vor 1914 (O. Hoetzsch, O. Auhagen u. a.); Nachweise bei W. *Markert*, Osteuropa und die abendl. Welt, a. a. O. S. 166 ff.

21 Das Toynbee-Zitat bei Th. von *Laue*, Why Lenin? Why Stalin? Philadelphia und New York 1964, S. 86.

22 R. *Wittram*, Zukunft in der Geschichte. Zu Grenzfragen der Geschichtswissenschaft und Theologie. Göttingen 1966, S. 5 ff.

23 Die Arbeiten von Leopold *Haimson* und die sich anschließende Diskussion haben diese Überprüfung in bedeutender Weise angeregt: The Problem of Social Stability in Urban Russia 1905–1917, in: Slavic Review XXIII. 1964, S. 619–642; XXIV. 1965, S. 1–56.

24 Vgl. G. *Katkov*, Russia 1917. The February Revolution. London 1966. Diese materialreiche Arbeit, deren Verfasser seine monarchistischen Sympathien nicht verbirgt, führt den Untergang der Monarchie und die Fe-

bruarrevolution auf deutsche Agenten und deutsches Geld zurück sowie auf die Stupidität der liberalen Opposition; auch eine Verschwörung der Freimaurer soll im Spiel gewesen sein. Eine solche Verengung der Perspektive verleitet den Verfasser zu unhaltbaren Urteilen.

25 Stefan T. *Possony*, Lenin. Eine Biographie. Köln 1965.
26 Walt W. *Rostow*, Stadien wirtschaftlichen Wachstums. Eine Alternative zur marxistischen Entwicklungstheorie. 2. Aufl. Göttingen 1967.
27 Zur Problemlage siehe D. *Rothermund*, Geschichtswissenschaft und Entwicklungspolitik, in: Vierteljahreshefte für Zeitgeschichte 15. 1967, S. 325 bis 340.
28 Crane *Brinton*, Die Revolution und ihre Gesetze. Frankfurt 1959.
29 A. *Gerschenkron*, Economic Backwardness in Historical Perspective. Cambridge, Mass. 1962; Transformation of Russian Society. Aspects of Social Change since 1861. Hrsg. von C. E. *Black*. Harvard University Press 1960.
30 Th. von *Laue*, Die Revolution von außen als erste Phase der russischen Revolution 1917, in: Jahrbücher für Geschichte Osteuropas N. F. 4. 1956, S. 138–158; *ders.*, Why Lenin? Why Stalin? A Reappraisal of the Russian Revolution. 1900–1930. Philadelphia und New York 1964. Vgl. neuerdings die ausgewogene Darstellung von K. *Kochan*, Russia and Revolution 1890–1918. London 1966.
31 H. *Raupach*, Die Sowjetwirtschaft als historisches Phänomen, in: Vierteljahreshefte für Zeitgeschichte 10. Jg. (Januar 1962), S. 1–16; Jürgen *Nötzold*, Wirtschaftspolitische Alternativen der Entwicklung Rußlands in der Ära Witte und Stolypin. Berlin 1966; *ders.*, Agrarfrage und Industrialisierung in Rußland am Vorabend des Ersten Weltkrieges, in: Saeculum XVII. 1966, S. 170–190.

2. Soziale Voraussetzungen der Revolution

1 Vgl. S. *Monas*, The Third Section. Police and Society in Russia under Nicholas I. Cambridge, Mass. 1961.
2 Das Phänomen der *Revolutionsfurcht* in Rußland verdient eine gesonderte Untersuchung.
3 Eine moderne Untersuchung, die eine Gesamtanschauung der Reformen unter Alexander II. vermitteln würde, fehlt. Informative Überblicke: W. E. *Mosse*, Alexander II and the Modernization of Russia. London 1958; H. *Seton-Watson*, The Russian Empire 1801–1917. Oxford 1967, S. 332–429. Zur Bauernbefreiung: T. G. *Robinson*, Rural Russia under the Old Regime. New York 1932; P. A. *Zajončkovskij*, Otmena krepostnogo prava (Die Aufhebung des Leibeigenschaftsrechts). Moskau 1958; *ders.*, Provedenie v žizn' krest'janskoj reformy 1861 g. (Die Verwirklichung der Bauernreform). Moskau 1958. Der agrar- und sozialgeschichtliche Hintergrund bei J. *Blum*, Lord and Peasant in Russia. Princeton, N. J. 1961.
4 Zur ›Volkstümler‹-Bewegung (Narodničestvo) siehe die maßgebende Darstellung von Franco *Venturi*, Roots of Revolution. A History of the Populist and Socialist Movements in 19th Century Russia. New York 1960 (ital. Originalausg. Turin 1952); dazu die kritische Würdigung von

P. *Scheibert*, Wurzeln der Revolution, in: Jahrbücher für Geschichte Osteuropas N. F. 10. 1962, S. 323–336.

5 Genaue Darstellung der Krisenjahre 1878–1882: P. A. *Zajončkovskij*,
Krizis samoderžavija na rubeže 1870–1880-ch gg. (Die Krise der Selbstherrschaft.) Moskau 1964; vgl. die Beobachtungen und Urteile des deutschen Botschafters: L. v. *Schweinitz*, Denkwürdigkeiten. Berlin 1927.

6 Zum Grundsätzlichen: Hans *Rogger*, Reflections on Russian Conservatism
1861–1905, in: Jahrbücher für Geschichte Osteuropas N. F. 14. 1966,
S. 194–212, vgl. dazu E. C. *Thaden*, Conservative Nationalism in 19th
Century Russia. Seattle, Washington 1964. Eine aus den Quellen ge-
arbeitete Monographie zur ›Konterreform‹ unter Alexander III. ist von
dem Moskauer Historiker P. A. Zajončkovskij zu erwarten.

7 A. P. *Mendel*, Dilemmas of Progress in Tsarist Russia. Cambridge, Mass.
1961; R. *Kindersley*, The First Russian Revisionists. A Study of Legal
Marxism in Russia. Oxford 1962; S. H. *Baron*, Plekhanov: the Father
of Russian Marxism. Stanford 1963.

8 Die maßgebende Monographie: Th. von *Laue*, Sergei Witte and the
Industrialization of Russia. New York and London 1963. Zu den Formen und Problemen der Industrialisierung und des sozialen Wandels vgl.
die Beiträge in: Transformation of Russian Society. Ed. by C. E. *Black*.
Cambridge, Mass. 1960. Die neueste Orientierung über Stand und Fragestellung der sowjetischen Forschung bietet P. A. *Chromov*, Ėkonomičeskoe
razvitie Rossii (Die ökonomische Entwicklung Rußlands). Moskau 1967,
S. 277 ff.; in englischer Übers. zugänglich: P. I. *Lyashchenko*, History of
the National Economy of Russia to the 1917 Revolution. New York 1949.

9 Bevölkerungsstatistik: A. G. *Rašin*, Naselenie Rossii za 100 let (1811–
1913 gg.) Moskau 1956.

10 Vgl. O. H. *Radkey*, Chernov and Agrarian Socialism before 1918, in:
Continuity and Change in Russian and Soviet Thought. Ed. by J. Simmons. Cambridge, Mass. 1955, S. 63–80; dazu D. W. *Treadgold*, Lenin
and his Rivals. The Struggle for Russia's Future, 1898–1906. New York
1955.

11 D. *Mitrany*, Marxismus und Bauerntum. München 1956; L. H. *Haimson*,
The Russian Marxists and the Origins of Bolshevism. Cambridge, Mass.
1955; D. *Geyer*, Lenin in der russischen Sozialdemokratie. Köln 1962;
J. H. L. *Keep*, The Rise of Social Democracy in Russia. London 1963.

12 Zum Programm der Kadetten-Partei 1905/06: D. W. *Treadgold*, a. a. O.
S. 191 ff.; der historische Hintergrund bei V. *Leontowitsch*, Geschichte
des Liberalismus in Rußland. Frankfurt 1957; G. *Fischer*, Russian Liberalism. From Gentry to Intelligentsia. Cambridge, Mass. 1958.

13 Zeitgenössische Urteile und Untersuchungen: Aus Rußlands Kultur und
Volkswirtschaft. Hrsg. von M. *Sering*. Berlin 1913; K. A. *Wieth-Knudsen*,
Bauernfrage und Agrarreform in Rußland. München 1913; W. D. *Preyer*,
Die russische Agrarreform. Jena 1914. Die maßgebende sowjetische Monographie: S. M. *Dubrovskij*, Stolypinskaja zemel'naja reforma (Die Agrarreform Stolypins). Moskau 1963. Brauchbare Übersicht: L. A. *Owen*,
The Russian Peasant Movement, 1906–1917. London 1937; innere Kolonisation: D. W. *Treadgold*, The Great Siberian Migration. Princeton
1957.

145

14 Vgl. die Analyse von J. *Nötzold,* Wirtschaftspolitische Alternativen der
Entwicklung Rußlands in der Ära Witte und Stolypin. Berlin 1966. Zum
Stand der Kontroverse über die Perspektiven der Reform: G. L. *Yaney,*
The Concept of the Stolypin Land Reform, in: Slavic Review XXII.
1964, S. 275–293; W. E. *Mosse,* Stolypin's Villages, in: The Slavonic
and East European Review XLIII, No. 101 (Juni 1965), S. 257–274.

15 M. *Sering* (Hrsg.), Die agrarischen Umwälzungen im außerrussischen Ost-
europa. Berlin-Leipzig 1930; W. *Conze,* Die Strukturkrise des östlichen
Mitteleuropa vor und nach 1919, in: Vierteljahreshefte für Zeitgeschichte
Jg. 1. 1953, S. 319–338.

16 Dazu die Erörterungen von Hans *Rogger,* Russia in 1914, in: Journal
of Contemporary History Vol. 1. 1966, Nr. 4. Harper Torchbooks 1306,
S. 229–253.

17 Vgl. R. *Bendix,* Herrschaft und Industriearbeit. Untersuchung über Liberalismus und Autokratie in der Geschichte der Industrialisierung. Frankfurt 1960. Dazu die ältere Darstellung von M. *Tugan-Baranowsky,* Die
russische Fabrik. Berlin 1900.

18 Zu den Anfängen der Arbeitsschutzgesetzgebung: H. *Neubauer,* Alexander II. und die Arbeiterfrage, in: Ostdeutsche Wissenschaft VII. 1960,
S. 109–126; für die Folgezeit vgl. P. *Meschewetski,* Die Fabrikgesetz-
gebung in Rußland. Tübingen 1911; K. A. *Pashitnow,* Die Lage der arbeitenden Klasse in Rußland. Stuttgart 1907; neuere Untersuchungen:
J. *Walkin,* The Attitude of the Tsarist Government to the Labor Problem, in: American Slavic and East European Review XIII. 1954, S. 163
bis 184; Th. von *Laue,* Tsarist Labor Policy, 1895–1903, in: Journal of
Modern History XXXIV. 1962, S. 135–145; *ders.,* Russian Labor be-
tween Field and Factory, in: California Slavic Studies III. 1964, S. 33
bis 65; *ders.,* Russian Peasants in the Factory, in: Journal of Economic
History XXI. 1961. Von sowjetischer Seite: A. F. *Vovčik,* Politika ca-
rizma po rabočemu voprosu v predrevoljucionnyj period, 1895–1904
(Die Politik des Zarismus in der Arbeiterfrage in der vorrevolutionären
Periode). Lemberg 1964.

19 Hierzu und zum Folgenden die in Anm. 11 genannten Arbeiten zur russischen Sozialdemokratie.

20 Vgl. R. *Pipes,* Social Democracy and the St. Petersburg Labor Movement,
1885–1897. Cambridge, Mass. 1963, dazu die empfindliche Kritik von
sowjetischer Seite: R. A. *Kazakevič,* F. A. *Suslova,* Mister Pipes fal'si-
ficiruet istoriju (Mr. Pipes fälscht die Geschichte). Leningrad 1966.

21 K. *Tidmarsh,* The Zubatov Idea, in: American Slavic and East European
Review XIX. 1960, S. 335–346.

22 Aus der Fülle der Literatur vgl. O. *Anweiler,* Die russische Revolution
von 1905, in: Jahrbücher für Geschichte Osteuropas N. F. 3. 1955, S. 161
bis 193; *ders.,* Die Rätebewegung in Rußland, 1905–1921. Leiden 1958;
J. H. L. *Keep,* The Rise of Social Democracy in Russia. London 1963;
A. *Fischer,* Russische Sozialdemokratie und bewaffneter Aufstand im
Jahre 1905. Wiesbaden 1967.

23 Die Geschichte der russischen Sozialdemokratie hat für die Periode 1905
bis 1917 noch keine angemessene Darstellung gefunden. Zu den Gewerkschaften: W. *Grinewitsch,* Die Gewerkschaftsbewegung in Rußland. Bd. 1
(1905–1914). Berlin 1927.

24 L. H. *Haimson,* The Problem of Social Stability in Urban Russia, in: Slavic Review XXIII. 1964, S. 619–642; XXIV. 1965, S. 1–56.

3. Politische Voraussetzungen der Revolution

1 Zum Forschungsstand vgl. die maßgebende Untersuchung von R. *Pipes,* The Formation of the Soviet Union. Communism and Nationalism 1917–1923. (2. rev. Aufl.) Cambridge, Mass. 1964, dazu H. *Seton-Watson,* The Russian Empire, 1801–1917. Oxford 1967; G. v. *Rauch,* Rußland – Staatliche Einheit und nationale Vielfalt. München 1953.

2 Das Material erfaßt die vorzügliche Übersicht von E. *Amburger,* Geschichte der Behördenorganisation Rußlands von Peter dem Großen bis 1917. Leiden 1966. Zum Verwaltungsmechanismus vor 1914 vgl. G. L. *Yaney,* Some Aspects of the Imperial Russian Government on the Eve of the First World War, in: The Slavonic and East European Review XLIII, No. 100 (Dez. 1964), S. 68–90.

3 Der Zusammenhang wird berührt von Alf *Edeen,* The Civil Service, its Composition and Status, in: Transformation of Russian Society, a. a. O. S. 274 ff.

4 Zeitgenössische Übersicht: B. *Veselovskij,* Istorija zemstva za sorok let (Geschichte des Zemstvo). T. 1–4. St. Petersburg 1909–1911; zur politischen Relevanz: W. *Golubew,* Das Semstwo, in: Russen über Rußland. Hrsg. von J. Melnik. Frankfurt 1906; informative Übersichten geben A. *Vucinich,* The State and Local Community, in: Transformation of Russian Society, a. a. O. S. 191–209; J. *Walkin,* The Rise of Democracy in Pre-Revolutionary Russia. London 1963, S. 153–182.

5 Vgl. die statistischen Angaben bei L. K. *Erman,* Intelligencija v pervoj russkoj revoljucii (Die Intelligenzia in der ersten russischen Revolution). Moskau 1966, S. 7 ff.

6 I. P. *Belokonskij,* Zemskoe dviženie (Die Zemstvo-Bewegung). 2. Aufl. Moskau 1914.

7 M. *Cherniavsky,* Tsar and People: Studies in Russian Myths. New Haven, Conn. 1961.

8 Die Angaben zur Berufsstatistik nach L. K. *Erman* (vgl. Anm. 5); s. auch H. *Seton-Watson,* The Russian Empire, 1801–1917. Oxford 1967, S. 534 ff.

9 Zu den Voraussetzungen des Parteiwesens als Problem des politischen Denkens: K. v. *Beyme,* Politische Soziologie im zaristischen Rußland. Wiesbaden 1965. Ältere großangelegte Selbstdarstellung aus marxistisch-linksliberaler Sicht: Obščestvennoe dviženie v Rossii v načale XX v. (Die gesellschaftliche Bewegung in Rußland am Anfang des 20. Jhs.). T. 1–4. St. Petersburg 1909–1912.

10 Vgl. L. H. *Haimson,* The Parties and the State, in: Transformation of Russian Society, a. a. O. S. 110–145; H. *Jablonowski,* Die russischen Rechtsparteien 1905–1917, in: Rußlandstudien. Gedenkschrift für O. Hoetzsch. Stuttgart 1957, S. 43–55; H. *Rogger,* The Formation of the Russian Right, in: California Slavic Studies III. 1964, S. 66–94; dazu die Studien des gleichen Verfassers in: Journal of Modern History XXXVI. 1964, S. 398–415, Slavic Review XXV. 1966, S. 615–629. – Eine befriedigende monographische Untersuchung zum Parteiwesen in der Periode

des Scheinkonstitutionalismus fehlt; für die Periode 1881–1904 vgl. den breit angelegten Überblick von Valdo *Zilli, La Rivoluzione Russa* 1905. La Formazione dei Partiti Politici. Neapel 1963. Beachtenswert bleibt A. *Levin,* The Second Duma. A Study of the Social-Democratic Party and the Russian Constitutional Experiment. Yale University Press 1940 (Reprint 1966).

11 Vgl. die in Kapitel 2, Anm. 12 genannte Literatur, dazu M. *Karpovich,* Two Types of Russian Liberalism: Maklakov and Miliukov, in: Continuity and Change in Russian and Soviet Thought. Ed. by J. Simmons. Cambridge, Mass. 1955, S. 129–143.

12 H. *Jablonowski,* Die Stellungnahme der russischen Parteien zur Außenpolitik der Regierung von der englisch-russischen Verständigung bis zum Ersten Weltkriege, in: Forschungen zur osteuropäischen Geschichte V. 1957, S. 60–92.

13 O. H. *Radkey,* The Agrarian Foes of Bolshevism. Promise and Default of the Russian Socialist Revolutionaries 1917. New York 1958. Eine moderne Parteigeschichte der sozialrevolutionären Bewegung für die Jahre vor 1914 fehlt.

14 Dazu vom Verfasser: Lenin in der russischen Sozialdemokratie. Köln 1962; *ders.,* Die russische Sozialdemokratie als parteigeschichtliches Problem, in: Geschichte und Gegenwartsbewußtsein. Festschrift für H. Rothfels. Göttingen 1963, S. 106–121.

15 Zur Geschichte des Menschewismus sind von der unter der Leitung L. Haimsons stehenden Arbeitsgruppe weiterführende Veröffentlichungen zu erwarten, vgl. vorläufig die Arbeit von S. M. *Schwarz,* The Russian Revolution of 1905. The Workers' Movement and the Formation of Bolshevism and Menshevism. Chicago 1967. – Über die Beziehungen zur deutschen Sozialdemokratie vgl. meinen Archivbericht in: International Review of Social History 3. 1958, S. 195–219, 418–444, sowie neuerdings Peter *Lösche,* Der Bolschewismus im Urteil der deutschen Sozialdemokratie, 1903–1920. Berlin 1967.

16 Eine vergleichende Einordnung des russischen Parlamentarismus in den Zusammenhang der kontinentaleuropäischen parlamentarischen Systeme gibt K. v. Beyme in seiner noch ungedruckten Heidelberger Habilitationsschrift (1967). Zeitgenössische Darstellungen und Urteile: A. *Palme,* Die russische Verfassung. Berlin 1910; W. *Gribowski,* Das Staatsrecht des Russischen Reiches. Tübingen 1912; O. *Hoetzsch,* Rußland, eine Einführung auf Grund seiner Geschichte von 1904 bis 1912. Berlin 1913, 2. Aufl. 1917. Zur parlamentarischen Prozedur vgl. S. L. *Levitsky,* Interpellation und Verfahrensfragen in der russischen Duma, in: Forschungen zur osteuropäischen Geschichte VI. 1958, S. 170–207. Memoirencharakter tragen die Arbeiten von V. A. *Maklakov,* The First State Duma. (Aus dem Russ.) Bloomington, Ind. 1964, Vtoraja Gosudarstvennaja Duma (Die zweite Staatsduma). Paris 1949. Von sowjetischer Seite: S. M. *Sidel'nikov,* Obrazovanie i dejatel'nost' pervoj gosudarstvennoj dumy (Bildung und Tätigkeit der ersten Staatsduma). Moskau 1962.

4. Krieg und Revolution

1 E. *Hölzle*, Lenin 1917. Die Geburt der Revolution aus dem Kriege. München 1957.

2 Genaue Darstellung der Rußlandanschauungen bei H. *Krause*, Marx und Engels und das zeitgenössische Rußland. Gießen 1958.

3 Protokoll über die Verhandlungen des Parteitages der Sozialdemokratischen Partei Deutschlands. Abgehalten zu Erfurt vom 14. bis 20. Oktober 1891. Berlin 1891, S. 285. Dazu die Reden Bebels vor dem Deutschen Reichstag am 7. März und 10. Dezember 1904, in: Stenographische Berichte über die Verhandlungen des Reichstags. XI. Legislaturperiode. I. Session, 1. Abschn. 1903/04, Bd. 2, 51. Sitzung, S. 1583 C–1592 A; I. Session, 2. Abschn. Bd. 5, 109. Sitzung, S. 3479 B–3490 A.

4 Engels an Bebel, 13. Oktober und 29. September 1891, in: F. *Engels*, Briefe an Bebel. Berlin 1958, S. 190 f., 184.

5 Vorzügliche Zusammenfassung und Dokumentation mit neuem Material: G *Haupt*, Le congrès manqué. L'international à la veille de la première guerre mondiale. Paris 1965, revidierte deutsche Ausgabe: Der Kongreß fand nicht statt. Die Sozialistische Internationale 1914. Europa-Verlag Wien 1967; dazu M. M. *Drachkovitch*, Les socialismes français et allemand et la problème de la guerre, 1870–1914. Genf 1953. Die einschlägigen Resolutionen der Internationale bei J. *Kuczynski*, Der Ausbruch des ersten Weltkrieges und die deutsche Sozialdemokratie. Chronik und Analyse. Berlin 1957, S. 174 ff.

6 Vgl. Ursula *Ratz*, Karl Kautsky und die Abrüstungskontroverse in der deutschen Sozialdemokratie 1911/12, in: International Review of Social History XI. 1966, S. 197–227.

7 Internationaler Sozialisten-Kongreß zu Stuttgart, 18. bis 24. August 1907. Berlin 1907, S. 102. Das von R. Luxemburg eingebrachte Amendement wurde von Lenin und seinem menschewistischen Gegner Martov unterstützt.

8 A. *Fischer*, Russische Sozialdemokratie und bewaffneter Aufstand im Jahre 1905. Wiesbaden 1967, S. 29 ff.

9 Der Fall von Port Arthur (Vpered Nr. 2, 1./14. Jan. 1905), in: *Lenin*, Werke. Bd. 8. Berlin 1958, S. 34 ff.

10 R. *Luxemburg*, Krieg (Czerwone Sztandar, Februar 1904), in: Ausgewählte Reden und Schriften. Bd. 2. Berlin 1955, S. 184. Freilich hat auch R. Luxemburg gehofft, daß dieser Krieg »zum Grabe des Zarismus und zur Wiege der politischen Freiheit in Rußland« werde.

11 Vgl. *Lenins* Auseinandersetzung mit R. Luxemburg über Selbstbestimmungsrecht (1914) und die Möglichkeit »nationaler Befreiungskriege« (1916): Werke. Bd. 20. Berlin 1961, S. 395–461, Bd. 22, S. 310–325. Zu R. Luxemburg vgl. jetzt die Biographie von P. *Nettl*, deutsche Ausgabe Köln 1967. – Grundsätzliches zum ideengeschichtlichen Zusammenhang: P. *Kluke*, Selbstbestimmung. Vom Weg einer Idee durch die Geschichte. Göttingen 1963, bes. S. 37 ff.

12 Der streitbare Militarismus und die antimilitaristische Taktik der Sozialdemokratie (Proletarij Nr. 33, 23. 7./5. 8. 1908), in: *Lenin*, Werke. Bd. 15. Berlin 1963, S. 189, 194.

13 Brief an M. *Gor'kij* (Ende Januar 1913), in: Leninskij Sbornik I. 1924. S. 131.

14 K. *Kautsky*, Krieg und Frieden. Betrachtungen zur Maifeier, in: Die Neue Zeit XXIX. Bd. 2, S. 104.

15 Die Stellungnahme der Dumafraktion: Die Russische Revolution 1917. Hrsg. v. M. *Hellmann* (dtv-dokumente 227/28). München 1964, S. 53 ff.

16 Reiches Material – zumal Pressestimmen – enthält das in der DDR aus dem Handel gezogene Buch von J. *Kuczynski*, Der Ausbruch des ersten Weltkrieges (Anm. 5). Dazu: Die Internationale und der Weltkrieg. 1. Abt. Materialien, gesammelt von C. *Grünberg*. Leipzig 1916. Vgl. die Darstellung aus der Sicht der SED-Geschichtsschreibung: W. *Bartel*, Die Linken in der deutschen Sozialdemokratie im Kampf gegen Militarismus und Krieg. Berlin 1958.

17 Über die *Union sacrée:* R. *Wohl*, French Communism in the Making. Stanford 1966, S. 44 ff. Zur Sonderstellung der italienischen Sozialisten vgl. H. *König*, Lenin und der italienische Sozialismus, 1915–1921. Köln 1967, S. 13 ff.

18 Vgl. die materialreiche Übersicht über die Kriegsauffassung der russischen sozialistischen Gruppen von G. *Tschudnowsky*, in: Archiv für die Geschichte des Sozialismus und der Arbeiterbewegung. Hrsg. von C. Grünberg VI. 1916, S. 60–94, IX. 1921, S. 356–412.

19 Zu Zimmerwald: A. *Balabanoff*, Die Zimmerwalder Bewegung 1914 bis 1918. Leipzig 1928 (= Die Internationale und der Weltkrieg. 2. Abt. gesammelt von C. Grünberg); A. *Rosmer*, Le mouvement ouvrier pendant la guerre. De l'union sacrée à Zimmerwald. Paris 1936; M. *Fainsod*, International Socialism and the World War. Cambridge, Mass. 1935; O. H. *Gankin*, H. H. *Fisher*, The Bolsheviks and the World War. The Origins of the Third International. Stanford 1940. Vgl. die Darstellung des SED-Historikers A. *Reisberg*, Lenin und die Zimmerwalder Bewegung. Berlin 1966.

20 Lenins (und Zinov'evs) Aufsätze aus den Kriegsjahren erstmals gesammelt in: N. *Lenin* und G. *Sinowjew*, Gegen den Strom. Verlag der Kommunistischen Internationale 1921.

21 Vgl. Lage und Aufgaben der Sozialistischen Internationale (Social-Demokrat Nr. 33, 1. Dezember 1914) in: Lenin, Werke. Bd. 21. Berlin 1960, S. 22–28.

22 Lenins Forderung nach einer ›*Dritten Internationale*‹, ebenda.

23 Der Imperialismus und die Spaltung des Sozialismus (Oktober 1916), in: Lenin, Werke. Bd. 23. Berlin 1957, S. 102–118. Zur Imperialismus-Theorie: Der Imperialismus als höchstes Stadium des Kapitalismus (1916, veröff. 1917), Werke. Bd. 22. Berlin 1960, S. 191–309.

24 Einige Thesen (Social-Demokrat Nr. 47, 13. Oktober 1915), in: *Lenin*, Werke. Bd. 21. Berlin 1960, S. 410 f.

5. Das Ende des Alten Regimes

1 Der Zusammenbruch Rußlands unter den Wirkungen des Krieges ist oft beschrieben worden. Die noch immer beste Übersicht in einer westlichen Sprache gab M. T. *Florinsky* im Rahmen der von der Carnegiestiftung

geförderten »Economic and Social History of the World War. Russian Series« (12 Bde.): The End of the Russian Empire. New Haven, Yale University Press 1931. Die auf intensiver Forschung und breiter Materialgrundlage beruhende Arbeit von G. *Katkov*, Russia 1917. The February Revolution (London 1967) bietet eine detaillierte, in vielen Urteilen aber höchst fragwürdige Ereignisgeschichte. Zu spezifischen Mängeln dieses Buches, an dem ältere Kontroversen der russischen Emigration haften geblieben sind, vgl. Anm. 4. Eine Art Gegenmodell (unter Hervorhebung des Anteils der Massen und der von Lenin geführten bolschewistischen Partei) vermittelt der sowjetische Historiker I. I. *Minc* in seiner auf drei Bände angelegten Geschichte des Großen Oktober: Istorija Velikogo Oktjabrja. T. 1, Sverženie samoderžavija. Moskau 1967.

2 Zum Folgenden vgl. die in Anm. 1 genannte Reihe, die von emigrierten russischen Gelehrten und Fachleuten bearbeitet wurde: A. M. *Michelson* u. a., Russian Public Finance During the War (1928), S. O. *Zagorsky*, State Control of Industry in Russia During the War (1928), B. E. *Nolde*, Russia in the Economic War (1928), A. N. *Antsiferov* u. a., Russian Agriculture During the War (1930), P. *Struve* u. a., Food Supply in Russia During the War (1930), N. N. *Golovin*, The Russian Army in the War (1931), St. *Kohn* u. a., The Costs of the War (1932). Zur Finanzlage Rußlands s. die sowjetische Darstellung von A. L. *Sidorov*, Finansovoe položenie Rossii v gody pervoj mirovoj vojny, 1914–1917. Moskau 1960, zur »Bauernbewegung« während des Krieges die Dokumentation: Krest'janskoe dviženie v gody pervoj mirovoj vojny. Sbornik dokumentov. Moskau-Leningrad 1965; zur landwirtschaftlichen Produktion: A. M. *Anfinov*, Rossijskaja derevnja v gody pervoj mirovoj vojny. Moskau 1962.

3 Vgl. die methodisch wichtigen Untersuchungen von G. *Rudé*, The Crowd in the French Revolution. Oxford 1959 (deutsch München 1961). The Crowd in History. A Study of Popular Disturbances in France and England 1730–1848. New York-London-Sidney 1964.

4 Dazu die bemerkenswerte Untersuchung von E. N. *Burdžalov*, Vtoraja Russkaja Revoljucija. Vosstanie v Petrograde (Die zweite russische Revolution. Der Aufstand in Petrograd). Moskau 1967. – Die u. a. von S. *Melgunov* (Martovskie dni 1917 g. Paris 1961) vertretene Agentenund Verschwörerthese hat nach der Erschließung der deutschen Akten in G. *Katkov* einen neuen, entschiedenen Anhänger gefunden (vgl. Anm. 1). Da die sowjetische Forschung die eindeutig belegbare Finanzierung russischer revolutionärer Gruppen durch deutsche Stellen verschweigt, liegt die Versuchung nahe, bei der Beurteilung ihrer faktischen Auswirkungen auf das Revolutionsgeschehen jedes Augenmaß zu verlieren. Durch seine Unterstellungen und Schlußfolgerungen hat Katkov die Agententheorie unfreiwillig ad absurdum geführt. Zum Problem und zu den Akten vgl. die behutsam abwägenden und klärenden Untersuchungen und Dokumentationen von W. *Hahlweg*, Lenins Rückkehr nach Rußland 1917. Leiden 1957, Z. A. B. *Zeman*, Germany and the Revolution in Russia. London 1958, M. *Futrell*, Northern Underground. London 1963, ferner (zur Person Parvus-Helphands) W. *Scharlau* und Z. A. B. *Zeman*, Freibeuter der Revolution. Köln 1964. Das hier vorgelegte Material ist auch zur Prüfung der erstmals im Juli 1917 gegen Lenin und die Bolsche-

wiki erhobenen Anklage heranzuziehen. Die vom State Department 1918 publizierten Papiere zum Komplex einer »deutsch-bolschewistischen Verschwörung« hat G. F. *Kennan* endgültig als Fälschung erwiesen: The Sisson Documents, in: Journal of Modern History XXVII. 1956, S. 130 bis 154.

5 Vgl. das Memorandum des Reichsratsmitglieds P. N. *Durnovo* (Februar 1914), in: Documents of Russian History, 1914–1917. Ed. by F. A. *Golder.* (Reprint) Glouchester, Mass. 1964, S. 3–23.

6 *Miljukovs* Revolutionsdarstellung: Istorija Vtoroj Russkoj Revoljucii. Sofia 1921–1923, deutsche Ausgabe: Rußlands Zusammenbruch. Berlin 1925, 2 Bde., dazu die posthum veröffentlichten Memoiren: Vospominanija 1859–1917. New York 1955, Bd. 2.

7 Vgl. Kapitel 3.

8 T. J. *Polner,* Russian Local Government During the War and the Union of Zemstvos. New Haven 1930, P. P. *Gronsky,* N. J. *Astrov,* The War and the Russian Government. New Haven 1928. – Die sowjetische Auffassung über die Rolle der ›Bourgeoisie‹ bei P. *Volobuev,* Proletariat i buržuazija Rossii 1917 g. Moskau 1964.

9 Zur Krise im Sommer 1915 vgl. vor allem die Aufzeichnungen des Kabinettsekretärs A. N. *Jachontov* über die Sitzungen des Ministerrats: Archiv Russkoj Revoljucii XVIII. Berlin 1926, S. 15–136, jetzt in engl. Übers. hrsg. von M. *Cherniavsky,* Prologue to Revolution. Englewood Cliffs, N. J. 1967. Zur liberalen Opposition s. Th. *Riha,* Miliukov and the Progressive Block in 1915, in: Journal of Modern History XXXII. 1960, S. 16 ff., dazu die Archivpublikation von B. B. *Grave,* Buržuazija nakanune fevral'skoj revoljucii (Die Bourgeoisie am Vorabend der Februarrevolution). Moskau-Leningrad 1927. Auszüge bei *Hellmann* (dtv 227/28) und *Golder,* a. a. O.

10 Auch sowjetische Historiker haben inzwischen die Behauptung fallen gelassen, daß von russischer Seite ernsthafte Schritte zur Herbeiführung eines Sonderfriedens unternommen worden seien, vgl. E. N. *Burdžalov,* a. a. O., S. 72. Zur deutschen Politik vgl. F. *Fischer,* Griff nach der Weltmacht (Sonderausgabe). Düsseldorf 1967, S. 155 ff., 191 ff., E. *Zechlin,* Friedensbestrebungen und Revolutionierungsversuche, in: Aus Politik und Zeitgeschehen. Beilage zu Das Parlament B 20/1961, B 24–25/1961, B 20 und 22/1963.

11 Vgl. die Korrespondenz des Kaiserlichen Paares: The Letters of the Tsar to the Tsaritsa 1914–1917. London 1929; Pis'ma imperatricy Aleksandry Feodorovny k imp. Nikolaju II. Berlin 1922; Die letzte Zarin. Hrsg. von J. Kühn. Berlin 1922.

12 Vgl. die Dokumente bei *Hellmann* (dtv 227/28), S. 78 ff. und F. A. *Golder,* a. a. O., S. 78 ff.

13 Aus dem Programm des ›Progressiven Blocks‹, zit. nach *Hellmann,* S. 79.

14 Ebenda.

15 Die Aufzeichnungen und Memoiren der Diplomaten: M. *Paléologue,* Am Zarenhof während des Weltkrieges. München 1925; G. *Buchanan,* Meine Mission in Rußland. Berlin 1926.

16 Vgl. die gereinigte Version der Rede bei *Golder,* a. a. O., S. 154 ff., dazu P. N. *Miljukov,* Vospominanija. T. 2, 277 ff. Details bei G. *Katkov,* a. a. O. S. 187 ff.

17 Vgl. die Darstellung *Burdžalovs* (Anm. 4), S. 56 ff., 81 ff.
18 *Burdžalov*, a. a. O. S. 77 ff., *Katkov*, S. 173 ff.
19 Zur Verfassung der Armee am Vorabend der Revolution vgl. die ausgezeichnete Dissertation von G. *Wettig*, Die Rolle der Armee im revolutionären Machtkampf 1917, in: Forschungen zur osteuropäischen Geschichte Bd. 12. 1967, S. 65 ff.
20 Zu Rasputin eingehend *Katkov*, S. 196–210; über die interalliierte Konferenz vgl. R. D. *Warth*, The Allies and the Russian Revolution. From the Fall of the Monarchy to the Peace of Brest-Litovsk. Durham, N. C. 1954, S. 18 ff.
21 Vgl. die Selbstdarstellung des Dumapräsidenten M. V. *Rodzjanko:* Erinnerungen. Berlin o. J., dazu: Archiv Russkoj Revoljucii VI, S. 5–80. – Zur Haltung der Armeebefehlshaber: Archiv Russkoj Revoljucii III, S. 247–270.
22 J. S. *Curtiss*, Church and State in Russia. The Last Years of the Empire 1900–1917. New York 1940.

6. Die Notstandsdemokratie der Revolution

1 Vgl. die Aufzeichnungen von V. V. *Šul'gin* (Schulgin): Tage. Berlin 1928. Zur Person s. neuerdings Auszüge aus Erinnerungen des greisen Šul'gin an seine Tätigkeit vor 1917, in: Istorija SSSR. 1966, Nr. 6, S. 70–91, 1967, Nr. 1, S. 123–144.
2 Abdankungsurkunde Nikolajs und Verzichterklärung des Großfürsten Michail: *Hellmann*, dtv 227/28, S. 137 ff., dazu die Dokumentation in: The Provisional Government 1917. Documents. Selected and edited by R. P. *Browder* and A. F. *Kerensky*. Vol. 1 Stanford 1961, S. 83 ff., Details bei G. *Katkov*, a. a. O. S. 306–358.
3 Zum Verlauf des Aufstands: G. *Wettig*, Die Rolle der Armee, a. a. O. S. 84 ff.; M. *Ferro* (unter ausgiebiger Berücksichtigung der sowjetischen Forschung), La révolution de 1917. La chute du tsarisme et les origines d'Octobre. Paris 1967, S. 63 ff. Der Aufstand als Produkt deutscher Machenschaften: *Katkov*, a. a. O. S. 247 ff.; die sowjetische Interpretation bei I. I. *Minc*, Istorija Velikogo Oktjabrja. T. 1, Moskau 1967, S. 437 ff., E. N. *Burdžalov*, Vtoraja Russkaja Revoljucija. Moskau 1967, S. 94 ff.
4 Ausgiebige Dokumentation der Vorgänge: *Browder/Kerensky*, a. a. O. I, S. 39 ff., F. A. *Golder*, a. a. O. S. 280 ff., *Hellmann*, dtv 227/28, S. 129 ff. Einen informativen Überblick über das gesamte Revolutionsgeschehen gibt die zuerst 1935 erschienene Darstellung des amerikanischen Journalisten H. W. *Chamberlin*, Die russische Revolution 1917–1921. Bd. 1. 2. Frankfurt 1958.
5 Dazu und zum Folgenden: O. *Anweiler*, Die Rätebewegung in Rußland, 1905–1921. Leiden 1958, S. 127 ff., M. *Ferro*, a. a. O. S. 77 ff., G. *Katkov*, a. a. O. S. 359 ff., E. N. *Burdžalov*, a. a. O. S. 242 ff. Ferner das berühmte Memoirenwerk des M. Gor'kij nahestehenden sozialistischen Literaten N. N. *Suchanov* (Zapiski o revoljucii. T. 1–7. Berlin 1922/23), in gekürzter deutscher Fassung hrsg. von N. Ehlert: 1917. Tagebuch der russischen Revolution. München 1967.
6 Zit. nach *Hellmann*, dtv 227/28, S. 128.

7 Text ebenda, S. 133. Über das Zustandekommen des Befehls Nr. 1: G. *Wettig,* Die Rolle der Armee, a. a. O. S. 148 ff. Diese gründliche Arbeit ist zu allen Fragen der ›Militärpolitik‹ des Sowjets und der Provisorischen Regierung herauszuziehen.

8 O. *Anweiler,* a. a. O. S. 136 ff., I. I. *Minc,* a. a. O. S. 755 ff.

9 O. *Anweiler,* S. 147 ff., I. I. *Minc,* S. 858 ff.

10 Die Stimmungen und Erwartungen der einzelnen Bevölkerungsgruppen untersucht auf Grund neuerschlossenen Archivmaterials M. *Ferro,* a. a. O. S. 170 ff. (Les ›Cahiers de la révolution russe‹); Stimmungen in der Armee vgl. wiederum G. *Wettig,* a. a. O. S. 186 ff.

11 Vgl. *Hellmann,* S. 151 ff., *Browder/Kerensky,* I, 117 ff., M. *Ferro,* S. 243 ff., G. *Katkov,* S. 375 ff., E. N. *Burdžalov,* S. 308 ff., N. N. *Suchanov,* Tagebuch, S. 167 ff.

12 Text bei *Hellmann,* S. 152 ff.

13 Die maßgebende Untersuchung: O. H. *Radkey,* The Agrarian Foes of Bolshevism. Promise and Default of the Russian Socialist Revolutionaries 1917. New York 1958; vgl. die Darstellung des führenden Mannes der Partei: V. *Chernov,* The Great Russian Revolution. New York 1936.

14 Zur Position der Menschewiki vgl. das aufschlußreiche und gut dokumentierte Memoirenwerk des führenden Sozialdemokraten dieser Monate: I. *Cereteli,* Vospominanija o russkoj revoljucii (Erinnerungen an die russische Revolution). T. 1. 2. Paris 1963/64. Wenig ergiebig die menschewistische Selbstdarstellung durch R. R. *Abramovitch,* Die Sowjetrevolution. Hannover 1963.

15 Zum Orientierungsnotstand der Bolschewiki im März 1917 vgl. Leonard *Schapiro,* Die Geschichte der Kommunistischen Partei der Sowjetunion. Frankfurt 1962, S. 179 f., R. V. *Daniels,* Das Gewissen der Revolution. Kommunistische Opposition in Sowjetrußland. Köln 1962, S. 54 ff. Die von E. N. *Burdžalov* 1956 angestoßene Diskussion um die Rolle Stalins (Voprosy istorii 1956, Nr. 4 und 8) wird in dem neuen Buche des Verfassers (s. Anm. 3) nicht berührt. Burdžalov war damals auf Grund seiner Beiträge gemaßregelt worden.

16 W. *Hahlweg,* Lenins Rückkehr nach Rußland. Leiden 1957, dazu die neueste sowjetische Darstellung: A. V. *Lukašev,* Vosvraščenie V. I. Lenina iz emigracii v Rossiju v aprele 1917 g., in: Istorija SSSR. 1963, Nr. 5, S. 3–22.

17 R. D. *Warth,* The Allies and the Russian Revolution. From the Fall of the Monarchy to the Peace of Brest-Litovsk. Durham, N. C. 1954, S. 23 ff., dazu die sowjetischen Arbeiten von A. E. *Ioffe,* Russkofrancuzskie otnošenija v 1917 g. Moskau 1958, A. V. *Ignat'ev,* Russkoanglijskie otnošenija nakanune Oktjabr'skoj revoljucii. Moskau 1966, V. S. *Vasjukov,* Vnešnjaja politika Vremennogo pravitel'stva. Moskau 1966, ferner A. V. *Ignat'ev* in: Voprosy istorii. 1967, Nr. 3, S. 3 ff.

18 Vgl. L. I. *Strakhovsky,* American Opinion about Russia, 1917–1920. Toronto 1961, Chr. *Lasch,* The American Liberals and the Russian Revolution. New York 1962, dazu die Problemstellung bei E. *Hölzle,* Die Revolution der zweigeteilten Welt (rde 169). Hamburg 1963, S. 60 ff.

19 Vgl. die Dokumentation bei *Browder/Kerensky,* a. a. O. II, S. 1054 ff.

20 D. *Geyer,* Die russischen Räte und die Friedensfrage, in: Vierteljahreshefte für Zeitgeschichte Jg. 5. 1957, S. 220–240. Die Substanz des Friedens-

willens der Räteparteien wird mißdeutet, wenn G. *Wettig* (Die Rolle der Armee, a. a. O. S. 246 ff.) behauptet, in den Friedensformeln habe sich lediglich das Bestreben ausgesprochen, die Massen »in den Klassenkampf einzubeziehen«. Wettigs These, den Sowjetgruppen sei es »in Wirklichkeit weder auf die Propagierung einer Sachmaßnahme [?] noch auf die Erfüllung des Verlangens der Massen nach einer Beendigung des Krieges« angekommen (S. 246), ist nicht zu halten. Die taktischen und situationsbezogenen Aspekte der sozialistischen Agitation für einen »demokratischen Völkerfrieden« lassen sich von den prinzipiellen Elementen dieses radikaldemokratischen Friedensprogramms nicht künstlich ablösen. Das klassenkämpferische Vokabular ist nur das traditionelle begriffliche Gehäuse, in dem sich der aus der Vorkriegsinternationale und der Zimmerwalder Bewegung kommende Sozialpazifismus geborgen sieht.

21 Text bei *Hellmann,* dtv 227/28, S. 181 f.
22 Krasnyj Archiv XV, S. 62 ff.
23 Über den Verlauf der Verhandlungen vgl. I. *Cereteli,* Vospominanija, a. a. O. I, S. 59 ff.
24 Text der Regierungserklärung: F. A. *Golder,* a. a. O. S. 329 ff.
25 Zur Aprilkrise s. das folgende Kapitel.
26 Briefe aus der Ferne: *Lenin,* Werke. Bd. 23, Berlin 1957, S. 311 ff.
27 Lenins ›Aprilthesen‹: Über die Aufgaben des Proletariats in der gegenwärtigen Revolution (Pravda Nr. 26, 7. April 1917), in: Werke, Bd. 24. Berlin 1959, S. 3–8. Zur Vorgeschichte der Thesen: G. N. *Golikov,* Ju. S. *Tokarev* in: Voprosy istorii 1967, Nr. 4, S. 3–20. – Über die Auseinandersetzungen um das Leninsche Programm innerhalb der bolschewistischen Partei: L. *Schapiro,* a. a. O. S. 182 ff., R. V. *Daniels,* a. a. O. S. 62 ff.
28 Die Stellungnahme Plechanovs zu den Aprilthesen (nach »Edinstvo« Nr. 9–11, 9.–12. April 1917) in: G. V. *Plechanov,* God na rodine. Polnoe sobranie statej i rečej 1917–1918 gg. T. 1. Paris 1921, S. 19 ff.

7. Erosion der Doppelherrschaft

1 Vgl. Kap. 6, Anm. 27.
2 *Lenin,* Briefe über die Taktik, in: Werke, Bd. 24. Berlin 1959, S. 24–37.
3 Briefe aus der Ferne III (11./24. März 1917), in: Werke, Bd. 23. Berlin 1957, S. 339 ff. Vgl. K. *Meschkat,* Die Pariser Kommune von 1871 im Spiegel der sowjetischen Geschichtsschreibung. Berlin 1965, S. 65 ff.
4 Über die Doppelherrschaft (9. April 1917), in: Werke, Bd. 24, S. 22.
5 Vgl. S. *Dubrowski,* Die Bauernbewegung in der russischen Revolution 1917. Berlin 1929. Dokumentation bei *Browder/Kerensky* II, S. 523 ff., Krest'janskoe dviženie v 1917 godu. Centrarchiv, Moskau-Leningrad 1927.
6 Dazu vor allem R. *Pipes,* The Formation of the Soviet Union. Communism and Nationalism 1917–1923. (2. rev. Aufl.) Cambridge, Mass. 1964, S. 50 ff.
7 Zum ukrainischen Problem neben R. *Pipes* (a. a. O. S. 53 ff.) die Untersuchung von J. S. *Reshetar,* The Ukrainian Revolution 1917–1921. Princeton, N. J. 1952, ferner vom Verf.: Die Ukraine im Jahre 1917, in: Geschichte in Wissenschaft und Unterricht. 8. Jg. 1957, S. 670–687.

8 Text der Polen-Adresse der Provisorischen Regierung vom 16. März 1917
bei Hellmann, dtv 227/28, S. 183 f. Dokumentation: *Browder/Kerensky* I,
S. 320 ff., Dokumenty i materialy po istorii sovetsko-polskich otnošenij.
T. 1. Moskau 1963, Materiały archiwalne do historii stosunków Polskich-
Radzieckich. T. 1. Warschau 1957. Untersuchungen: T. *Komarnicki,* Re-
birth of the Polish Republic. A Study in the Diplomatic History of
Europe 1914–1920. London 1957, W. *Conze,* Polnische Nation und
deutsche Politik im ersten Weltkrieg. Köln 1958.

9 C. Jay *Smith,* Finland and the Russian Revolution, 1917–1922. University of Georgia Press 1958, S. 12 ff., J. H. *Hudgson,* Communism in Finland. A History and Interpretation. Princeton, N. J. 1967, dazu die
Dokumente bei *Browder/Kerensky* I, S. 334 ff.

10 Zum Folgenden neuerdings R. *Lorenz,* Zur Industriepolitik der Provisorischen Regierung, in: Jahrbücher für Geschichte Osteuropas N. F. 14,
1966, S. 36 ff., von sowjetischer Seite: P. V. *Volobuev,* Ėkonomičeskaja
politika Vremennogo pravitel'stva (Die Wirtschaftspolitik der Provisorischen Regierung). Moskau 1962. Dokumente bei *Browder/Kerensky* I,
S. 479 ff.; Ėkonomičeskoe položenie Rossii nakanune Velikoj Oktjabr'skoj
Socialističeskoj Revoljucii (Die wirtschaftliche Lage Rußlands am Vorabend der Oktoberrevolution). T. 1. 2. Moskau 1957.

11 Zur Aprilkrise: I. G. *Cereteli,* Vospominanija o fevral'skoj revoljucii, I,
S. 77 ff., *Browder/Kerensky* III, S. 1236 ff., Revoljucionnoe dviženie v
Rossii v aprele, in: Velikaja Oktjabr'skaja Socialističeskaja Revoljucija.
Dokumenty i materialy. Moskau 1958; ferner I. I. *Minc,* Pervyj krizis
vlasti v aprele, in: Voprosy istorii 1967, Nr. 1, S. 3–26.

12 Text der Miljukov-Note: *Hellmann,* dtv 227/28, S. 195, dazu *Browder/
Kerensky* II, S. 1098, R. D. *Warth,* The Allies and the Russian Revolution. 1954, S. 45 ff., V. S. *Vasjukov,* Vnešnjaja Politika, a. a. O. S. 123 ff.

13 *Hellmann,* S. 199 ff., *Browder/Kerensky* II, S. 1100, *Cereteli,* a. a. O. I,
S. 102 ff.

14 Dazu G. *Wettig,* a. a. O. S. 288 ff.; ferner L. Graf *Spannocchi,* Das Ende
des Kaiserlich-Russischen Heeres. Wien-Leipzig 1932. Dokumente bei
Browder/Kerensky II, S. 845 ff., Razloženie armii v 1917 g. Centrarchiv
Moskau-Leningrad 1925 (= 1917 g. v dokumentach i materialach).

15 M. *Ferro,* La Révolution de 1917, a. a. O. S. 324 ff.

16 Vgl. *Cereteli,* I, S. 138 ff., *Browder/Kerensky* III, S. 1286 ff.

17 *Browder/Kerensky* II, S. 921 ff.

18 Zur Juli-Offensive: G. *Wettig,* a. a. O. S. 314 ff., *Cereteli,* II, S. 7 ff.

19 *Cereteli,* I, S. 169 ff., vgl. vom Verf.: Die Russischen Räte und die Friedensfrage, a. a. O. S. 220 ff.

20 R. D. *Warth,* a. a. O. S. 149.

21 H. *Meynell,* The Stockholm Conference of 1917, in: International Review
of Social History V. 1960, S. 1–25, 202–225.

22 *Cereteli,* II, S. 133 ff., *Browder/Kerensky* III, S. 1382 ff.

23 Zur Juli-Krise: O. N. *Znamenskij,* Ijul'skij krizis 1917 g. Moskau-Leningrad 1964, *Browder/Kerensky* III, S. 1335 ff., *Cereteli* II, S. 259 ff.,
Revoljucionnoe dviženie v Rossii v ijule. Ijul'skij krizis. Moskau 1959.

24 Vgl. Kapitel 5, Anm. 4, dazu *Cereteli,* II, S. 332 ff.

25 Zum Kornilov-Aufstand: A. *Ascher,* The Kornilov Affair, in: The Russian

Review. Jg. 12. 1953, S. 235–252, Dokumente bei *Browder/Kerensky* III, S. 1527 ff., dazu die sowjetische Dokumentation in der Reihe Velikaja Oktjabr'skaja Socialističeskaja Revoljucija. Dokumenty i materialy: Revoljucionnoe dviženie v Rossii v avguste 1917 g. Razgrom Kornilovskogo mjateža. Moskau 1959, Revoljucionnoe dviženie v Rossii v sentjabre 1917 g. Obščenacional'nyj krizis. Moskau 1961.

8. Aufstand und Machtergreifung

1 A. B. *Ulam,* Lenin and the Bolsheviks: The Intellectual and the Political History of the Triumph of Communism in Russia. London 1966, S. 314, deutsche Ausgabe Köln 1967. Die bislang ausführlichste Darstellung der Ereignisse: S. *Melgunov,* Kak bol'ševiki zachvatili vlast': Oktjabr'skij perevorot 1917 goda (Wie die Bolschewiki die Macht ergriffen haben. Der Oktoberumsturz 1917). Paris 1953. Neuerdings R. V. *Daniels,* Red October. The Bolshevik Revolution of 1917. New York 1967.

2 Die Bolschewiki müssen die Macht ergreifen. Brief an das Zentralkomitee, das Petrograder und Moskauer Komitee der SDAPR (b) (12.–14. September 1917), *Lenin,* Werke. Berlin 1961, Bd. 26, S. 1–3; Marxismus und Aufstand. Brief an das Zentralkomitee der SDAPR (b) (13.–14. September 1917), ebenda, S. 4–10.

3 Ebenda, S. 2, 8–10.

4 Protokoly Central'nogo Komiteta RSDRP (b). Avgust 1917 – fevral' 1918 (Protokolle des Zentralkomitees der SDAPR. August 1917–Februar 1918). Moskau 1958, S. 55.

5 Die Krise ist herangereift (29. September 1917), Werke, Bd. 26, S. 67.

6 Ebenda, S. 178.

7 Zur Diskussion von 1905: A. *Fischer,* Russische Sozialdemokratie und bewaffneter Aufstand. Wiesbaden 1967.

8 Vgl. D. *Geyer,* Lenin in der russischen Sozialdemokratie. Köln 1962, S. 318–346.

9 Tretij s-ezd RSDRP (b). Aprel'–Maj 1905. Protokoly (Dritter Kongreß der SDAPR. April–Mai 1905. Protokolle). Moskau 1959, S. 98–160, 450 bis 451.

10 Marxismus und Aufstand, Werke Bd. 26, S. 4 f.

11 Ebenda, S. 5.

12 Ebenda, S. 6.

13 Protokoly Central'nogo Komiteta RSDRP (b). Avgust 1917 – fevral' 1918. Moskau 1958, S. 93–104.

14 Deklaracija frakcii bol'ševikov, oglašennaja na Vserossijskom Demokratičeskom Soveščanii (Deklaration der bolschewistischen Fraktion auf der Demokratischen Konferenz) (18. September 1917), ebenda, S. 51.

15 Die russische Revolution und der Bürgerkrieg (16. September 1917), Werke. Bd. 26, S. 19.

16 Die Aufgaben der Revolution (26./27. September 1917), ebenda, S. 51.

17 Protokoly Central'nogo Komiteta RSDRP (b). Avgust – fevral' 1918. Moskau 1958, S. 65.

18 Werke, Bd. 26, S. 9.

19 Ratschläge eines Außenstehenden (8. Oktober 1917), ebenda, S. 167; Lenin hat diese Broschüre für ein Werk von Marx gehalten: Ebenda, S. 117.
20 Die Krise ist herangereift, ebenda, S. 67.
21 Ebenda.
22 Ebenda, S. 59.
23 Brief an das ZK, das Moskauer Komitee, das Petrograder Komitee und an die bolschewistischen Mitglieder der Sowjets von Petrograd und Moskau (1. Oktober 1917), ebenda, S. 125 f.
24 Brief an den Vorsitzenden des Gebietskomitees der Armee, der Flotte und der Arbeiter Finnlands (27. September 1917), ebenda, S. 52.
25 Ratschläge eines Außenstehenden, ebenda, S. 166 f. Vgl. *Hahlweg,* Lenin und Clausewitz, in: Archiv für Kulturgeschichte 36 (1954), S. 30–59, 357–387.
26 Werke, Bd. 26, S. 168.
27 Vgl. die informative, auf Archivmaterial beruhende Arbeit von Z. V. *Stepanov:* Rabočie Petrograda v period podgotovki i provedenija Oktjabr'skogo vooružennogo vosstanija (Die Arbeiter Petrograds während der Vorbereitung und Durchführung des bewaffneten Oktoberaufstands). Moskau-Leningrad 1965.
28 Brief an die Genossen Bolschewiki, die am Kongreß der Sowjets des Nordgebiets teilnehmen (8. Oktober 1917), Werke, Bd. 26, S. 169–175.
29 G. *Zinov'ev,* Ju. *Kamenev,* K tekuščemu momentu (Zur gegenwärtigen Lage, 11. Oktober 1917), in: Protokoly Central'nogo Komiteta RSDRP (b). Avgust 1917 – fevral' 1918. Moskau 1958, S. 87–92.
30 Vgl. *Lenin,* Brief an die Genossen (17. Oktober), Brief an die Mitglieder der Partei der Bolschewiki (19. Oktober), Brief an das Zentralkomitee der SDAPR (19. Oktober 1917), Werke, Bd. 26, S. 182–215.
31 Rezoljucija Soldatskoj Sekcii Petrogradskogo Soveta (Resolution der Soldatensektion des Petrograder Sowjets) (6. Oktober 1917), vgl. L. *Trockij,* Sočinenija (Werke) III, 1, S. 321.
32 Deklaracija frakcii bol'ševikov na zasedanii Demokratičeskogo Soveščanija (Deklaration der bolschewistischen Fraktion auf der Sitzung der Demokratischen Konferenz) (7. Oktober 1917), ebenda, S. 321–323; vgl. auch Protokoly Central'nogo Komiteta, S. 77–79.
33 Rezoljucija Petrogradskogo Soveta o vyvode vojsk iz Petrograda (Resolution des Petrograder Sowjets über den Truppenabzug aus Petrograd, 9. Oktober 1917), L. *Trockij,* Sočinenija III, 1, S. 327.
34 Ebenda, III, S. 5–14.
35 Zur Rolle der Baltischen Flotte im Oktober 1917: Baltijskie morjaki v podgotovke i provedenii Velikoj Oktjabr'skoj revoljucii (Die baltischen Seeleute während der Vorbereitung und Durchführung der Großen Oktoberrevolution). Moskau-Leningrad 1957; Protokoly i postanovlenija Central'nogo Komiteta Baltijskogo flota, 1917–1918 (Protokolle und Entschließungen des Zentralkomitees der Baltischen Flotte, 1917–1918). Moskau-Leningrad 1963.
36 Delo Naroda, Nr. 181, 15. Oktober 1917, in: *Browder/Kerensky,* a. a. O. III, S. 1764 f.; vgl. den Hinweis F. *Dans* auf bolschewistische Aufstandspläne (14. Oktober), Izvestija CIK Nr. 198, 15. Oktober 1917, in: Velikaja Oktjabr'skaja Socialističeskaja Revoljucija. Chronika sobytij IV. Moskau 1961, S. 429.

37 L. *Trockij*, Sočinenija III, 2, S. 15.
38 Wichtiges Material enthält: Petrogradskij Voenno-Revoljucionnyj Komitet: Dokumenty i materialy I–III. Moskau 1966/67; vgl. Velikaja Oktjabr'skaja Socialističeskaja revoljucija. Dokumenty i materialy: Oktjabr'skoe vooružennoe vosstanie v Petrograde (Die Große Sozialistische Oktoberrevolution. Dokumente und Materialien. Der bewaffnete Oktoberaufstand in Petrograd). Moskau 1957.
39 Vgl. Rajonnye Sovety Petrograda v 1917 godu. Protokoly, rezoljucii, postanovlenija obščich sobranij i zasedanij ispolnitel'nych komitetov (Die Rayon-Sowjets von Petrograd 1917). I–III. Moskau-Leningrad 1964–66.
40 V. I. *Starcev*, Voenno-revoljucionnyj Komitet i Krasnaja gvardija v Oktjabr'skom vooružennom vosstanii (Das Revolutionäre Militärkomitee und die Rote Garde im bewaffneten Oktoberaufstand), in: Oktjabr'skoe vooružennoe vosstanie v Petrograde: Sbornik statej. Moskau-Leningrad 1957, S. 106–141.
41 Protokoly Central'nogo Komiteta RSDRP (b). Avgust 1917 – fevral' 1918. Moskau 1958, S. 104.
42 Novaja *Žizn'*, Nr. 156, 18. Oktober 1917, in: *Browder/Kerensky*, a. a. O. III, S. 1766.
43 L. *Trockij*, Sočinenija III, 2, S. 31–33, eine zweite Version der Rede Trockijs bei *Browder/Kerensky* III, S. 1767.
44 Ebenda.
45 Ebenda.
46 Golos soldata 25. Oktober 1917, in: Petrogradskij Voenno-Revoljucionnyj Komitet I, S. 99.
47 *Lenin*, Werke, Bd. 26, S. 223 f.
48 Petrogradskij Voenno-Revoljucionnyj Komitet I, S. 59.
49 Ebenda, S. 67, 97 f.
50 Reč', Nr. 251, 25. Oktober 1917, vgl. *Browder/Kerensky* III, S. 1772 bis 1774.
51 K graždanam Rossii (An die Bürger Rußlands), in: Petrogradskij Voenno-Revoljucionnyj Komitet I, S. 106.
52 O. *Anweiler*, Die Rätebewegung in Rußland, 1905–1921. Leiden 1958, S. 180–241. Zum Verlauf der Machtübernahme in den Provinzen vgl. den Beitrag von J. L. H. *Keep*, in: Revolutionary Russia, ed. by R. Pipes. Cambridge, Mass. 1968, S. 180–216.

9. Demokratie und Revolution

1 Vgl. die Erörterung von D. S. *Anin*, The February Revolution: Was the Collapse Inevitable? in: Soviet Studies XVIII, Nr. 4. 1967, S. 435–457. Zur sowjetischen Auseinandersetzung mit der westlichen Forschung siehe G. Z. *Ioffe*, in: Istoričeskie zapiski 78. 1965, S. 3–30.
2 Dieses Merkmal ist von *Trotzkij* mit Recht hervorgehoben worden: »Der unbestreitbare Charakterzug der Revolution ist die direkte Einmischung der Massen in die historischen Ereignisse . . .« (Geschichte der Russischen Revolution. Februarrevolution. Berlin 1931, S. 9).

3 Dokumente und zeitgenössische Kommentare zur Frage der Konstituante bei *Browder/Kerensky* I, S. 434 ff.

4 Die Verhandlungen der Moskauer Staatskonferenz veröffentlicht durch Ja. A. *Jakovlev:* Gosudarstvennoe soveščanie (Centrarchiv. 1917 g. v dokumentach i materialach) Moskau-Leningrad 1930.

5 Resolution über die Bildung des Rats der Volkskommissare vom 26. Oktober 1917, dt. bei *Hellmann,* a. a. O. S. 312.

6 O. *Anweiler,* Die Rätebewegung in Rußland, 1905–1921. Leiden 1958, S. 267 ff. Dazu A. *Kropat,* Lenin und die Konstituierende Versammlung in Rußland, in: Jahrbücher für Geschichte Osteuropas N. F. 5. 1957, S. 488–498. Vgl. die Dokumente bei J. *Bunyan*/H. H. *Fisher,* The Bolshevik Revolution 1917–1918. Documents and Materials. Stanford, Calif. (Neudruck) 1961, S. 338 ff.

7 Zur Durchführung der Wahlen und zu den Ergebnissen vgl. die Analyse von O. H. *Radkey,* The Elections to the Russian Constituent Assembly of 1917. Cambridge, Mass. 1950.

8 Über den Sitzungsverlauf und die Diskussionen der Versammlung s. die Protokolle: Vserossijskoe učreditel'noe sobranie. Pod. red. I. S. *Mal'-čevskij.* Moskau-Leningrad 1930. Dazu die Dokumente bei *Hellmann,* a. a. O. S. 339 ff.

9 Zu den Spaltungen und Spannungen in der sozialrevolutionären Partei vgl. die kritische Untersuchung von O. H. *Radkey,* The Sickle under the Hammer. The Russian Socialist Revolutionaries in the Early Months of Soviet Rule. New York 1963, sowie das in Kap. 6, Anm. 13 genannte Buch des gleichen Verfassers.

10 Dazu und zum Folgenden vgl. die Kapitel 6 und 7 dieser Arbeit, sowie durchgehend die maßgebende Darstellung von O. *Anweiler* (Anm. 6).

11 Zu den Meinungsverschiedenheiten in der Partei s. die in Anm. 15 genannte Literatur.

12 Dokumente zum 2. Allrussischen Rätekongreß: Vtoroj Vsesojuznyj s-ezd sovetov. Sbornik dokumentov. Moskau 1957. Über den Verlauf des Kongresses vgl. *Bunyan/Fisher,* a. a. O. S. 109 ff.

13 Zitiert nach O. *Anweiler,* a. a. O. S. 244.

14 S. *Melgunov,* Kak bol'ševiki zachvatili vlast'. Oktjabr'skij perevorot 1917 g. (Wie die Bolsheviki die Macht ergriffen. Der Oktoberumsturz 1917). Paris 1953, S. 178 ff.

15 Zu den Koalitionsverhandlungen: L. *Schapiro,* The Origin of Communist Autocracy. Political Opposition in the Soviet State. First Phase 1917–1922. London 1955, S. 70 ff., R. V. *Daniels,* Das Gewissen der Revolution. Kommunistische Opposition in Sowjetrußland. (dt. Ausg.) Köln-Berlin 1962, S. 85 ff., auch *Bunyan/Fisher,* a. a. O. S. 184 ff.

16 O. H. *Radkey,* The Sickle under the Hammer, a. a. O. S. 95 ff., 203 ff.

17 Zum ›roten Terror‹ s. E. J. *Scott,* The Cheka, in: St. Antony's Papers Nr. 1. Soviet Affairs. London 1956, S. 1–23, M. *Fainsod,* Wie Rußland regiert wird. (Ergänzt und auf den neuesten Stand gebracht von G. Brunner). Köln-Berlin 1965, S. 473 ff., von sowjetischer Seite: P. G. *Sofinov,* Očerki istorii Vserossijskoj Črezvyčajnoj Komissii, 1917–1922 (Abriß der Geschichte der Tscheka). Moskau 1960.

18 Text bei *Hellmann,* a. a. O. S. 315–318.

19 *Hellmann,* a. a. O. S. 312–315.

10. Die Anfänge der Sowjetmacht

1 Für die Anfänge der Sowjetrepublik vgl. die maßgebende Darstellung von E. H. *Carr,* The Bolshevik Revolution, 1917–1923. Vol. 1–3. London 1950–53, ferner H. W. *Chamberlin,* Die russische Revolution. Frankfurt 1958, 2 Bde.

2 E. H. *Carr,* a. a. O. II, S. 28 ff., *Bunyan/Fisher,* a. a. O. S. 332 ff.

3 Zum Folgenden R. *Lorenz,* Anfänge der bolschewistischen Industriepolitik. Köln 1965, ders., Wirtschaftspolitische Alternativen der Sowjetmacht im Frühjahr und Sommer 1918, in: Jahrbücher für Geschichte Osteuropas N. F. 15. 1967, S. 209 ff. Über die sowjetische Historiographie zum Thema orientiert T. A. *Ignatenko,* in: Istorija SSSR. 1967, Nr. 4, S. 3–18.

4 Text des Dekrets über die Arbeiterkontrolle bei *Hellmann,* a. a. O. S. 327 f.

5 Vgl. den Beitrag von J. *Erickson* in: Revolutionary Russia, ed. by R. Pipes. Cambridge, Mass. 1968, S. 224–256.

6 Textauszug bei *Hellmann,* a. a. O. S. 335 f., vollständig in: Dekrety Sovetskoj vlasti (Dekrete der Sowjetmacht), T. 1. Moskau 1957, S. 244 f.

7 J. *Erickson,* The Soviet High Command. A Military-Political History 1918–1941. London 1962, S. 25 ff., dazu G. *Ritter,* Das Kommunemodell und die Begründung der Roten Armee im Jahre 1918. Berlin 1965, S. 93 ff.

8 Zur Organisation des Parteiapparats: L. *Schapiro,* Geschichte der Kommunistischen Partei der Sowjetunion. Frankfurt 1962, S. 252 ff., M. *Fainsod,* Wie Rußland regiert wird. Köln-Berlin 1965, S. 207 ff.

9 *Lenin,* Staat und Revolution, in: Werke, Bd. 25. Berlin 1960, S. 488.

10 Ebenda.

11 Text bei *Hellmann,* a. a. O. S. 336 f.

12 O. *Anweiler,* Die Rätebewegung, a. a. O. S. 300 ff.

13 M. *Fainsod,* Wie Rußland regiert wird, a. a. O. S. 156 ff. Über die sowjetische Auffassung zur führenden Rolle der Partei in den Räten unterrichtet B. M. *Morozov,* Partija i sovety v Oktjabr'skoj revoljucii (Partei und Räte in der Oktoberrevolution). Moskau 1966.

14 R. *Luxemburg,* Die russische Revolution. Eingeleitet und hrsg. von O. K. Flechtheim. Frankfurt a. M. 1963, S. 75. Zur Bewertung dieser Schrift vgl. P. *Nettl,* Rosa Luxemburg. London 1966, II, S. 697 ff. Für den Zusammenhang mit den Richtungskämpfen und Spaltungen jetzt die vorzügliche Untersuchung von P. *Lösche,* Der Bolschewismus im Urteil der deutschen Sozialdemokratie 1903–1920. Berlin 1967, S. 117 ff.

15 R. *Luxemburg,* a. a. O. S. 78.

16 Dazu E. H. *Carr,* The Bolshevik Revolution, Vol. 3. 1953, S. 9 ff., G. F. *Kennan,* Amerika und die Sowjetmacht. Der Sieg der Revolution. (Aus dem Amerik.) Stuttgart o. J., S. 89 ff.

17 Bestandsaufnahme und Würdigung der seit F. *Fischers* Griff nach der Weltmacht (1961) in die Breite gewachsenen Literatur zur deutschen Kriegszielpolitik im Osten: F. T. *Epstein,* in: Jahrbücher für Geschichte Osteuropas N. F. 10. 1962, S. 381–394, 14. 1966, S. 63–94.

10 Über den Verlauf der Verhandlungen: F. *Fischer,* Griff nach der Weltmacht. Sonderausgabe, Düsseldorf 1967, S. 415 ff., vor allem aber W. *Steglich,* Die Friedenspolitik der Mittelmächte 1917/18. Bd. 1. Wiesbaden 1964, S. 232 ff., ferner W. *Hahlweg,* Der Diktatfrieden von Brest-Litowsk

und die bolschewistische Weltrevolution. Münster 1960. Zur Reaktion auf Seiten der Entente: R. D. *Warth*, The Allies and the Russian Revolution. Durham 1954, S. 196 ff., G. F. *Kennan*, a. a. O. S. 218 ff. – Die jüngste sowjetische Darstellung und Auseinandersetzung mit der westlichen Forschung: A. O. *Čubarjan*, Brestskij mir (Der Brester Frieden). Moskau 1964; die Arbeit bringt einige Ergänzungen aus sowjetischen Akten. Für die folgende Periode deutsch-russischer Beziehungen vgl. jetzt die grundlegende Aktenarbeit von P. *Baumgart*, Deutsche Ostpolitik. Von Brest-Litovsk bis zum Ende des Ersten Weltkriegs. Wien und München 1966.

19 Anerkennung der Unabhängigkeit Finnlands: Dokumenty vnešnej politiki SSSR (Dokumente der Außenpolitik der UdSSR), T. 1. Moskau 1957, S. 71.

20 Neben der in Kapitel 7, Anm. 7 genannten Literatur vgl. H. *Beyer*, Die Mittelmächte und die Ukraine 1918. München 1956 (= Jbb. f. Gesch. Osteuropas. Beiheft 2), F. *Fischer*, Griff nach der Weltmacht, a. a. O. S. 440, 474 ff.

21 Vgl. Kapitel 7, Anm. 9. Dazu von kommunistischer Seite: V. M. *Cholodkovskij*, Revoljucija 1918 g. v Finljandii i germanskaja intervencija (Die Revolution 1918 in Finnland und die deutsche Intervention). Moskau 1967, sowie vom gleichen Verfasser in: Novaja i novejšaja istorija. 1967, Nr. 5, S. 69–81.

22 Zu den Auseinandersetzungen um den Friedensschluß s. die Protokolle des bolschewistischen Zentralkomitees: Protokoly Central'nogo Komiteta RSDRP (b). Avgust 1917 – fevral' 1918 g. Moskau 1958, S. 168 ff., dazu L. *Schapiro*, The Origin of Communist Autocracy, a. a. O. S. 89 ff., R. V. *Daniels*, Das Gewissen der Revolution, a. a. O. S. 94 ff.

23 Zur Haltung Trotzkijs in den Verhandlungen: I. *Deutscher*, Trotzki. Der bewaffnete Prophet. Stuttgart 1962, S. 329 ff., das Zitat ebenda, S. 360 f.

24 Ebenda, S. 365 f.

25 R. *Luxemburg*, Die russische Tragödie. Spartacus Nr. 11 (September 1918), in: Spartakusbriefe. Hrsg. vom Institut für Marxismus-Leninismus beim ZK der SED. Berlin 1958, S. 454. Dazu P. *Lösche* (Anm. 14), S. 103 ff., P. *Nettl*, Rosa Luxemburg, a. a. O. II, S. 690 ff.

26 Die geschichtliche Verantwortung, Spartacus Nr. 8 (Januar 1918), in: Spartakusbriefe, a. a. O. S. 406 ff.

27 R. *Luxemburg*, Die russische Tragödie, a. a. O.

28 Vgl. etwa G. *Sinowjew*, Die Perspektiven der proletarischen Revolution, in: Die Kommunistische Internationale, Nr. 1. 1919, S. IX–XVI. Für den historischen Zusammenhang vgl. G. *Schulz*, Revolutionen und Friedensschlüsse. dtv-Weltgeschichte des 20. Jahrhunderts Bd. 2, 1967.

29 Für den historischen Zusammenhang: W. *Markert*, Der Osten zwischen Nationaldemokratie und Sowjetföderation, jetzt im Sammelband seiner Aufsätze und Vorträge: Osteuropa und die abendländische Welt. Göttingen 1966, S. 187–201.

30 W. *Markert*, Von der Oktoberrevolution zur »Revolution von oben«. Zur politischen Struktur des Stalinismus, ebenda, S. 96–121. Dazu K. H. *Ruffmann*, Sowjetrußland. Struktur und Entfaltung einer Weltmacht. dtv-Weltgeschichte des 20. Jahrhunderts Bd. 8, 1967.

11. Die Russische Revolution als zeitgeschichtliches Problem

1 A. *Schreiner*, Auswirkungen der Großen Sozialistischen Oktoberrevolution auf Deutschland vor und während der Novemberrevolution, in: Die Oktoberrevolution und Deutschland. Akademie-Verlag Berlin 1958, S. 17. Vgl. die jüngste sowjetische Darstellung für breite Leserschichten: G. N. *Golikov*, Revoljucija, otkryvšaja novuju ěru (Die Revolution, die eine neue Ära eröffnet hat). Moskau 1967.

2 *Mao Tse-tung*, Rede anläßlich des 40. Jahrestags der Oktoberrevolution in Moskau, in: Die Presse der Sowjetunion (Berlin 1957), S. 2818 ff. Zur »Kulturrevolution« in China vgl. die Analyse von J. *Schickel*, Dialektik in China. Mao Tse-tung und die Große Kulturrevolution, in: Kursbuch 9. 1967, S. 45–129, dazu die Dokumentationen von K. *Mehnert*, in: Osteuropa XVI. 1966, Nr. 11/12, von L. *Labedz* in: Survey, A Journal of Soviet and East European Studies Nr. 63, April 1967.

3 R. R. *Palmer*, The Age of the Democratic Revolution. A Political History of Europe and America, 1760–1800. The Challenge. Princeton 1959.

4 Die Kerenski-Memoiren, Rußland und der Wendepunkt der Geschichte. Wien und Hamburg 1966; aus der Fülle älterer Selbstrechtfertigungen vom gleichen Autor: The Catastrophe. New York 1927, The Crucifixion of Liberty, New York 1934.

5 Weltenwende – wir waren dabei. Erinnerungen deutscher Teilnehmer an der Großen Sozialistischen Oktoberrevolution und an den Kämpfen gegen Interventen und Konterrevolutionäre 1917–1920. Berlin 1962; Weltwende 1917. Monarchie, Weltrevolution, Demokratie. Hrsg. v. H. *Rößler*. Göttingen 1965.

6 Handbuch der Europäischen Geschichte. Hrsg. von Th. *Schieder*. Union Verlag Stuttgart, Bd. VII. Europa im Zeitalter der Weltrevolution (in Vorbereitung).

7 H. *Rothfels*, Gesellschaftsform und auswärtige Politik. Laupheim, Württ. 1951 (Abdruck der beiden Schlußvorlesungen), die folgenden Zitate ebenda, S. 8 f.

8 H. *Rothfels*, Zeitgeschichte als Aufgabe, in: Vierteljahreshefte für Zeitgeschichte 1. 1953, S. 1–8.

9 E. *Hölzle*, Die amerikanische und die russische Weltrevolution, in: Weltwende 1917 (s. o. Anm. 5), S. 169–184; vgl. vom gleichen Verfasser: Die Revolution der zweigeteilten Welt (rde 163). Hamburg 1963 und seine dort rubrizierten Aufsätze.

10 H. *Heimpel*, Entwurf einer deutschen Geschichte, in: Der Mensch in seiner Gegenwart. Sieben historische Essays. Göttingen 1954, S. 171 f.

11 W. *Besson*, in: Fischer-Lexikon. Geschichte. 1961, S. 269.

12 Vgl. W. *Conze*, Das deutsch-russische Verhältnis im Wandel der modernen Welt. Göttingen 1967, S. 10 ff.

13 W. *Imig*, An der Schwelle unserer Epoche. Zum 50. Jahrestag der Aprilthesen W. I. Lenins, in: Beiträge zur Geschichte der deutschen Arbeiterbewegung 9. Jg. 1967, S. 412.

14 Vgl. Kap. 1, Anm. 30.

15 Vgl. D. *Rothermund*, in: Vierteljahreshefte für Zeitgeschichte 15. 1967, S. 325 ff.

16 Karl *Marx*, Friedrich *Engels*, Werke, Bd. 7. Berlin 1960, S. 222.

Bibliographische Notiz

Die folgende, knapp kommentierte Auswahl ergänzt die Angaben des Anmerkungsapparats nach dem Forschungsstand vom Frühjahr 1977. Sie konzentriert sich auf neuere Veröffentlichungen in westeuropäischen Sprachen. Ausführliche Nachweise zur sowjetischen Revolutionsforschung enthalten die Titel Nr. 3 und 6.

I. Gesamtdarstellungen, Forschungsberichte

1 Anweiler, O., Die Rätebewegung in Rußland, 1905—1921. Leiden 1958. — Die klassische Monographie zur Geschichte der Räte.

2 Black, C. E. (Hg.), The Transformation of Russian Society. Aspects of Social Change since 1861. Cambridge, Mass. 1960. — Mit Beiträgen von T. Parsons, A. Gerschenkron, Z. Brzezinski u. a.

3 Bonwetsch, B., Oktoberrevolution. Legitimationsprobleme der sowjetischen Geschichtswissenschaft, in: Politische Vierteljahresschrift 17. 1976, 142—185. — Kritische Analyse sowjetischer Kontroversen um die sozioökonomische Struktur Rußlands und die materiellen Voraussetzungen der Oktoberrevolution.

4 Carr, E. H., The Bolshevik Revolution, 1917—1923. Bd. 1—3, New York, London 1950—53. — Kompetente und materialreiche Gesamtdarstellung, konzentriert auf die bolschewistische Revolutionspolitik; Teil eines umfassenden Werks über die Geschichte Sowjetrußlands bis zum Beginn der Fünfjahresplanperiode.

5 Chamberlin, W. H., Die russische Revolution, 1917—1921. Bd. 1—2, Frankfurt/M. 1958. — Materialreiche Geschichtsdarstellung eines kenntnisreichen amerikanischen Journalisten; 1. Aufl. New York 1935.

6 Geyer, D., Oktoberrevolution, in: Sowjetsystem und demokratische Gesellschaft, Bd. 4, Freiburg i. Br. 1971, 817—858; auch in: Revolution und Gesellschaft. Hg. v. Th. Schieder, Freiburg i. Br. 1973, 117—161 (= Herderbücherei 462). — Bericht über Fragestellungen und Ergebnisse der Revolutionsforschung in und außerhalb der Sowjetunion mit ausführlicher Bibliographie.

7 Laqueur, W., Mythos der Revolution. Deutungen und Fehldeutungen der Sowjetgeschichte. Frankfurt/M. 1967. — Kritik der westlichen Revolutions- und Sowjetforschung.

8 Lorenz, R., Sozialgeschichte der Sowjetunion 1, 1917—1945. Frankfurt/M. 1976 (= edition suhrkamp 654). — Informativer Gesamtüberblick über die Vor- und Nachgeschichte der Revolution bis zur Stalinzeit; ausgiebige Berücksichtigung von Kriterien und Ergebnissen der sowjetischen Geschichtswissenschaft.

9 Minc, I. I., Istorija Velikogo Oktjabrja. Bd. 1—3, Moskau 1967—1973. — Monumentale »Geschichte des Roten Oktober« in der Sicht sowjet-patriotischer Geschichtsorthodoxie; mit dem Lenin-Preis ausgezeichnet.

10 Pipes, R. (Hg.), Revolutionary Russia. Cambridge, Mass. 1968. — Bei-träge eines internationalen Symposions aus Anlaß des 50. Jahrestags der russischen Revolution.

11 Rauch, G. v., Geschichte der Sowjetunion. Stuttgart 1969. — Pragmati-sche Gesamtdarstellung aus liberalkonservativer Position; 5. Aufl. eines 1955 erschienenen Werkes.

II. Voraussetzungen der Revolution

12 Gerschenkron, A., Agrarian Policies and Industrialization: Russia 1861—1917, in: The Cambridge Economic History of Europe, Bd. VI, Cambridge 1966, 706—800. — Vgl. den Beitrag des amerikanischen Wirtschaftshistorikers in Nr. 2: Problems and Patterns of Russian Eco-nomic Development (42—72).

13 Geyer, D., Der russische Imperialismus 1860—1914. Göttingen 1977. — Studien über den Zusammenhang von innerer und auswärtiger Poli-tik.

14 Geyer, D. (Hg.), Wirtschaft und Gesellschaft im vorrevolutionären Ruß-land. Köln 1975 (= Neue Wissenschaftliche Bibliothek 71). — Arbeits-buch mit internationalen Forschungsbeiträgen und ausführlicher Biblio-graphie zur Sozial- und Wirtschaftsgeschichte Rußlands vor 1917.

15 Hosking, G. A., The Russian Constitutional Experiment. Government and Duma, 1907—1914. Oxford 1973. — Vorzügliche Orientierung über den russischen Scheinkonstitutionalismus.

16 Katkov, G. u. a., Rußlands Aufbruch ins 20. Jahrhundert. Politik, Ge-sellschaft, Kultur, 1894—1917. Olten, Freiburg i. Br. 1970. — Sammel-band mit internationalen Beiträgen, zur Einführung geeignet.

17 Mehlinger, H. D. und J. M. Thompson, Count Witte and the Tsarist Government in the 1905 Revolution. Bloomington, Ind. 1972. — Zum Krisenmanagement des Alten Regimes in der ersten russischen Revolu-tion; Entstehung des Oktobermanifestes und der Staatsgrundgesetze von 1906.

18 Stavrou, T. G. (Hg.), Russia under the Last Regime. Minneapolis 1969. — Beiträge zu Politik, Wirtschaft und Kultur unter Nikolaj II.

19 Shanin, T., The Awkward Class: Political Sociology of Peasantry in a Developing Society: Russia 1910—1925. Oxford 1972. — Agrarsoziolo-gische Untersuchung in Weiterführung neopopulistischer Interpretatio-nen; Abwehr der marxistisch-leninistischen These von der fortschreiten-den Klassendifferenzierung im bäuerlichen Milieu Rußlands.

III. Parteigeschichte

20 Ascher, A. (Hg.), The Mensheviks in the Russian Revolution. London 1976. — Abriß der menschewistischen Fraktionsgeschichte mit aus-gewählten Quellenstücken.

21 Avrich, P., The Russian Anarchists. Princeton, N. J. 1967. — Zur Rolle des russischen Anarchismus 1905 und 1917.

22 Birth, E., Die Oktobristen. Zielvorstellungen und Struktur. Stuttgart 1974. — Parteigeschichte der Oktobristen 1905—1914.

23 Fischer, A., Russische Sozialdemokratie und bewaffneter Aufstand im Jahre 1905. Wiesbaden 1967. — Darstellung der bolschewistischen und menschewistischen Positionen.

24 Galai, S., The Liberation Movement in Russia, 1900—1905. Cambridge 1973. — Vorgeschichte liberaler Parteibildung.

25 Geschichte der Kommunistischen Partei der Sowjetunion in sechs Bänden. Hg. v. Institut für Marxismus-Leninismus beim ZK der KPdSU, Bd. 1—4, Berlin (DDR) 1968—1976. — Deutsche Ausgabe der offiziellen Parteigeschichte.

26 Geyer, D., Lenin in der russischen Sozialdemokratie. Die Arbeiterbewegung im Zarenreich als Organisationsproblem der revolutionären Intelligenz, 1890—1903. Köln 1962.

27 Hildermeier, M., Die Sozialrevolutionäre Partei Rußlands, 1900—1914. Köln 1978. — — Grundlegend für die Organisations- und Theoriegeschichte des russischen Neopopulismus.

28 Keep, J. L. H., The Rise of Social Democracy in Russia. Oxford 1963. — Beste englischsprachige Untersuchung für die Jahre 1898—1907.

29 Lane, D., The Roots of Russian Communism. A Social and Historical Study of Russian Social Democracy, 1898—1907. Assen 1969. — Soziologische Analyse der Partei und ihrer Fraktionierung.

30 Lösche, P., Der Bolschewismus im Urteil der deutschen Sozialdemokratie, 1903—1921. Berlin 1967. — Zuverlässige Darstellung auf breiter Materialgrundlage.

31 Radkey, O. H., The Agrarian Foes of Bolshevism: Promise and Default of the Russian Socialist Revolutionaries, February to October 1917. New York 1958. — Detaillierte Untersuchung und Kritik der Rolle der Sozialrevolutionäre.

32 Radkey, O. H., The Sickle under the Hammer: The Russian Socialist Revolutionaries in the Early Month of Soviet Rule. New York 1963. — Fortsetzung von Nr. 31.

33 Rosenberg, W. G., Liberals in the Russian Revolution: The Constitutional Democratic Party, 1917—1921. Princeton, N. J. 1974. — Grundlegende Monographie.

34 Schapiro, L., Die Geschichte der Kommunistischen Partei der Sowjetunion. Frankfurt/ M. 1962. — Gesamtdarstellung bis etwa 1958; Übers. aus dem Engl.

35 Scheibert, P. (Hg.), Die russischen politischen Parteien von 1905 bis 1917. Darmstadt 1972. — Sammlung wichtiger Parteiprogramme.

IV. Revolutionsgeschichte 1917

36 Andreyev, A. M.., The Soviets of Workers' and Soldiers' Deputies on the Eve of the October Revolution, March — October 1917. Moskau 1971. — Informativ für die sowjetische Darstellung der Rätebewegung; russ. Originalausg. 1967.

37 The Bolsheviks and the October Revolution. Minutes of the Central Committee of the RSDLP(B), August 1917 — February 1918. London 1974. — Engl. Übers. der Protokolle bolschewistischer ZK-Sitzungen.

38 Browder, R. P. u. A. F. Kerensky (Hg.), The Russian Provisional Government, 1917: Documents, Bd. 1—3, Stanford 1961. — Umfangreichste westsprachige Quellensammlung.

39 Bunyan, J. u. H. H. Fisher, The Bolshevik Revolution, 1917—1918: Documents and Materials. Stanford 1934, Nachdruck 1965. — Nützliche Quellensammlung als Ergänzung zu Nr. 38.

40 Burdžalov, E. N., Vtoraja russkaja revoljucija. Vosstanie v Petrograde. Moskau 1967. — Unkonventionelle sowjetische Darstellung der Februarrevolution in Petrograd.

41 Burdžalov, E. N., Vtoraja russkaja revoljucija. Moskva, front, periferija. Moskau 1971. — Fortführung von Nr. 40 unter regionalem Aspekt.

42 Daniels, R. V., Red October: The Bolshevik Revolution of 1917. New York 1967. — Detaillierte Darstellung der bolschewistischen Aufstandsaktion.

43 Ferro, M., La Révolution de 1917: la chute de tsarism et les origines d'October. Paris 1967. — Geschichte der Februarrevolution mit Ansätzen zur Erforschung kollektiver Mentalitäten.

44 Hahlweg, W. (Hg.), Lenins Rückkehr nach Rußland 1917. Die deutschen Akten. Leiden 1957. — Die maßgebende Quellenausgabe mit kompetenter Einleitung.

45 Keep, J. H. L., The Russian Revolution. A Study of in Mass Mobilization. London 1976. — Eine sozial- und organisationsgeschichtliche Pionierstudie unter besonderer Berücksichtigung regionaler und schichtenspezifischer Mobilisierungsprozesse im städtischen und agrarischen Milieu.

46 Pethybridge, R., The Spread of the Russian Revolution. Essays on 1917. London 1972. — Untersuchungen über die Rolle der Kommunikationsmittel (Eisenbahnen, Post, Telegraf, Presse, Propagandatechnik).

47 Rabinowitch, A., Prelude to Revolution: The Petrograd Bolsheviks and the July 1917 Uprising. Bloomington, Ind. 1968. — Genaue Analyse der Juli-Krise.

48 Rabinowitch, A., The Bolsheviks Come to Power. New York 1977. — Beste Darstellung von Vorgeschichte und Verlauf der Machtübernahme.

49 Wade, R. A., The Russian Search for Peace. February — October 1917. Stanford 1969. — Kriegs- und Friedensfrage in der Revolutionsgeschichte.

50 Wettig, G., Die Rolle der russischen Armee im revolutionären Machtkampf 1917, in: Forschungen zur osteur. Geschichte 12. 1967, 46—389. — Materialreiche Diss.

51 Wittram, R., Studien zum Selbstverständnis des 1. und 2. Kabinetts der Provisorischen Regierung. Göttingen 1971. — Einfühlsame Interpretation liberalkonservativer Politik im Frühjahr 1917.

52 Brügmann, U., Die russischen Gewerkschaften in Revolution und Bürgerkrieg, 1917—1919. Frankfurt/M. 1972. Kompetente Spezialuntersuchung.

53 Daniels, R., Das Gewissen der Revolution. Kommunistische Opposition in Sowjetrußland. Köln 1962. — Bis in die dreißiger Jahre hineinreichende Gesamtdarstellung.

54 Döring, F., Organisationsprobleme der russischen Wirtschaft in Revolution und Bürgerkrieg (1918—1920). Dargestellt am Volkswirtschaftsrat für den Nordrayon. Hannover 1970. — Vorzügliche Regionalanalyse.

55 Geyer, D., Revolution und internationale Politik, in: Ders. (Hg.), Osteuropa-Handbuch. Band Sowjetunion: Außenpolitik I, Köln 1972, 19—50. — Vgl. auch den Beitrag von F. T. Epstein, Außenpolitik in Revolution und Bürgerkrieg 1917—1920, ebd., 86—149.

56 Hahlweg, W. (Hg.), Der Friede von Brest-Litowsk. Ein unveröffentlichter Band aus dem Werk des Untersuchungsausschusses der Deutschen Verfassungsgebenden Versammlung und des Deutschen Reichstages. Düsseldorf 1972 (= Quellen zur Geschichte des Parlamentarismus und der politischen Parteien). — Unerläßliches Quellenwerk.

57 Haumann, H., Beginn der Planwirtschaft. Elektrifizierung, Wirtschaftsplanung und gesellschaftliche Entwicklung Sowjetrußlands 1917—1921. Düsseldorf 1974. — Beste westsprachige Monographie.

58 Lorenz, R., Die Anfänge der bolschewistischen Industriepolitik. Köln 1965. — Zuverlässige Untersuchung der Kontroversen um Staatskapitalismus und Sozialisierung (bis Frühjahr 1918).

59 Pietsch, W., Revolution und Staat. Institutionen als Träger der Macht in Sowjetrußland 1917—1922. Köln 1969. — Verfassungs- und Verwaltungsgeschichte in der Bürgerkriegsperiode.

60 Pipes, R., The Formation of the Soviet Union. Communism and Nationalism, 1917—1923. Cambridge, Mass. ²1964. — Einzige Gesamtdarstellung der Nationalitätenfrage in der Revolutionsgeschichte und im Bürgerkrieg.

61 Radkey, O. H., The Election of the Russian Constituent Assembly of 1917. Cambridge, Mass. 1950. — Wahlanalyse.

62 Ritter, G., Das Kommunemodell und die Begründung der Roten Armee im Jahre 1918. Wiesbaden 1965. — Materialreiche Diss.

63 Schapiro, L., The Origin of the Communist Autocracy. Political Opposition in the Soviet State: First Phase, 1917—1922. Cambridge, Mass. 1955.

VI. Biographien

64 Ascher, A., Pavel Axelrod and the Development of Menschevism. Cambridge, Mass. 1972.

65 Cohen, S. F., Bukharin and the Russian Revolution. A Political Biography. New York 1973.

66 Deutscher, I., Trotzki. Der bewaffnete Prophet 1879—1921. Stutttgart 1962. — Bd. 1 einer Triologie.

67 Getzler, I., Martov: a Political Biography of a Russian Social Democrat. New York 1967.
68 Wladimir Iljitsch Lenin. Biographie. Berlin 1961. — Deutsche Übers. der vom Institut für Marxismus-Leninismus beim ZK der KPdSU hg. offiziellen Biographie.
69 Shukman, H., Lenin and the Russian Revolution. London 1966.
70 Tucker, R. C., Stalin as a Revolutionary 1879—1929. A Study in History and Personality. London 1974.
71 Ulam, A. B., Die Bolschewiki. Vorgeschichte und Verlauf der kommunistischen Revolution in Rußland. Köln 1967. — Um die Person Lenins zentrierte Darstellung.

Nachträge

Altrichter, H., Staat und Revolution in Sowjetrußland 1917–1922/23. Darmstadt 1981 (= Erträge der Forschung 148).

Beyrau, D., Die Russische Revolution im Meinungsstreit. Sozialwissenschaftliche und geistesgeschichtliche Deutungen, in: Neue Politische Literatur 30, 1985, S. 51–71.

Brovkin, V., The Menshevik Opposition to the Bolshevik Regime. Cornell U. P. 1986.

Debo, R. K., Revolution and Survival: The Foreign Policy of Soviet Russia, 1917–18. Liverpool 1979.

Erler, G., H. Gross, H. Haumann u. a., Zwei Umbrüche im Ersten Weltkrieg: Vom zarischen zum bolschewistischen Rußland (1914–1918), in: Handbuch der Geschichte Rußlands, hrsg. v. M. Hellmann, K. Zernack und G. Schramm. Stuttgart 1982, Bd. 3, Kap. IV, S. 475–622.

Frenkin, M., Russkaja armija i revoljucija 1917–1918. München 1978.

Geyer, D. (Hg.), Industrialisierung und sozialer Wandel in Rußland. Göttingen 1979 (= Geschichte und Gesellschaft 5, 1979, Heft 3).

Ders., Kautskys russisches Dossier. Deutsche Sozialdemokraten als Treuhänder des russischen Parteivermögens 1910–1915. Frankfurt/M., New York 1981 (= Quellen und Studien zur Sozialgeschichte, Bd. 2).

Gill, G. J., Peasant and Gouvernement in the Russian Revolution. London 1979 (London School of Economics and Political Science).

Gross, H., Selbstverwaltung und Staatskrise in Rußland 1914–1917. Macht und Ohnmacht von Adel und Bourgeoisie am Vorabend der Februarrevolution, in: Forschungen zur osteuropäischen Geschichte 28, 1981, S. 205–378.

Hasegawa, T., The February Revolution: Petrograd 1917. Seattle, London 1981.

Haumann, H., Kapitalismus im zaristischen Staat 1906–1917. Organisationsformen, Machtverhältnisse und Leistungsbilanz im Industrialisierungsprozess. Königstein 1980.

Keep, J. L. H. (Hg.), The Debate on Soviet Power. Minutes of the All-Russian Central Executive Committee of Soviets. Second Convocation, October 1917–January 1918. Oxford 1979.

Knei-Paz, B., The Social and Political Thought of Leon Trotsky. Oxford 1978.

Koenker, D., Moscow Workers in the 1917 Revolution. Princeton, N. J. 1981.

Linke, H. G., Das zarische Rußland und der Erste Weltkrieg. Diplomatie und Kriegsziele, 1914–1917. München 1982.

Mandel, D., The Petrograd Workers and the Fall of the Old Regime. From the February Revolution to the July Crisis, 1917. London 1983.

Medwedjew, R. A., Oktober 1917. Hamburg 1979.

Nienhaus, U. D., Revolution und Bürokratie. Staatsverwaltung und Staatskontrolle in Sowjetrußland 1917–1924. Frankfurt/M. 1980.

Die russische Revolution 1917. Der Aufstand der Arbeiter, Bauern und Soldaten. Eine Dokumentation, hrsg. v. R. Lorenz zus. mit M. v. Boetticher u. B. Pietrow. München 1981.

Scheibert, P., Lenin an der Macht: das russische Volk in der Revolution 1918–1922. Weinheim 1984.

Smith, S. A., Red Petrograd. Revolution in the Factories 1917–1918. Cambridge 1983.

Stites, R., The Women's Liberation Movement in Russia. Feminism, Nihilism, and Bolshevism, 1860–1930. Princeton, N. J. 1978.

Suny, R., Toward a Social History of the October Revolution, in: American Historical Review 88, 1983, S. 31–52.

Swain, G., Russian Social Democracy and the Legal Labour Movement, 1906–1914. London 1983.

Wildman, A. K., The End of the Russian Imperial Army. The Old Army and the Soldiers' Revolt (March–April 1917). Princeton, N. J. 1980.

Dietrich Geyer
Der russische Imperialismus

Studien über den Zusammenhang von innerer und auswärtiger Politik 1860–1914. 1977. 344 Seiten, kartoniert. Kritische Studien zur Geschichtswissenschaft 27

»Insgesamt wird man sagen dürfen, daß Geyers Buch seinem bescheidenen Untertitel zum Trotz zumindest einstweilen als definitive Darstellung der imperialistischen Politik Rußlands vor 1914 aus der Perspektive der inneren Verhältnisse angesehen werden darf.«
Frankfurter Allgemeine Zeitung

»Wer sich für das internationale System zwischen 1860 und 1914 sowie für den Zusammenhang von Innen- und Außenpolitik interessiert, wird an diesem Buch nicht vorbeikommen. Unerläßliche Lektüre ist es für jeden, der die vorrevolutionäre Gesellschaftsordnung Rußlands kennenlernen will.« *Das Argument*

»L'intérêt de cette étude bien documentée et clairement conçue est de mettre en évidence les caractéristiques qui distinguent l'impérialisme russe de l'impérialisme des grandes nations industrielles. Il explique avec originalité le rôle des forces économiques et sociales dans la définition par le Tsar d'une politique de grande puissance et l'influence de cet engagement international sur la situation intérieure de la Russie.« *Revue Française de Science Politique*

»This is a remarkably good book. Good in many respects – quality of research and writing, breadth of view, command of the facts, balance and penetration in judgement, familiarity with relevant theory.«
Journal of Modern History

»Professor Geyer's studies on Russian history are invariably distinguished by dispassionate judgement and exhaustive research. For this reason, no serious historian of Russia can ignore them: most of us are greatly in debt to him.« *Jahrbücher für Geschichte Osteuropas*

Vandenhoeck & Ruprecht · Göttingen/Zürich

Kleine Vandenhoeck-Reihe: Geschichte

Florian Tennstedt
Sozialgeschichte der Sozialpolitik in Deutschland
Vom 18. Jahrhundert bis zum Ersten Weltkrieg. 1981. 240 Seiten, kartoniert.
Band 1472

Rainer Bölling · Sozialgeschichte der deutschen Lehrer
Ein Überblick von 1800 bis zur Gegenwart. 1983. 193 Seiten mit 11 Tabellen
und 1 Schaubild, kartoniert. Band 1495

Gerhard A. Ritter · Die deutschen Parteien 1830–1914
Parteien und Gesellschaft im konstitutionellen Regierungssystem. 1985.
117 Seiten mit 16 Schaubildern, kartoniert. Band 1507

Hans-Werner Hahn · Geschichte des Deutschen Zollvereins
1984. 214 Seiten mit 1 Tabelle, kartoniert. Band 1502

Reinhard Spree · Soziale Ungleichheit vor Krankheit und Tod
Zur Sozialgeschichte des Gesundheitsbereichs im Deutschen Kaisserreich.
1981. 209 Seiten mit 23 Tabellen, kartoniert. Band 1471

Gerold Ambrosius · Der Staat als Unternehmer
Öffentliche Wirtschaft und Kapitalismus seit dem 19. Jahrhundert. 1984. 198
Seiten, kartoniert. Band 1498

Wolfgang Schieder (Hg.) · Faschismus als soziale Bewegung
Deutschland und Italien im Vergleich. Sechs Beiträge. 2. Auflage 1983. 212
Seiten mit 30 Tabellen, kartoniert. Band 1492

Klaus Malettke (Hg.) · Der Nationalsozialismus an der Macht
Aspekte nationalsozialistischer Politik und Herrschaft. Sechs Beiträge. 1984.
200 Seiten, kartoniert. Band 1503

Vandenhoeck & Ruprecht · Göttingen/Zürich